高等艺术职业教育实用丛书
总 编 委 会

主　　编	单红龙
执行主编	刘树春
编　　委	马兆兴　单红龙　白惠林　温江鸿　吴　宾　苗　洁
	张　驰　刘树春　王　斌　赵红林　阴择强　武学文
	李众喜　韩　晶　刘海泉　金惠敏　倪　悦　王　萍
	彭姝玲　赵云波　李宝青　闫飞瑜　王廷璋　张鸿韬
	李　艳　王　京　李文宽　侯永庆　高燕平　杨　磊
	陈广声　郝宇崎

高等艺术职业教育实用丛书

山 西 旅 游

侯晓飞　编著

WUHAN UNIVERSITY PRESS

武汉大学出版社

图书在版编目(CIP)数据

山西旅游/侯晓飞编著. —武汉:武汉大学出版社,2021.8
高等艺术职业教育实用丛书
ISBN 978-7-307-22361-5

Ⅰ.山… Ⅱ.侯… Ⅲ.旅游指南—山西—高等职业教育—教材
Ⅳ.K928.925

中国版本图书馆 CIP 数据核字(2021)第 102165 号

责任编辑:程牧原　　　责任校对:李孟潇　　　版式设计:韩闻锦

出版发行:**武汉大学出版社**　(430072　武昌　珞珈山)
　　　　　(电子邮箱:cbs22@ whu.edu.cn 网址:www.wdp.com.cn)
印刷:武汉图物印刷有限公司
开本:787×1092　1/16　印张:12.25　字数:253 千字　　插页:1
版次:2021 年 8 月第 1 版　　2021 年 8 月第 1 次印刷
ISBN 978-7-307-22361-5　　定价:32.00 元

前　言

从 2004 年开始学习旅游，到 2011 年研究生毕业后致力于旅游课程的教学，笔者结缘旅游教育已十五余载。说到写这本书的初衷，还要回到大约 2016 年，也是我从事教学的第五个年头，那时我经常在课堂上对学生们感叹山西省文化旅游资源的博大精深，向学生们描述未来山西旅游业的宏伟蓝图。一次偶然的机会，在课堂中和学生谈讨山西旅游发展的问题时，发现学生对于身边的众多知名景区及其价值、特色知之甚少，大部分的学生觉得自己的家乡似乎没有什么可推介的，这与我们山西文化大省的形象是极不匹配的。试想，一个不了解自己家底的人，又如何能把自家的优势展示出来呢？我仔细分析人才培养方案后，发现我们的课程体系中囊括了管理学、导游知识及服务的各方面课程，唯独缺少山西旅游的基础课程。为此，我查阅了与山西旅游有关的大量书籍，发现专门介绍山西旅游资源的书籍极少，仅有的《情系山西：旅行社导游词选编》资料详实，可以作为学生导游词创作的资料库，但作为山西旅游资源的基础教材就显得重点不够突出。为此我决定编写一本能够让学生快速地了解山西的书籍，让生于斯、长于斯或求学于斯的年轻一代走近山西的每一片土地，感受其曾经的辉煌和不为人知的光鲜，为山西的旅游教育事业尽绵薄之力。因此，我从 2018 年起在导游专业尝试开设了"山西旅游"课程，从课上和课后学生对相关内容的掌握情况来看，基本达到了预期的效果。

本书一共包括十二个章节，第一章为山西旅游概述，立足全国，对山西省的旅游资源特色进行了整体性的评价，对山西省旅游业发展的现状及存在的问题进行了分析研判。第二至十二章即对山西省的 11 个地市的旅游品牌、特色旅游资源、地方名吃、名人、民俗等，以图文并茂的方式直观形象地进行了阐述，并对各市的整体旅游资源情况进行了说明，对于一些学生可能感兴趣的典故、传说等，还设置了专门的"小资料"专栏。本书是本人在读书和教学过程中逐渐完成的，近几年作为上课的讲义使用，书中所涉及的城市面积、人口数量等数据均来自各地政府官方网站。

限于时间和本人的学识，书中难免有错漏不当之处，殷切期待本书的读者批评指正。

编　者

2021 年 5 月

目　录

第一章
华夏古文明　山西好风光

━━━━━━━━━━━━━━━━━━━━━━━＊━━━━━━━━━━━━━━━━━━━━━━━

　　华夏文明，表里山河，天下大势，必有取于山西。在这片热土上，180万年前人类燃起第一堆篝火，步履蹒跚地用石器完成自身的伟大进化，迎来了炎黄开国、尧天舜日禹王辉的文明曙光；陶与玉，铜与戈，盐跟铁，成就了晋国称霸、三晋雄起；王朝更迭，真龙辈出于斯，大唐帝国，横空出世，君临万邦，泱泱大风，"唐人"气概；宋辽金元，雁门关上黑云摧，几度干戈化玉帛；大明以降，晋商帝国，汇通天下……好一幅舞动的山西历史长卷！

━━

第一节　山西概况

　　山西，因居太行山之西而得名，简称"晋"，又称"三晋"，古称河东，省会太原市。山西东依太行山，西、南依吕梁山、黄河，北依长城，与河北、河南、陕西、内蒙古等省区为界，有"表里山河"①的美称。

　　山西行政区轮廓略呈东北斜向西南的平行四边形，下辖11个地级市，分别为太原、大同、朔州、忻州、吕梁、晋中、阳泉、长治、晋城、临汾、运城；截至2019年10月，共有117个县级行政单位（25个市辖区、11个县级市、81个县），总人口3729.22万（2019年常住人口）。辖区地理坐标为北纬34°34′~40°44′，东经110°14′~114°33′。

　　山西省地处华北西部的黄土高原东翼，地貌从总体来看是一个被黄土广泛覆盖的山地高原，整个轮廓略呈由东北斜向西南的平行四边形。地貌类型复杂多样，有山地、丘陵、高原、盆地、台地等，其中山地、丘陵占80%，高原、盆地、台地等平川河谷占20%。其大部分地区海拔在1000米以上，与其东部华北大平原相对比，呈现为强烈的隆起形势。最高处为东北部的五台山叶头峰，海拔达3058米，是华北最高峰；最低处

───────────────

　　① 《左传·僖公二十八年》："子犯曰：'战也。战而捷，必得诸侯。若其不捷，表里山河，必无害也。'"杜预注："晋国外河而内山。"

为南部边缘运城垣曲县东南西阳河入黄河处，海拔仅 180 米。境域地势高低起伏异常显著。

表 1-1 山西名片

山西名片			
中文名称（英）	山西 Shanxi Province	省会	太原
别名	三晋	人口（2019 年）	3729.22 万
简称	晋	省花	榆树梅
面积	15.67 万平方千米	省树	国槐
地理位置	太行山以西，吕梁山以东，黄河中游东岸	邮政区码	030000~048000
行政代码	140000	主要城市	太原、大同、阳泉、长治、晋城等 11 个地级市

山西境内重峦叠嶂，丘陵起伏，沟壑纵横，总的地势是“两山夹一川”，东西两侧为山地和丘陵隆起，中部为一列串珠式盆地沉陷，平原分布其间。东部是以太行山为主脉形成的块状山地，由北往南主要有恒山、五台山、系舟山、太行山、太岳山和中条山等，其山势挺拔雄伟，海拔在 1500 米以上。西部是以吕梁山为主干的黄土高原，自北向南分布有七峰山、洪涛山和吕梁山脉所属的管涔山、芦芽山、云中山、黑茶山、关帝山、紫荆山、龙门山等主要山峰，海拔多在 1500 米以上，关帝山海拔最高达 2831 米。中部由北而南珠串着彼此相隔的大同、忻州、太原、临汾、运城等“多”字形断陷盆地，东南部还有较为独特的长治高原断陷盆地。全省主体轮廓很像一个“凹”字。多样的地形地貌和悠久的历史，为山西这块土地创造了大量高质量的旅游资源，为山西文化旅游市场提供了发展的沃土。

不论是山西人，还是山西这个地方，骨子里都满透着中庸的性格。在历史上，北京和西安两个大都市形成一个巨大的夹缝，山西就在这样一个文化峡谷里一直不卑不亢地存在着，默默地富足，默默地健壮。接触过山西人的人都称其为“生活在北方的南方人”，这也许可以从一个侧面表现出山西人身上那种低调的性格。

4300 多年前，尧帝建都平阳（今山西临汾），陶寺是中国最早的都城，中国从这里开篇；4200 多年前，中华道德文化的鼻祖舜帝建都蒲阪（今山西永济）；4100 多年前，大禹在山西夏县，开创了中国历史上的第一个王朝——夏，从此有了“国家”的概念；而流传至今的大禹治水精神是中华民族美好品德的传承。

而我们人类与山西的缘分，可远远不止这 5000 年。

运城垣曲发现了 4000 多万年前的曙猿化石，那是人类祖先在山西留下的痕迹；180 万年前，人类最早的文明之火从西侯度点燃；20 多万年前，体态接近现代人的丁村人在山西活跃；7000 多年前，中华始祖炎帝从这里开启农耕文明，赋予了中国最初的底色。

如果说上述历史文化赋予了山西古老而神秘的色彩，那发生在这里的神话传说故事同样功不可没。

临汾吉县的人祖山，流传着女娲造人、伏羲女娲测合婚的故事；长治长子县的发鸠山，流传着精卫填海的故事；长治屯留县的三嵕山，流传着后羿射日的故事。

5000 年前的中国，我们真的回不去了吗？来山西就可以，在这里可以找寻到中华文明的印记，最关键的是，我们真的"回家了"。

洪洞大槐树根祖文化，是中华民族坚定文化自信的一个重要载体，是华夏儿女 600 年乡愁的共同记忆。明初洪洞大槐树移民历时 50 年，迁民 18 次，人数上百万，迁民遍及 18 个省 500 余个县，涉及 1200 余姓。很多中国人提到祖籍，都会说自己是"大槐树"底下人。同胞们，到了山西咱是回家！

游山西就是读历史，在中国古代建筑领域，山西是当之无愧的百科全书。现存宋辽金以前木结构古建筑，山西占 75%；元代之前木结构古建筑 80% 在山西。在山西，我们绝不能走马观花，其古建筑艺术会让你流连忘返。

踏入闻名海内外的平遥古城，回到明清古县城的四大街、八小街、七十二条蚰蜒巷，仿佛置身于一幅"八卦图"中；五台山下的忻州古城有浓郁的生活气息，夜晚上演的貂蝉拜月，又给它增添了不少艺术情调。

如果来山西，你会爱上一座古城，而这里的太行古堡，也一定会让你览尽北方城堡的雄壮与柔情。

皇城相府这座官宅里既有躲避战乱的雄壮堡楼，也有闺中小姐修身的别致小楼；张壁古堡外形酷似天上奎星，古地道和琉璃碑属国内罕见；郭峪、湘峪古堡都属于颇具特色的蜂窝古堡，十分壮观。

山西的古建艺术，还体现于这里的寺庙宝塔名楼、石窟石刻工艺、壁画彩塑宝库。

中国仅存的四处唐代建筑全部在山西，其中以五台山佛光寺最为出众；李白曾为悬空寺写下赞叹的诗篇；中国唯一的隋代建筑绛守园居池在山西；与埃菲尔铁塔、比萨斜塔齐名的应县木塔在山西；云冈石窟将北魏王朝刻在了石头上；晋祠的宋代彩塑是中国雕塑史的精品；永乐宫壁画是世界绘画史上的罕见巨制。

山西，就是一座可以触摸、没有围墙也没有屋顶的博物馆。

黄河、长城、太行山是中华文明的载体，也是"壮美山西"的靓丽名片。

黄河母亲犹如一条绚丽的黄丝带串联起山西西缘的一颗颗明珠，她把灵魂留在了三晋大地。黄河在偏关老牛湾舞出了一个 360 度的回旋；温柔静谧的娘娘滩是黄河中唯一有人居住的小岛；九曲黄河第一镇碛口古镇在这里见证了昔日晋商的繁盛；蜿蜒曲折的乾坤湾，S形的身形将黄河的神秘感诠释得淋漓尽致；千里黄河一壶收，壶口瀑布的气概要来山西感受！

从春秋战国到明清，长城在山西境内绵延 3500 公里，形成了一道飒爽奇酷的独特风景线。来山西看长城，看的是悠久的历史，雁门关、娘子关、韩庄长城、李二口长城、岢岚宋长城等军事遗存，诉说着沧桑厚重的历史故事。

在山西，大美太行山是天然山水画廊，更是民族英雄的精神热土。八泉峡、蟒河、王莽岭等地的自然风光令人神往；而八路军太行纪念馆、黄崖洞保卫战遗址、左权将军纪念碑，则提醒着我们不负先烈。

黄河、长城、太行山，是山西旅游的大品牌，更是中华的脊梁。

第二节　山 西 旅 游

一、旅游文化资源

表里山河，华夏源头，是对山西地形和文化的最真切描述，水之灵，地之气，孕育繁衍了生生不息的华夏子孙。这方地处黄河中游的沃土，物华天宝，人杰地灵。从古至今，山西在政治、经济、军事、文化等各个领域一直在全国占有举足轻重的地位。可以说，中国的历史有多么悠久，三晋文明的渊源就有多么深远；太行吕梁的黄土有多么厚实，三晋文化的内涵就有多么深邃。

（一）华夏文明的摇篮

山西是中华民族发祥地之一，其有文字记载的历史达 3000 年，被誉为"华夏文明摇篮"，素有"中国古代文化博物馆"之称。司马迁说的"三河之地"，河东、河内、河南是夏、商、周三代建都之地，这就划在了山西南部到河南的西北部，河东就是山西。李学勤指出："中国文明起源的过程，中国迈入文明时代的中心是在九州之中，而九州的中心在冀州，冀州就是河北到山西的这块。"[1]

同时，山西是中华圣火传递的起点，芮城西侯度文化遗址的火烧骨，把我国范围内发现的人类用火历史前推了 100 万年；山西是中华民族总根系中的"直根"，襄汾陶寺遗址，树起了 5000 年中华文明的伟大丰碑。尧、舜、禹的活动中心在山西，尧治平阳、

---

① 李学勤：《中华文明起源于山西》，见《文源讲坛：山西省领导干部历史文化讲座》，山西人民出版社 2010 年版，第 17 页。

舜治蒲坂、禹治安邑，造就了上古时代的政治中心和世所惊羡的夏文化。作为中华文明早期的发祥地和集散地，北方草原文明和中原农业文明的交错衔接地带，民族融合的大舞台，山西相对封闭的区位环境保存了多种古老的文化。山西有全国重点文物保护单位452 处，占全国总数的 10.5%，稳居全国第一。其旧石器文化遗址、古代建筑、古代戏剧舞台数量以及红色革命遗址数量都雄居全国之首。山西省是少数民族杂居散居的省份，其民族构成以汉族为主，汉族人口占全省总人口的 99.7%，有 53 个少数民族，包括回族、满族、蒙古族、彝族、苗族、土家族等。

俗话说"五千年文明看山西"，山西在中国历史的每个时期都具有重要而独特的地位。从史前尧、舜、禹建都立业，到建立唐朝，再到明清时期晋商迅猛发展，山西自古以来处于各朝各代的重要区域乃至核心区域。并在各个时期，涌现出许多政治家、军事家、科学家、文学家、历史学家，包括唐女皇武则天、三国时期名将关羽、唐朝名相狄仁杰、汉朝名将卫青、北宋史学家司马光、西晋地图学家裴秀等。山西是人杰地灵，代不乏人。

(二)天然的文明熔炉

山西地区是中原农耕文明与北方草原文明交汇连接的天然通道和重要场所，自古就是捍卫中原的屏障和多民族往来的前沿，胡汉各族在这里错杂居住，交流碰撞。我国著名考古学家苏秉琦说："山西省古代是个复杂的地方。说起复杂，就是多民族、多种族、多文化。"[①]特殊的地理形势决定了其是农耕与游牧两大文明形态的对峙、冲突、交流和融汇的大舞台，是中华民族融合的天然熔炉，也是中原汉族政权抗拒北方少数民族南侵的主要战场。在中华民族大家庭发展的历史长河中，以农耕定居的汉族与北方游牧民族的对峙、冲突、交流与融合最为激烈和引人注目。民族交流和融合的作用是双向的，一方面促进了少数民族社会的转型和进步，另一方面又不断给山西的古老文明注入新的生机和活力。如北魏时期的云冈石窟是鲜卑族崇信佛教的产物，融汇了各民族以至包括印度、斯里兰卡等国的技术和工艺而成；辽代应县木塔是佛教传入和各民族文化、科技交融的例证；中国辽金佛寺中最大的殿堂大同华严寺大雄宝殿面东背西，与一般寺院坐北朝南不同，就与契丹族"信鬼拜日"、以东为上的习俗有关。山西为数众多的壁画、彩塑也反映出各民族文化、艺术和科技等交流、融汇的史实，如芮城永乐宫三清殿元代壁画、隰县明代小西天彩塑等。大同铜火锅，更是塞外少数民族生活、艺术和科技三位一体的最好物证，等等。

---

① 苏秉琦：《华人·龙的伟人·中国人——考古寻根记》，辽宁大学出版社 1994 年版，第 194页。

（三）兵家必争之地

可以说，华夏文明伊始，山西便成了天下"第一军事要地"。表里山河、封闭多山的险峻地形，进可攻，退可守，使山西历来既是兵家必争之地，同时又是割据自守的乐园。谭其骧曾说："在历史上曾经有过好几次，山西在全国，至少在黄河流域，占有突出的地位，其重要性有过于今天的山西。"①

在中国数千年周而复始的王朝裂变与重新组合中，山西地位举足轻重：当中央王权强盛一统之时，凭借山西，外可拒侵，内可治乱；当中央王权削弱崩溃之时，谁拥有山西，谁便可以纵横四方，称雄天下。因此，清代著名军事史地学家顾祖禹在其名著《读史方舆纪要》中，不无感慨地总结道：天下之形势，必有取于山西也！

在山西境内，战国长城、秦长城、北朝长城、北宋长城、明长城等，均有大量遗存；而在明代绵亘万里的长城"九边"中，山西就独拥其中两边。由边墙、卫所、营堡、烽燧等构成的长城防卫体系，在山西纵深即达 800 余千米。万里长城在山西境内跨太行，越恒山，沐吕梁山风，饮黄河之水，在山西境内勾画出层次最为丰赡的画卷，是晋山晋水不可分割的一段地理历史地标，是山西人开拓进取、求实创新精神的物化存在。晋北大地随处可见烽燧相瞩、营堡相望、长边绵亘的壮观景象。

（四）务实守信重商的商业传统

一样的黄河天堑，一样的长城关隘，谁也锁不住山西汉子走西口的歌喉，谁也无法挡住山西人民下关中的步履。在山西这方土地上，历来就有重商传统，形成了诚实守信、开拓进取、和衷共济、务实经营的商业精神。早在春秋时期，晋文公执政后采取"轻关易道，通商宽农"政策。晋悼公执政之后，晋国宣布"公无禁利"，商人作为一种职业，受到重视，② 从而开始了山西商业的繁荣。从先秦范蠡拜为师的"其先晋国亡公子"的计然以及范蠡收为弟子的巨商猗顿，到执中国金融牛耳数百年的明清晋商，无不摒弃儒家千古奉为标准的"君子喻于义，小人喻于利"以及"学而优则仕"的迂论，以务实、诚信的精神发家致富，形成了别具一格的商业文化。

明清时期的晋商"纵横欧亚九千里，称雄商界五百年"，是在明代开中制下为巩固西北九边重镇而纳粮换盐的千百万山西商人，是在清代因贫困而被迫走西口经商的千百万山西商人，是在明清三百年间奔波在从武夷山到俄罗斯恰克图的万里茶路上的千百万山西商人。正是这些普普通通的山西商人成就了重商建业、"海内最富"的晋商的辉煌。

---

① 谭其骧：《山西在国史上的地位》，《晋阳学刊》1981 年第 5 期。

② 徐元诰撰：《国语集解》。

(五)中国古建筑的宝库

中国现存的古代建筑,山西就有9000余处,其中宋代和金代的有106座,占全国同时代古建筑的70%以上,十分珍贵,因此山西被称为"中国古代建筑的宝库"。古建筑是先人留给我们的宝贵遗产,在经历了漫长的混战及各种自然灾害后,中国大多数的古建筑都已经不复存在,唐代木构建筑保留至今者已是凤毛麟角。就目前所知,全国较完整的唐建实物有4座,都在山西,分别为五台山南禅寺大殿、佛光寺东大殿、芮城广仁王庙正殿和平顺天台庵佛殿。山西境内长城长3500千米;有属全国三大石窟之一的大同云冈石窟;其依附于古建筑的彩塑,居全国之首;山西平遥是全国保存最为完整的两座古县城之一。太原晋祠鱼沼飞梁是中国桥梁技术史上的杰作;大同善化寺是中国保存最完整的辽金佛寺;元代之后的明清两代,山西古建筑遗存就更是数不胜数了,据不完全统计,有8000多处,遍布全省各城镇乡村。如代县边靖楼,城垣之上高楼耸峙,七间三层四滴水,雄壮之势,"威震三关"。解州关帝庙,是我国关庙之首,武庙之冠,规模宏大,楼阁耸峙,牌坊七座,殿宇六重,廊庑环于四周,古橘花卉相映成趣,春秋楼上的挑梁悬柱,更为我国大型建筑中所罕见。还有世界文化遗产平遥的双林寺、镇国寺,祁县的乔家大院,榆次的常家庄园,太谷的曹家大院,既有寺庙类建筑及建筑群,也有典型的居民及大院留存。至于北岳恒山和佛教圣地五台山,更是寺庙林立,殿塔楼坊满布,或规模完整,或气势壮观,或挺拔峻秀,或结构奇特,或建造奇巧,或雕饰精细,或装饰富丽,或彩画浓郁,风格变化多样,各具特色,都是富有历史艺术价值的作品。

(六)中国科技史的缩影

作为中国科学技术史的重要组成部分,山西的科学技术不仅是中国乃至世界科学技术史的重要源头,而且由于独特的地理(民族大融合、文明大交汇的主要舞台)、历史(尚法、务实、变革、尚功、尚利等传统)等环境,又具有多元丰富的内涵和鲜明独特的传统。

根据陶寺古观象台遗址的考古发现,山西在4000多年前的唐尧时期就已经通过天象观测来获取天文知识。大约西周时期,晋人对日月五星以及恒星中的二十八星宿已经具有相当的认识。古虞国的傅说,是中国第一位有名姓可考的技术发明家。普救寺内的明代莺莺塔被誉为中国古代四大回音建筑之一;临猗"双塔交影"的奇异天文学、光学景观,是中国古代科学的又一创举;太原双塔之高,居全国所有双塔之冠,北塔倾斜,以抗多发的西北风力,塔则因斜而固;洪洞广胜寺七色琉璃塔,金碧辉煌,巍峨壮丽,被公认为中国最美丽的佛塔。

（七）文人汇聚，名人辈出

唐朝，这个我国历史上最强盛的朝代，也是我国诗人辈出的时代。山西的诗人在唐代也是最活跃的一群，如王勃、王之涣、王维、白居易、王昌龄、温庭筠等。"海内存知己，天涯若比邻""落霞与孤鹜齐飞，秋水共长天一色"均出自"初唐四杰"之首的王勃；"欲穷千里目，更上一层楼"出自王之涣；王维的"劝君更尽一杯酒，西出阳关无故人"成为千百年来多少文人相送时的嘱咐；有"诗圣"之称的白居易，更是诗坛泰斗，留下了大量的千古绝唱。

在山西的历史上还产生过一批辅国佐政的人才，如傅说、狄仁杰、司马光等，或当国家之大任，或系天下之安危，赫赫功绩，垂于史册。同时，由于山西地处中原农耕民族和北方游牧民族的交汇地区，民族冲突和民族融合，给山西人增添了新鲜的血液，也给山西人以强壮的体魄和勇武精神。因此，山西历来是猛将如云，如廉颇、卫青、霍去病，更有关云长、徐晃、尉迟恭、薛仁贵等，历史上著名的杨家将的故事就发生在山西。

（八）面食的王国

世界面食在中国，中国面食在山西。山西煮制面食品种丰富，制作方法多样，大体可分为50余种，如细如发丝的拉面、刀飞面舞的刀削面、游龙戏水的一根面等。制作方法有擀、拉、拨、削、压、擦、揪、捻等几十种，按所用原料来划分，除小麦面外，还有高粱面、豆面、玉米面、荞麦面、莜麦面等，调料上自鸡、鸭、鱼肉，下至油、盐、酱、醋，不一而足，所以山西面食有"一样面百样做，一样面百样吃"的历史。

广义上的山西面食并不只有面条一种，还有面塑。面塑是面食中的造型艺术品，民间俗称"面人""面羊""花馍""羊羔馍"等，其中最具代表性的是忻州面塑、霍州面塑、绛州面塑、浮山面塑。

二、旅游产业概况

改革开放以来，山西省旅游业经历了从无到有、从小到大，直至成为国民经济和社会发展的战略性支柱产业。近几年，山西省围绕锻造黄河、长城、太行三大旅游板块精准施策、持续发力，"黄河之魂在山西、长城博览在山西、大美太行在山西"越来越深入人心，已形成社会广泛认同，产生了积极影响，旅游产业已经成为山西省经济社会转型发展的重要组成部分。

（一）旅游产业发展

1. 从旅游产业的定位看山西旅游业发展历程

改革开放以来，从山西省委省政府对山西省旅游产业发展的 10 次不同表述中，我们能够清晰感受到旅游产业在山西省经济社会发展中正在发挥着举足轻重的作用，从改革开放之初的不为人知，已经发展壮大成为山西省的支柱性产业（表 1-2）。

表 1-2　　　　　　　　　　　　　山西省旅游业发展历程

时间	旅游产业定位
1979 年	山西省旅游事业管理局正式挂牌，省委、省政府提出"把旅游业真正作为产业来办"
20 世纪 90 年代	山西省经济结构失调，省委、省政府提出把旅游业作为重点扶持的七大优势产业
1999 年	1999 年 1 号文件《山西省人民政府关于加快旅游业发展的决定》，提出把旅游业作为山西省优势发展的支柱产业之一
2002 年	山西省委、省政府在经济结构调整中，把旅游业确定为第三产业的先导产业
2004 年	将文化旅游为龙头的第三产业作为支柱产业，要举全省之力大兴旅游经济
2006 年	《山西省国民经济和社会发展第十一个五年规划纲要》将旅游业确定为四大新兴支柱产业之一
2009 年	省政府提出山西经济发展要"双轮驱动，两翼齐飞"，地下挖煤，地上挖文化
2010 年	山西建设国家资源型经济综合配套改革试验区，省委、省政府把旅游业确定为转型发展的突破口和经济结构调整的先导产业
2016 年	在全省旅游发展大会上，提出"把文化旅游业培育成为战略性支柱产业"，把山西省建设成为富有特色和魅力的文化旅游强省
2018 年	提出以全省旅游发展"331"新格局①为支撑，打造全省域国家全域旅游示范区，建成富有特色和魅力的文化旅游强省
2019 年	2019 年全国全域旅游工作推进会上，山西正式成为全国第 8 个国家全域旅游示范区省级创建单位

---

　　① 即做强五台山、云冈石窟、平遥古城三大品牌，隆起黄河、长城、太行山三大板块，完善大运黄金旅游廊道。

2. 山西旅游产业发展态势

从近十年的相关统计数据来看(图 1-1),近十年,山西省旅游市场整体表现良好,接待国内外游客人数和旅游收入持续快速增长,A 级景区总量稳步增加,全省酒店、旅行社业发展态势良好。2019 年山西在线度假产品订单量、人次、收入呈现显著增长,旅游企业经营收入稳中有升。

图 1-1 2011—2019 年山西省接待国内外游客人数变化图
(资料来源:根据山西省各年统计年鉴和发展公报数据整理)

(二) 旅游资源

1. 数量大,类型多样

山西省旅游资源种类多,数量大。《山西省全域旅游总体规划》中对山西省旅游资源的调查显示,截至 2018 年 12 月,山西旅游资源单体达 1903 个,涉及 8 个主类、29 个亚类、94 个基本类型。其中,自然类旅游资源 442 个,占旅游资源种类的 23.3%;人文类旅游资源 1461 个,占旅游资源种类的 76.7%。其涵盖高山峡谷、江河湖泊、温泉康养、历史文化、民风民俗、主题娱乐、都市风情等多种类型,规模体量较大,开发潜力较大。截至 2018 年上半年,山西省共有世界级旅游资源 3 处,国家级旅游资源 1634 处,省级旅游资源 1601 处。截至 2019 年年底,壶关太行山八泉峡景区晋升国家 5A 级景区,全省 A 级景区共计 218 家,其中 5A 级 8 家、4A 级 99 家、3A 级 89 家、2A 级 20 家、1A 级 2 家。从 A 级景区在山西全省的分布来看,太原和晋中的景区数量较多,均为 35 家,朔州、大同、吕梁最少,分别为 4 家、10 家和 11 家。

表 1-3 山西省旅游资源数量统计表

级别	类别	数量
世界级旅游资源	世界文化遗产	3
国家级旅游资源	5A 级景区	8
	4A 级景区	89
	国家级风景名胜区	6
	国家级自然保护区	8
	国家级森林公园	21
	国家级湿地公园	20
	国家级水利风景区	20
	国家地质公园	10
	国家历史文化名城	6
	国家历史文化名镇	8
	国家级历史文化名村	32
	全国特色景观村镇	15
	中国传统村落	555
	全国重点文物保护单位	452
	国家级非物质文化遗产	384
省级旅游资源	3A 级景区	22
	2A 级景区	25
	省级风景名胜区	29
	省级旅游度假区	12
	省级自然保护区	41
	省级森林公园	56
	省级水利风景区	45
	省级地质公园	9
	省级历史文化名城	6
	省级历史文化名镇	32
	省级历史文化名村	97
	省级重点文物保护单位	487
	省级非物质文化遗产	740

资料来源：根据山西省文化和旅游厅官网资料整理。

长期以来，山西省丰富而独特的旅游资源为山西旅游提供了得天独厚的发展条件，形成的经典旅游产品包括：

（1）世界文化遗产游：以五台山、云冈石窟、平遥古城为核心，组合沿线旅游景区，形成山西最具代表性的世界文化遗产旅游线路。

（2）古建宗教游：以五台山、云冈石窟、应县木塔、恒山为支撑，以右玉、芦芽山、雁门关、河边民俗馆、平朔露天矿等景区为补充，组合形成旅游线路。

（3）晋商文化游：以平遥古城、乔家大院、绵山为重点，以晋祠、天龙山、常家庄园、王家大院、张壁古堡、石膏山等景区为补充，组合形成旅游线路。

（4）寻根觅祖游：以大槐树、壶口瀑布、关帝庙为重点，以尧庙、尧陵、丁村、仙洞沟、广胜寺、云丘山、运城盐湖、永乐宫、历山、普救寺、五老峰等为补充，组合形成旅游线路。

（5）太行山水游：以太行山大峡谷、王莽岭、皇城相府为重点，以太行水乡、天脊山、珏山、蟒河、红山公园、通天峡、析城山等为补充，组合形成旅游线路。

（6）红色经典游：按太行、晋绥、东征等主题分为若干线路，包括武乡八路军纪念馆、黎城黄崖洞、左权麻田、平型关战役遗址、百团大战纪念馆等红色纪念地。

（7）黄河文明游：以老牛湾、碛口古镇、壶口瀑布、鹳雀楼为重点，以娘娘滩、万家寨、西口古渡、乾坤湾、克难坡、黄河大禹渡、黄河古栈道等为补充，组合形成旅游线路。

（8）吕梁风光游：以庞泉沟、北武当山、碛口古镇为重点，以苍儿会、杏花村、卦山、玄中寺、安国寺等为补充，组合形成旅游线路。

山西省近几年正在努力打造的还有文明探源游、长城边塞游、沁河古堡游、晋陕峡谷游、三晋民俗游、研学科考游等主题线路。

2. 资源组合浑然天成

山西省浑然天成的全域旅游资源格局体现在：山西省现有行政边界为平行四边形，黄河、长城、太行山等华夏名胜形成环省界整合封闭风光带，这在我国各省市绝无仅有。自然与人文景观完美融合也是山西旅游资源的一大特色，这里名山大川汇集，构建其自然山水骨干，拥有四大佛教名山之首五台山、五岳之一恒山、五大镇山之一中镇霍山、中华脊梁太行山、黄河之魂，以及系列文化名山，同时因境内丰富的水资源向境外发散被誉为"华北水塔"。

3. 生态环境独具个性

山西省地理位置绝佳，地处祖国版图的第二阶梯，大部分地区海拔在1500米左右，正处在负氧离子富极层，夏季平均最高气温在 26℃ 以下，平均湿度 59%，这些指标与人体适宜的海拔 500~2000 米的高度，温度 20~28℃，湿度 45~65 度非常吻合。山西夏无酷暑、冬无严寒，四季宜居，五台山、芦芽山、庞泉沟、蟒河是著名的清凉胜地，太原、大同入选 2017 年最佳避暑旅游城市，是夏季绝佳的避暑胜地。

（三）旅游住宿业

改革开放以来，山西省酒店无论在数量还是质量上都有了飞跃，从星级酒店到特色民俗酒店，从主题酒店、精品酒店、酒店公寓到经济型酒店、客栈等，多元化的旅游饭店业态已经将山西旅游住宿产业引入一个全新的时代。

据不完全统计数据显示，截至 2018 年 12 月 31 日，山西省可网上预订酒店数量共计 9496 家。① 根据山西旅游业大数据显示，截至 2019 年年底，山西省六成酒店"触网"，携程网山西省在线酒店数量共计 14733 家，其中太原市酒店数量最多，其次是晋中市和临汾市，阳泉市酒店数量最少。

山西酒店在线销售前十名包括：大同王府至尊酒店、大同云冈建国宾馆、太原五洲大酒店、山西君宸大酒店、太原大昌国际酒店、山西饭店、太原富力万达文华酒店、千美酒店（太原晋阳街南站店）、大同金地豪生大酒店及太原星河湾酒店。这些酒店中大部分位于太原市和大同市的中心区域，靠近交通枢纽，便于出行游玩。

按照酒店星级分类，山西省经济型酒店数量最多，占其酒店总量的 94.3%，舒适型酒店占 3.5%，高档型酒店占 2.2%。根据 2019 年山西各市酒店实时最低报价结果，各市酒店平均房价较 2018 年均有所上涨，太原市酒店的平均房价最高，其次是忻州市、大同市和晋中市，运城市酒店的平均房价最低。忻州市和晋中市酒店的平均房价涨幅最高。

2019 年 12 月 25 日，山西省文化和旅游厅发布首批"黄河人家、长城人家、太行人家"评定名单共计 175 家，其中黄河人家 55 家，长城人家 26 家，太行人家 94 家。这些"人家"，使山西省具有一定的公共服务设施和旅游配套设施，依托周边旅游资源的乡村旅游特色业态服务单位，极大地丰富了旅游住宿的业态。

（四）旅行社

山西旅行社在线上线下融合的行业背景下，在深化文旅融合、发展全域山西旅游的大环境下，近几年，取得了全方位的发展和提升。首先，旅行社的规模日益增大，旅游

---

① 张世满：《2018—2019 年山西旅游发展分析与展望》，山西经济出版社 2019 年版，第 172~173 页。

产品更加丰富。2018 年，山西省旅行社有 892 家，比上一年增长 3.1%，出境游组团社 107 家，比上年增长 4 家(表 1-4)。

山西旅行社均利用携程网、途牛旅游网、马蜂窝等 OTA 平台进行地接线路和出境旅游产品的宣传、销售，扩大客户范围，并摸索了基本的运营方法，线上运营能力和内容营销能力不断增强。

表 1-4　　　　山西省 2013—2018 年旅行社总量和出境旅行社总量表

年份	旅行社数量	出境游组团社数量
2013	866	59
2014	832	28
2015	854	92
2016	851	97
2017	865	103
2018	892	107

资料来源：山西省文化和旅游厅官网。

依据 2019 年山西省旅游发展大数据资料，2019 年山西各市在线旅游产品销售情况表明，大同、晋中、忻州、长治、朔州等城市与去年相比占比有所上涨，忻州同比增长的势头最猛。2019 年山西在线旅游度假产品订单量、人次、金额均呈现显著增长态势，同比增长分别为 41.91%、10.41% 和 28.88%。其在线旅游交通产品，2019 年出行订单量、人数和交通运营收入也均呈现稳步增长态势，同比增长分别为 10.42%、10.41% 和 21.54%。

从全国在线旅游线路的排名来看，游客更倾向于在山西省内深度游览，太原、大同、平遥、五台山是热门旅游目的地。游客大多选择这些热门目的地串行，也会选择某一目的地深度游览，或者和山西周边省份形成串联线路进行游览。

第三节　转型发展中的山西旅游业

山西文化旅游资源丰富，内涵深厚。但长期以来，山西在能源红利的发展背景下，过度依赖资源型产业，大量要素向资源型产业汇聚，文化旅游资源虽璞玉天成，却得不到重视，虽为文化旅游资源大省，但距文化旅游强省还有很大差距。

山西是全国第一个全省域、全方位、系统性的国家资源型经济转型综合配套改革试验区。2020 年 5 月 12 日上午，习近平来到山西转型综合改革示范区政务服务中心改革创新展厅，听取示范区建设和运营情况介绍，察看了创新产品展示。习近平强调，长期以来，山西兴于煤、困于煤，一煤独大导致产业单一。建设转型综合改革示范区，是党中央赋予山西的一项重大任务，也是实现山西转型发展的关键一招。山西要有紧迫感，更要有长远战略谋划，正确的就要坚持下去，久久为功，不要反复、不要折腾，争取早日蹚出一条转型发展的新路子。①

2020 年 9 月 21 日，"2020 中国·山西（晋城）康养产业发展大会"在司徒小镇隆重举行。近年来，山西省围绕打造"康养山西、夏养山西"品牌，积极探索康养产业与医疗、养老、文旅、体育等多业态深度融合，规划布局黄河、长城、太行三大旅游板块，重点建设大同、忻州、晋中、长治、晋城等五个康养产业带，全力打造千亿级康养产业集群，在康养产业"新蓝海"中开辟了山西航线，作出了山西贡献。

一、转型发展中的山西文化旅游

2010 年 12 月 1 日，国务院批复设立"山西省国家资源型经济转型综合配套改革试验区"，山西省资源型经济转型上升为国家战略。山西省旅游业也随之被提到国民经济发展的战略高度。

2016 年 11 月，省委书记骆惠宁在山西省第十一次党代会上指出，要深入挖掘"地上"资源，高起点、大手笔谋划文化旅游产业，在创新体制机制、重大项目开发上实现新突破，将山西省打造成为富有特色和魅力的文化旅游强省。

2017 年 1 月，楼阳生省长在山西省第十二届人民代表大会第七次会议上做政府工作报告，提出特别要把文化旅游业加快培育成山西战略性支柱产业，以"旅游+"为手段，积极发展全域旅游，以大项目建设、大企业动作为重点，推进旅游产业提质升级，努力实现由文化旅游资源大省向文化旅游强省的跨越，把山西建成国内一流、国际知名的旅游目的地。

2017 年 9 月，国务院印发《关于支持山西省进一步深化改革促进资源型经济转型发展的意见》，指出将山西省建成国家全域旅游示范区。

2018 年 1 月，山西省第十三届人大一次会议上，楼阳生省长在政府工作报告中指出，在继续做优做强五台山、云冈石窟、平遥古城等品牌的基础上，锻造黄河、长城、太行山三大旅游板块。

2019 年 11 月 8 日，在河南新县召开的 2019 年全国全域旅游工作推进会上，山西正

---

① 《习近平在山西考察时强调　全面建成小康社会乘势而上　书写新时代中国特色社会主义新篇章》，新华网客户端，2020 年 5 月 12 日。

式成为全国第八个国家全域旅游示范区省级创建单位。这也是国家文化和旅游部组建后获批的第一家省级国家全域旅游示范区。

未来，山西省将作为完整旅游目的地进行整体规划布局，突出综合治理，着力创新发展体制机制；突出补齐短板，着力完善旅游基础设施和公共服务体系；突出融合发展，着力推进文化和旅游融合发展，增加旅游优质供给；突出品牌营销，着力提升一体化营销成果；促进旅游业全区域、全要素、全产业链发展，形成旅游业全域共建、全域共融、全域共享的发展格局。此外，还将加强组织领导，建立协同推进机制，充分调动各方力量，整合资源、优化配置，按照山西省创建国家全域旅游示范区实施方案的安排部署扎实推进各项创建工作，形成更多可复制、可推广的经验做法。

山西省成为国家全域旅游示范区创建单位后，将获得文化和旅游部在旅游基础设施和公共服务建设、旅游项目建设、旅游品牌宣传推广、人才培训等方面的大力支持，推动山西省全域旅游发展步入"快车道"。

二、山西旅游的优势条件

(一)转型升级的动力优势

自 2010 年国务院批复设立"山西省国家资源型经济转型综合配套改革试验区"起，山西省资源型经济转型上升为国家战略。2017 年《国务院关于支持山西省进一步深化改革促进资源型经济转型发展的意见》，给予山西转型发展众多的政策性利好，为山西转型发展带来了绝佳的机遇。目前，山西调整产业结构的现实需求更为迫切，这将倒逼山西全省上下高度重视旅游业发展。旅游业作为综合性产业，对拉动经济发展的重要作用正在不断显现。在经济转型综合改革不断深化的背景下，文化旅游业被提到山西全省国民经济发展的战略高度。山西上下人心思进、人心求变，正把转型的巨大压力转变成旅游升级的强劲动力。

(二)高质量旅游资源的品牌优势

山西旅游资源有着显著的独特优势。滔滔黄河水在这里转弯，陶寺遗址反映了"最初的中国"，上古时代的尧、舜、禹都在晋南地区建都立业，洪洞大槐树是全世界华人的根，晋商是我国明清时期商帮之翘楚，"日昇昌"票号是中国最早的银行……

从自然景观来看，山西地处华北，表里山河，五台胜境之神秘、北岳中条之雄奇、黄河气势之磅礴，美不胜收，令人神往。其境内山峰林立、沟壑纵横、峡谷幽深、悬崖壁立，溶洞瀑布较多，生态环境良好，森林覆盖率较高，溪流众多。这里四季分明，气候、山水、传统医药、有机食品、历史文化等旅游资源富集，适宜开展四季旅游。从人文资源来看，三晋文化积淀深厚，山西国家重点文物保护单位、现存宋辽金以前的木结构古建筑、现存元代之前木结构古建筑、现存古代戏曲舞台、现存长城关隘的数量均居全国第一，素有"中华文明的主题公园"和"历史建筑艺术博物馆"之称。同时，山西是民歌的海洋、戏曲的摇篮，民俗文化在全国独领风骚。

（三）市场拓展的地缘优势

山西承接东西，连接南北，毗邻"京津冀"，是贯通北京、西安两大国际旅游目的地的区域性廊道，相邻六省市旅游市场规模达到 2.5 亿人次，具备绝佳的市场地缘优势。同时全省已基本形成铁路、公路、航空纵横交错的交通体系，在开辟境内外市场中具有一定的可进入性优势。

（四）创新跨越的后发优势

通过创新举办五届旅游发展大会、统筹编制规划、引入战略投资者和智库机构、启动智慧旅游建设等创新发展举措，山西在全国范围内率先提出旅游业的创新发展模式，开创了旅游跨越式发展的新格局，为山西省旅游业提供了后发优势。

三、山西旅游存在的问题

（一）旅游品牌形象影响力和吸引力不够

山西目前还缺乏像故宫、长城、秦兵马俑等在国际上知名度高、吸引力大的名胜古迹，山西"华夏古文明·山西好风光"的品牌口号还未打响。其旅游品牌整体核心竞争力不强，多数旅游企业对现代管理缺乏认识，五台山、云冈石窟、平遥古城等景区拥有世界级旅游资源，但尚未建成配套完善的国际化景区。

（二）资源优势尚未转变为产品优势

山西省旅游资源丰富，景区景点数量众多。据统计，山西省有 543 个对外开放的景区景点，还有 1000 余个乡村旅游点，但总体情况小、散、弱，具有核心竞争力的旅游景区较少。2018 年山西全省接待游客达到 500 万人次以上的景区仅有 3 个——神潭大峡谷、五台山和平遥古城，接待量超过 200 万人次的景区也只有 7 个，分别是王家大院、乔家大院、运城死海、洪洞大槐树、武乡红色旅游风景区、皇城相府和绵山风景区。另外，山西省拥有云冈石窟、五台山、平遥古城等世界级旅游资源，但是核心文化资源充分挖掘、活化、衍化不足，未能建立起与之相匹配的龙头旅游产品体系，主要体现在龙头景区少、核心吸引物体量小、市场化程度低等方面。

(三)基础设施滞后的瓶颈仍需大力突破

山西目前旅游公共服务设施配套不足,旅游集散中心、咨询服务中心、停车场、公共厕所、垃圾分类、旅游标识、智慧平台等建设还不够完善,仍然存在节假日出行难、停车难、如厕难等问题。近几年,随着山西省大交通的逐步实施,旅游交通的问题得到初步解决,目前山西旅游交通的瓶颈主要在于主干交通线与部分景区的连接不畅,以及相邻景区景点尤其是重要景区景点之间的道路交通联系困难。山西部分通达景区的连接线道路不畅、等级不高,整体可进入性相对不强,没有形成"快旅慢游"的交通网络,且"煤旅"交通矛盾并没有彻底解决,航空运输方面规模小、运力低(表1-5)。

表1-5   山西省航空运输情况

城市	机场	航线	通航城市
太原	武宿机场	30	61
运城	关公机场	9	26
大同	云冈机场	13	19
长治	王村机场	7	9
忻州	五台山机场	7	12
临汾	乔李机场	5	10
吕梁	大武机场	3	8

(四)旅游配套服务设施有待进一步提升

山西餐饮产业整体欠发达,特色饮食商业化有待加强;住宿方面标准化酒店总量不足,结构有待优化,民宿发展尚落后,还未成为住宿接待的有力补充;部分景区停车场数量不足,垃圾污水处理设施建设落后,旅游城市、旅游景区无线宽带网建设滞后,旅游基础设施、旅游服务体系尚需进一步完善。核心景区内外部交通、购物、标识、厕所、游客集散中心等设施不完备;公共接待服务设施档次不高,休闲度假类、乡村主题类、文化主题类特色餐饮、酒店设施尚不能适应游客需求;乡村旅游配套建设进度尚不能满足游客需要,难以留住游客。

四、山西旅游的未来发展

未来随着山西省机场、高速客运铁路、公路等大交通的发展,文旅融合的深入发展,山西旅游业将会插上腾飞的翅膀,进入文化旅游发展的新时代。未来,山西省旅游业发展将继续深入推进"旅游强省""文化强省"和"文旅融合"发展战略，以山西省全域旅游示范区创建为契机，为山西打造出主题鲜明、交通便利、服务配套、环境优美、吸引力强、市场认可度高的全国性乃至国际性旅游产品和品牌。山西省旅游业在山西省整个国民经济和社会发展中的作用将显著提高，成为经济转型、结构调整的动力产业，拉动内需、促进增长的强力引擎，消除贫困、促进就业的重要载体，成为山西转型发展的突破口。未来，旅游业将成为山西省经济发展的主导产业，成为产业转型升级和新旧动能转换的新引擎，进入全国旅游第一方阵。

本章末附山西省 A 级景区名称及区域分布表(表 1-6)。

表 1-6　　　　　　　　　　山西省 A 级景区名称及区域分布

城市 \ 景区级别	5A 级	4A 级	3A 级	2A 级	A 级
太原		11 处： 晋祠旅游区、东湖醋园、台骀山滑世界景区、中国煤炭博物馆、清徐宝源老醋坊、汾河公园景区、紫林醋文化产业园、太原动物园、太原森林公园、蒙山大佛景区、六味斋云梦坞	20 处： 太原市尖草坪区中华傅山园旅游景区、太原市蒙牛乳业工业旅游景区、太原食品街、太原龙华寺、古交市红豆山庄景区等	2 处： 太原碑林公园、太原晋农农业博览园景区	
大同	1 处： 云冈石窟	7 处： 恒山风景名胜区、大同华严寺、城区善化寺、城区大同城墙景区、晋华宫国家矿山公园、大同方特欢乐世界、大同魏都水上乐园	1 处： 广灵剪纸艺术博物馆	1 处： 大同"万人坑"遗址纪念馆	

续表

城市 ＼ 景区级别	5A 级	4A 级	3A 级	2A 级	A 级
朔州		4 处： 右玉县生态旅游景区、 应县木塔景区、 怀仁金沙滩景区、 朔州崇福寺景区			
忻州	2 处： 五台山、 雁门关	9 处： 忻府区云中河景区、 定襄县凤凰山景区、 定襄河边民俗馆、 宁武芦芽山景区、 宁武万年冰洞、 宁武汾河源头景区、 忻州市忻府区禹王洞旅游景区、 忻州市原平市天涯山景区、 繁峙淳源景区	7 处： 静乐县天柱山景区、 宋家沟景区、 忻府区忻州古城、 徐向前元帅故居、 繁峙县平型关景区、 桥儿沟景区、 定襄县七岩山景区	2 处： 宁武管涔山情人谷景区、 五台县五峰慧果沙棘产业园	
吕梁		8 处： 北武当山风景名胜区、 玄中寺景区、 卦山天宁寺、 汾阳汾酒文化景区、 贾家庄文化生态旅游区、 孝义胜溪湖森林公园、 孝义孝河湿地公园、 孝义金龙山风景区	2 处： 柳林县抖气河景区、 文水苍儿会景区		
阳泉		4 处： 盂县大众温泉度假村、 翠枫山自然风景区、 桃林沟景区、 盂县藏山景区	6 处： 郊区小河古村评梅景区、 平定县固关长城、 盂县华北奕丰生态园、 平定县娘子关景区、 平定县红岩岭景区、 盂县藏山翠谷景区	4 处： 阳泉郊区关王庙景区、 阳泉矿区银圆山庄、 七亘大捷景区、 南庄抗战地道景区	1 处： 平定冠山森林公园

续表

景区级别 城市	5A 级	4A 级	3A 级	2A 级	A 级
晋中	2 处： 平遥古城、绵山（乔家大院2019年被摘牌）	19 处： 介休市张壁古堡、 左权县太行龙泉风景区、 平遥县双林寺彩塑艺术馆、 石膏山风景名胜区、 麻田八路军总部纪念馆、 灵石县红崖峡谷、 平遥县票号博物馆、 王家大院旅游景区、 乌金山国家森林公园、 太谷梅苑山庄景区、 晋中市榆次老城景区、 昔阳县大寨景区、 榆次常家庄园、 平遥县镇国寺、 平遥县协同庆钱庄博物馆、 平遥县城隍庙财神庙、 平遥文庙学宫博物馆、 平遥县衙博物馆、 绵山风景名胜区	21 处： 石马寺、 和顺太行龙口景区、 晋中市榆次区明乐庄园旅游景区、 晋中市寿阳县祁寯藻故里景区、 晋中市和顺县合山懿济圣母文化景区、 晋中市祁县红海玻璃艺术园景区、 左权县晋冀鲁豫边区临时参议会旧址纪念馆、 左权县莲花岩生态庄园、 左权日月星休闲旅游度假区等		
长治	1 处： 壶关八泉峡景区	11 处： 八路军太行纪念馆、 平顺县通天峡、 平顺县天脊山风景区、 襄垣县仙堂山、 武乡太行龙洞、 武乡八路军文化园、 黎城黄崖洞革命纪念地、 平顺太行水乡风景区、 沁源灵空山景区、 振兴小镇景区、 壶关太行欢乐谷	2 处： 老爷山景区、 洗耳河景区	2 处： 长治县五凤楼、 长治始祖百草堂景区	

续表

城市 \ 景区级别	5A 级	4A 级	3A 级	2A 级	A 级
晋城	1 处： 皇城相府	8 处： 阳城天官王府景区、 阳城蟒河风景区、 泽州珏山青莲寺景区、 陵川王莽岭景区、 沁水柳氏民居景区、 泽州大阳古镇、 沁水示范牧场、 高平炎帝陵景区	15 处： 沁水湘峪三都古城、 孙文龙纪念馆、 高平长平古战场大粮山景区、 泽州山里泉旅游区、 阳城县海会寺、 陵川棋子山、 阳城县郭峪古城、 高平市清云寺、 聚寿山、 可寒山、 小尖山、 河阳商道古镇、 良户古镇、 砥洎城、 中庄布政李府	1 处： 陵川凤凰欢乐谷	
临汾	1 处： 洪洞大槐树	13 处： 壶口瀑布风景名胜区、 霍州七里峪景区、 尧庙-华门旅游区、 古县牡丹文化旅游区、 乡宁县云丘山风景区、 隰县小西天、 隰县中国梨博园景区、 汾河公园景区、 蒲县东岳庙景区、 侯马彭真故居景区、 人祖山景区、 曲沃晋国博物馆、 洪洞广胜寺景区	10 处： 春秋晋国城景区、 吉县克难城旅游景区、 曲沃县石桥堡红色文化景区、 曲沃县诗经山水景区、 曲沃县磨盘岭休闲农业观光园、 曲沃县朝阳沟景区、 翼城佛爷山景区、 翼城古城景区、 洪洞红军八路军纪念馆、 山西光大工业旅游示范园	2 处： 洪洞明代监狱、 曲沃县荷塘月色景区	

续表

景区级别 城市	5A 级	4A 级	3A 级	2A 级	A 级
运城		12处： 五老峰风景名胜区、 永济市神潭大峡谷景区、 永济普救寺旅游区、 永济鹳雀楼景区、 解州关帝庙旅游区、 舜帝陵景区、 盐湖景区、 芮城县永乐宫旅游区、 万荣李家大院、 垣曲历山景区、 芮城大禹渡黄河景区、 芮城圣天湖	5处： 万荣孤峰山景区、 印象风陵渡景区、 夏县司马光祠景区、 夏县堆云洞景区、 山西建龙钢铁文化创意园	6处： 永济唐铁牛博物馆、 运城市九龙山、 绛县紫云寺、 新绛龙兴寺、 新绛太守居园池、 傅作义故居	1处： 万荣东岳庙景区

资料来源：根据山西省文化和旅游厅官网资料整理。

第二章
晋唐之源　锦绣龙城

✳

"东原底平，大而高平者，谓之太原。"太原为山西省省会，有"龙城宝地"之誉，古称晋阳或者并州，简称并。和任何一座古都相比，太原在历史上都毫不逊色，所谓"天王三京，北都其一"。太原已有2500多年的建城历史，这里自然山水与历史文物荟萃，是中国古代北方重要的政治、军事、经济、文化中心。自古以来一直是燕京和西安之间的非常重要的交通要道。

第一节　太原概况

太原，山西省省会，别称并州，古称晋阳，也称龙城，国家历史文化名城、国家园林城市、太原都市圈核心城市，山西省政治、经济、文化、交通和国际交流中心。是中国北方军事、文化重镇，世界晋商都会，中国能源、重工业基地之一，是一座具有近5000年历史、2500多年建城历史的古都，"控带山河，踞天下之肩背"，"襟四塞之要冲，控五原之都邑"。2019年第二届全国青年运动会在太原举办。

太原位于山西省境中央，太原盆地的北端，华北地区黄河流域中部，地处南北同蒲和石太铁路线的交汇处。地理坐标为东经111°30′～113°09′，北纬37°27′～38°25′。区域轮廓呈蝙蝠形，东西横距约144千米，南北纵约107千米。①

行政区划：截至2020年6月，太原市辖6个市辖区、3个县，代管1个县级市，另辖1个县级单位——山西转型综合改革示范区，共54个街道、21个镇、31个乡（图2-1）。

---

① 太原概况，见新浪网文化板块，2016年7月14日。

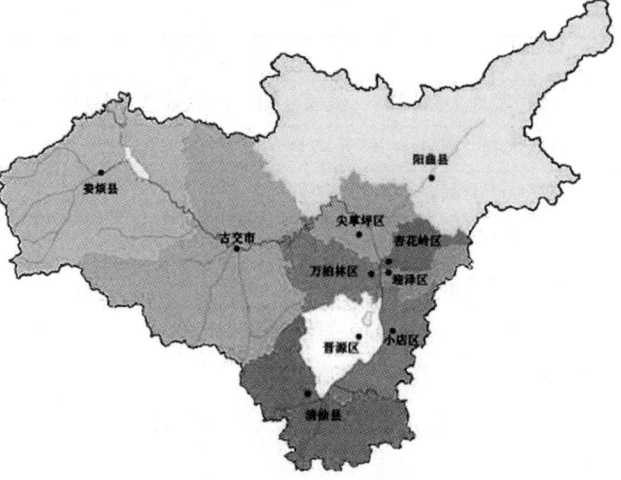

图 2-1 太原市行政区划图

市徽：太原市市徽是中国第一枚市徽，市徽图案由双塔、"并"字、煤层和火焰组成，象征太原市是一座历史悠久、煤炭资源丰富的能源重化工基地的中心城市和四化建设蒸蒸日上的新气象(图 2-2)。

图 2-2 太原市市徽

附太原市城市荣誉一览表(表 2-1)。

表 2-1   太原市城市荣誉一览表

获奖时间	奖项荣誉
2019 年 12 月	2019 年"中国最具竞争力会展城市"

续表

获奖时间	奖项荣誉
2019 年 10 月	首届"发现美丽城市　美丽乡镇　美丽景区"活动中被评为"中国美丽城市"
2015 年 10 月 14 日	2015 年度"宽带中国"示范城市
2015 年 7 月	"2015 年中国避暑名城 65 佳榜"第 20 名(和熙龙城)
2015 年 6 月	第一批"全国小微企业创业创新基地城市示范"
2015 年 3 月	全国最具幸福感城市第 2 名
2014 年 12 月 10 日	第三批"全国质量强市示范城市"创建城市
2014 年 8 月	2013—2014 年度中国会展名城
2014 年 4 月 28 日	第二批"公立医院改革国家联系试点城市"
2014 年 3 月 20 日	第二批"国家电子商务示范城市"创建城市
2013 年 12 月 31 日	第一批"国家信息消费试点城市"
2013 年 11 月 26 日	首批国家新能源汽车推广应用城市(群)
2013 年 1 月 29 日	第一批"国家智慧城市试点"
2013 年 1 月 17 日	第二批"国家智慧旅游试点城市"
2012 年 11 月 23 日	第一批"公交都市建设示范工程"创建城市
2012 年 5 月	第六个"中国智慧城市"试点
2012 年	中国特色魅力城市
2011 年 3 月 14 日	国家历史文化名城
2011 年 1 月	2010 年度全国十大体育营销城市
2010 年 9 月 21 日	2010 年亚洲都市景观奖
2010 年 6 月 23 日	第一批国家级循环经济标准化试点城市
2010 年	国家园林城市
2009 年 1 月 23 日	第一批国家级创建创业型城市
2000 年	第二批中国优秀旅游城市

第二节　太原重点旅游名胜与特色旅游资源

　　太原是一座具有近 5000 年文明史、2500 多年建城史的国家历史文化名城。在 2500 年的历史长河中,太原曾经是唐尧故地、战国名城、太原故国、北朝霸府、天王北都、中原北门、九边重镇、晋商故里……"无端更渡桑干水,却望并州是故乡"。金代大词人元好问在汾河岸边挥毫写下的千古绝唱"问世间情为何物,直教生死相许",令这座充满帝王气息的城市多了几许浪漫的情怀。崇善寺、纯阳宫和文庙的比肩而立，体现了这座城市包罗万象的博大胸怀。行走于太原的情画山水，望双塔凌霄，品崛围红叶，醉蒙山晓月；穿梭于现代都市，行龙城大道，观长风商务，逛繁华柳巷；出没于美食深巷，啜一口陈醋佳酿，尝一碗拉面飘香，太原的味道就浓缩在舌尖久久不散。只要来过太原，都会深深陶醉于它经久不衰的美丽。

一、重点旅游名胜

（一）晋祠

晋祠，位于山西省太原市晋源区晋祠镇，是为纪念晋国开国诸侯唐叔虞（后被追封为晋王）及母后邑姜后而建。它是中国现存最早的皇家园林，为晋国宗祠。1961 年 3 月，晋祠被国务院公布为第一批全国重点文物保护单位，2011 年被公布为第一批国家 4A 级旅游景区。

晋祠，现存有三百年以上的建筑 98 座、塑像 110 尊、碑刻 300 块、铸造艺术品 37 尊，是集庄严壮观与清雅秀丽，宗祠祭祀建筑与自然山水完美结合的典范。晋祠其中难老泉、侍女像、圣母像被誉为"晋祠三绝"。

其圣母殿、鱼沼飞梁、献殿被原国家文化部鉴定为国宝建筑。圣母殿，为中国现存古建筑中的最早实例（图 2-3）；鱼沼飞梁，造型奇特，是中国现存唯一的古代木结构十字形桥梁建筑，在世界古代桥梁建筑史上也具有较高的科学、艺术、研究价值（图 2-4）；金代建筑献殿，结构稳固，梁架轻巧，既为大殿，又巧似凉亭。

图 2-3　圣母殿正面图

图 2-4 鱼沼飞梁俯视图

晋祠可作为建筑物、建筑群或景观的杰出范例，展示人类历史上一个（或几个）重要阶段，具备了申报世界文化遗产的条件。把晋祠这个具有世界性突出价值的艺术杰作纳入世界文化遗产，将更有利于对它的保护。①

(二) 中国煤炭博物馆

中国煤炭博物馆位于山西省太原市万柏林区迎泽大街和晋祠路交会处，1989 年 9 月 30 日建成开馆，占地约 11 公顷，建筑面积约 9 万平方米。中国煤炭博物馆是国家级煤炭行业博物馆，是全国煤炭行业历史文物、标本、文献、资料的收藏中心，是煤炭工业的科普教育机构、科学研究机构和宣传教育机构。

中国煤炭博物馆曾被国家文物局、中国科学技术协会、国家旅游局分别授予国家一级博物馆、全国科普教育基地、国家 4A 级旅游景区、全国工业旅游示范基地的称号，被山西省授予山西省青少年教育基地和山西省爱国主义教育基地等称号。

(三) 东湖醋园

东湖醋园位于太原市马道坡，2000 年正式向游人开放，是山西省第一家动态展示陈醋生产工艺流程以及老陈醋历史文化内涵的博物馆。醋园收集了我国西汉以来各种酿醋器具和 700 个醋疗药方，原生态地展示了古法酿造老陈醋的场景。东湖醋园是我国目前唯一的一个醋文化旅游园，也是国内第一个获准注册的醋园旅游商标，2005 年被国

---

① 山西晋祠文物与其价值概况，http：//news. sina. com. cn/c/2007-05-26/125313082547. shtml，2021 年 4 月 13 日。

家旅游局认定为"首批工农业旅游示范景点"。

（四）蒙山大佛

蒙山大佛是一尊位于太原市晋源区寺底村西北的摩崖大佛，为太原市文物保护单位。蒙山大佛开凿于北齐天保年间，原是蒙山开化寺后的摩崖佛像。唐高祖李渊、唐高宗李治与皇后武则天、后唐武皇帝李克用、后汉高祖刘知远都曾来此礼佛。史籍明确记载晋阳西山大佛开凿于北齐天保二年（551），时在 6 世纪。如按阿富汗巴米扬大佛凿于7 世纪来说，晋阳西山大佛要早一个世纪，比凿于唐开元元年（713）的乐山大佛早 162年。论高度，晋阳西山大佛是世界第二大佛，论年代则是世界最早的大型石刻佛像。

（五）其他

太原八景：也称"古晋阳八景"，分别为汾河晚渡、烈石寒泉、双塔凌霄、巽水烟波、崛围红叶、土堂神柏、天门积雪、蒙山晓月。

国家级地质公园：太原西山国家矿山地质公园。

国家级风景名胜区：晋祠—天龙山、崛围山。

中国历史文化名村：晋源区晋源镇店头村。

截至 2019 年 11 月，太原市共有 A 级景区 33 处，其中 4A 级景区 11 处，3A 级景区20 处，2A 级 2 处，其中 4A 级景区见表 2-2。

表 2-2　　　　　　　　　　**太原市 4A 级旅游景区名录**

序号	景区名称	地址
1	晋祠旅游区	山西省太原市晋源区晋祠镇
2	东湖醋园	山西省太原市杏花岭区
3	台骀山滑世界景区	山西省太原市迎泽区
4	中国煤炭博物馆	山西省太原市万柏林区
5	清徐宝源老醋坊	山西省太原市清徐县
6	汾河公园景区	山西省太原市
7	紫林醋文化产业园	山西省太原市清徐县
8	太原动物园	山西省太原市杏花岭区
9	太原森林公园	山西省太原市尖草坪区
10	蒙山大佛景区	山西省太原市晋源区
11	六味斋云梦坞	山西省太原市清徐县徐沟镇

二、特色资源

太原旅游资源丰富，悠久的历史给太原留下了众多的名胜古迹，较为著名的有晋祠、天龙山石窟、永祚寺、纯阳宫、崇善寺、窦大夫祠等。太原名山、石窟、寺院、庙宇、湖泊、森林、温泉、溶洞、峡谷、河流、古建筑、名人故居、历史文化纪念地、博物馆等旅游资源的丰富以及高品质文物的集中，在国内是非常少有的。晋祠园林，称得上是华夏文化的一颗璀璨明珠。建于明代的永祚寺，其"凌霄双塔"是我国双塔建筑的杰出代表。龙山石窟是我国最大的道教石窟，被专家誉为"世界之最"。晋祠圣母殿内宋塑侍女像栩栩如生，姿态各异，在海内外享有盛名。天龙山的北朝石窟及隋唐造像、崇善寺明代藏经、纯阳宫关羽立马铜像，在我国文学艺术史上均占有辉煌的一页。此外，唐太宗李世民撰写的"贞观宝翰"《晋祠铭并序》碑文，是现存最早的唯一完好的唐太宗行书碑。

(一) 国家级非物质文化遗产

太原的国家级非物质文化遗产有锣鼓艺术(太原锣鼓)、晋剧、莲花落、风火流星、老陈醋制作技艺、月饼传统制作技艺(郭杜林晋式月饼)、六味斋酱肉传统制作技艺、中医养生[药膳八珍汤(头脑)]、庙会(晋祠庙会)、砖雕(山西民居砖雕)、清徐彩门楼抬阁(徐沟背铁棍)等，其中莲花落、风火流星、老陈醋制作技艺、六味斋酱肉、清徐彩门楼是太原独有的(无其他申报单位)。全国月饼制作技艺也只有太原的郭杜林晋式月饼和深圳的安琪广式月饼两家入选。

1. 晋剧

晋剧，为汉族地方戏曲，山西四大梆子剧种之一，又名山西梆子。因产生于山西中部，故又称中路梆子，也称为"中戏"，外省称为山西路梆子，主要流行于山西中、北部及陕西、内蒙古和河北的部分地区。

晋剧的特点是旋律婉转、流畅，曲调柔美、圆润、亲切，道白清晰，具有晋中地区浓郁的乡土气息和独特风格。晋剧传统剧目丰富，经常上演的有两百多出，包括《渭水河》《打金枝》《临潼山》《乾坤带》《沙陀国》《战宛城》《白水滩》《金水桥》《火焰驹》《梵王宫》《双锁山》等。

2006 年 5 月 20 日，晋剧经国务院批准列入第一批国家级非物质文化遗产名录。

2. 药膳八珍汤

药膳八珍汤又名"头脑"，是一服滋补良剂，有特定的剂量和深刻的药物配伍原理。"头脑"其性偏温而升散，适合于体质偏寒之人。平素脾胃虚寒、畏寒喜暖者或产后营养缺乏的妇女，可于北方秋冬季节食用。

民间关于"头脑"的来历，有一个传说。傅山的老母亲年迈体弱，经常患病，傅山根据老母亲的身体状况开出了"八珍汤"的方子来调养。"八珍汤"以黄芪、煨面、莲藕、羊肉、长山药、黄酒、酒糟、羊尾油八种中草药和粮食为原料（外加腌韭菜做引子），配方中羊肉味甘性热、补虚开胃，藕根清热化痰，长山药补脾除湿，黄芪味甘性温、补脾健肺。后来有位朵姓回民从甘肃迁到太原，在太原的南仓巷开了个小店，主要经营卖杂割的小本生意，起初生意冷清，当时傅山在其附近南肖墙开着一家诊所，见其生意不好，便无偿地将"八珍汤"配方传给他，授予其制作方法，并为这家饭馆起字号为"清和元"，傅山亲笔题写牌匾，又把"八珍汤"改名为"头脑"。

太原有段陈述老字号的歌谣："认一力的饺子，宁化府的醋，老鼠窟的元宵，六味斋的酱肉，杂割头脑清和元。""杂割头脑清和元"就是指以卖"头脑"闻名的老字号清和元。

3. 清徐老陈醋

清徐老陈醋的产地清徐县已获得国家有关机构批准的"中国醋都"称号。"自古酿醋数山西，山西酿醋在清徐"。清徐老陈醋是黑褐色，体态清亮，鲜明诱人。除了具有酸醇、味烈、味长的三大优点外，还有香、绵、不沉淀，以及"挂碗"的特点。只要拧开瓶盖，那香酸浓郁的气息立即扑鼻飘来，滴入碗里打一个圈，便均匀地粘在碗边。品尝一口，虽然老陈醋的酸度是五度，但不觉得失酸难耐，倒感到"甜绵香酸"，酸得缓慢、长久、可口，酸得发甜、发绵、发香，酸得满足而后知不足，尝了一口还想尝一口。此外，一般的醋存放长时间，就会变浊，生白皮，甚至腐化变质。但清徐老陈醋储存越久越香酸。有的人将其储存几十年后，因为瓶盖不紧水分蒸发，老陈醋变成了重色琥珀一样的固体醋，用开水冲开，仍然鲜酸如初。

小资料　　　　　　　　**清徐：中国醋都**

中国醋都清徐县是山西老陈醋的正宗发源地，是中国当之无愧的醋都，是全国最大的食醋生产基地，所产老陈醋为中国四大名醋之首，号称"天下第一醋"。清徐老陈醋已形成以山西水塔老陈醋股份有限公司为龙头的企业群体，全县共有70多家食醋企业，拥有六大系列60多个品种、年产醋10万吨的规模优势，占全国醋产量的六分之一。水塔老陈醋今年获得中国驰名商标称号。

清徐县是中国传统的醋都，现有60余家食醋酿造企业，近年来，由于当地政府大力支持，企业积极争取，质监部门精心培育，清徐醋业有水塔、东湖两个企业获得了中国名牌称号。金元、来福、王氏三家企业获得了山西省标志性名牌和山西省名牌称号，形成了有一定规模的区域产业集群，走出了清徐市食醋酿造企业传统工艺与现代化生产相结合的产业发展新路子，实现了创一个名牌，带一片产业、兴一地经济、富一方百姓的战略构想，增加了当地粮食转能力，解决了农民增收问题，为建设社会主义新农村作出了积极的贡献。

资料来源：搜狗百科"醋都"，https://baike.sogou.com/v63572591.htm? fromTitle =%E9%86%8B%E9%83%BD，访问日期为 2021 年 3 月 10 日。

4. 六味斋酱肉

六味斋酱肉是太原市的传统名食。太原市六味斋酱肉店已有 40 多年的生产历史，六味斋酱肉肉质精良，油光闪亮，香味浓郁，肉皮焦而不硬，绵而不粘，白肉肥而不腻，红肉瘦而不柴，食之久品余香。六味斋坐落在太原市繁华的柳巷与桥头街交叉路口，这里从早到晚顾客络绎不绝，过去民间就有"不吃六味斋，不算到太原"之说。早在 1982 年，六味斋的酱肘花就被商业部评为优质产品。

5. 风火流星

风火流星源于何时何地已无从考证。有人说，它源于传统民间杂技的水流星；有人说，它源于武术中的流星锤。而在太原市晋源区东街村，人们说起"风火流星"，必先从一人一地说起。这人，就是有据可查的"风火流星"的创始人韩荣华；这地，就是曾经商贾云集、富庶繁华的祁县。

"风火流星"，是把一米多长的绳子两头各拴一个十几岁少年拳头大小的铁笼，里面是炽热的炭火，表演者通过两手做背花、满头花等动作，使绳子两端的铁笼在空中由慢到快旋转，加上笼中火花四溅，形成各种图案，非常好看。

(二) 太原名人

1. 唐叔虞

唐叔虞，亦称叔虞、太叔，姬姓，名虞，字子于，因封在唐国，史称唐叔虞。唐叔虞为周武王姬发之子，周成王姬诵同母弟，母王后邑姜，周朝诸侯国晋国始祖。

周武王死后，周成王年幼继位，由叔虞的叔父周公旦摄政。周公旦灭唐国后，把唐地封给叔虞，唐叔虞死后，其子燮(燮父)继位。燮继位后迁居晋水之旁，改国号为晋，是为晋侯燮。

2. 狄仁杰

狄仁杰(630—700)，字怀英，并州晋阳(今山西太原市)人(图 2-5)。唐朝武周时期政治家。出身太原狄氏，早年以明经及第，历任汴州判佐、并州法曹、大理寺丞、侍御史、度支郎中、宁州刺史、冬官侍郎、江南巡抚使、文昌右丞、豫州刺史、复州刺史、洛州司马等职，以不畏权贵著称。

图 2-5　狄仁杰像

天授二年(691)九月，升任宰相，担任地官侍郎、同平章事。4 个月后，为酷吏来俊臣诬以谋反，夺职下狱，贬为彭泽县令。营州之乱时，得到起复。神功元年(697)，再度拜相，担任鸾台侍郎、同平章事，迁纳言。他勇于犯颜直谏，力劝武则天复立庐陵王李显为太子，培植举荐忠于唐朝的势力，成为大唐社稷得以延续的重要支柱。

久视元年(700)，拜内史令。同年九月，病逝，追赠文昌右相，谥号文惠。唐中宗复位后，追赠司空、梁国公，累赠太师，配享中宗庙廷。

3. 王昌龄

王昌龄(约 698—约 756)，字少伯，山西太原人(图 2-6)。籍贯旧有三说——太原、京兆、江宁，《旧唐书》昌龄本传以昌龄为京兆人，较为可信。盛唐著名边塞诗人，后人誉为"七绝圣手"。初任秘书省校书郎，又中博学宏词，授汜水尉，因事贬岭南。与李白、高适、王维、王之涣、岑参等交厚。开元末返长安，改授江宁丞。被谤谪龙标尉。安史乱起，为刺史闾丘晓所杀。其诗以七绝见长，尤以登第之前赴西北边塞所作边塞诗最著，有"诗家夫子王江宁"之誉。王昌龄以七绝诗见长，诗绪密而思清，与高适、王之涣齐名，时谓王江宁，有《王江宁集》六卷。

图 2-6　王昌龄像

4. 罗贯中

罗贯中(约 1330—约 1400)，名本，字贯中，号湖海散人，元末明初小说家，《三国志通俗演义》的作者。山西并州太原府人，其他主要作品有小说《隋唐两朝志传》《残唐五代史演义》《三遂平妖传》。

《三国志通俗演义》(简称《三国演义》)是罗贯中的力作，这部长篇小说对后世文学创作影响深远。《三国演义》是根据陈寿《三国志》和裴松之所作的注释，以及范晔《后汉书》、元代《三国志平话》和有关话本、传奇、民间传说等，经过综合熔炼和艺术加工创作而成的中国第一部长篇历史小说，反映了东汉末年和三国时期封建统治集团的矛盾和斗争，描绘了"官渡之战""赤壁之战"等著名战役，塑造了许多个性鲜明的人物形象。该书文字浅近通俗，结构宏大，人物众多，情节曲折，是中国历史小说中的精品，与

《西游记》《水浒传》《红楼梦》并称为中国四大古典名著，被翻译成英、法、德、俄等十多种语言文字流传世界各国。

5. 傅山

傅山（1607—1684），明清之际思想家、书法家、医学家。初名鼎臣，字青竹，改字青主，又有真山、浊翁、石人等别名。汉族，山西太原人。傅山推崇老庄之学，尤重庄学。后加入道教，自称为老庄之徒，自觉继承道家学派的思想文化传统。他对老庄的"道法自然""无为而治""泰初有无""隐而不隐"等命题，都做了认真的研究与阐发，对道家传统思想作了发展。

他于学无所不通，经史之外，兼通先秦诸子，又长于书画医学。著有《霜红龛集》《傅青主女科》《傅青主男科》等。他被认为是明末清初保持民族气节的典范人物，与顾炎武、黄宗羲、王夫之、李颙、颜元一起被梁启超称为"清初六大师"。

(三)风味名吃

1. 过油肉

山西过油肉是太原最著名的传统特色菜肴之一，在当地大小餐馆、饭店都有这道菜（图 2-7）。其特点：色泽金黄鲜艳，味道咸鲜，闻有醋意，质感外软里嫩，汁芡适量透明，不薄不厚，稍有明油。

图 2-7　过油肉

2. 太原头脑

太原头脑是太原特有的风味小吃(图 2-8)。由明末清初著名文人、医学家傅山发明,为药膳食品,对人体有着滋补作用,效果甚佳。传说,明亡后一代名医傅山隐居故里,侍养老母,创制了"八珍汤"让母亲康复。后他将此传授给一家饭馆,以"清和元"挂牌,"八珍汤"则易名为"头脑"。它用肥羊肉、煨面、长山药、酒糟、黄酒等八样原料配制而成,吃的时候可以感到酒、药和羊肉的混合香味,味美可口,越吃越香。

图 2-8   太原头脑

3. 羊杂割

"羊杂割"又称"羊杂碎",是山西的一道地方名小吃(图 2-9)。相传山西人吃杂割始于元朝,距今已有 1000 多年的历史了。就是把羊的心、肺、肝、肠、血等洗净、煮熟切碎,配上花椒、辣椒、盐、大蒜、葱、姜等作料,加上一些煮肉汤,做成"羊杂",再加上粉条一起吃。代表性饭馆有"郝刚刚羊杂店",这是太原经营羊杂的老店,汤色纯正、味道醇香,不过,想要吃到这家店的美食,必须耐得住性子,做好排长队的心理准备哦!

4. 老鼠窟元宵

老鼠窟元宵是太原市的传统名小吃,皮薄馅满,味道甘美(图 2-10)。不论是久居太原还是临时来太原走亲访友、旅游的人们，都要慕名前去"老鼠窟"品尝。"老鼠窟"的元宵，有"味压群芳、誉冠并州"之美称。走过百年历史的"老鼠窟"一直保持自家店铺的特色，不仅在制作工艺上代代传承，标准唯一，而且在元宵馅的品种上秉承了当年风味，主要有芝麻、桂花、玫瑰、花生四种味道。多年以来，老鼠窟元宵的选料、制作都非常讲究。江米只选用晋祠花塔村一带产的江米，用水泡发后，用石磨碾碎制成面粉。馅料中的玫瑰花、桂花都要采集半开的花朵。滚元宵时，力道、方向都有讲究。这样做出来的元宵，才能筋道好吃。2009 年，这道备受龙城人民喜欢的地方名吃被列入山西省非物质文化遗产。

图 2-9　羊杂割

图 2-10　老鼠窟元宵店

（四）特色商品及文化品牌

1. 双合成

双合成始创于 1838 年，是山西食品业的著名品牌企业，也是著名的中华老字号。清道光十八年（1838），李善勤、张德仁在河北省井陉县横口镇西街创建食品店，取"和气生财，二人合作，必能成功"之意，商号叫"双合成"。它将有一百多年发展历史的"中国味道、山西特色、双合成特质"的食品文化，演化为一个庞大的产品体系，有中式系列、西式系列、娘家系列、感恩月饼系列、喜庆系列、文化主题系列等，在全国范围内建立了自己的营销网络，成为中国北方消费者信赖的、在中国很有影响力的食品生产企业。

2. 六味斋

六味斋是始创于 1738 年的中华老字号，其生产的酱肉系列产品是我国传统食品，三晋名吃，曾作为皇宫贡品享誉京师。六味斋酱肉之所以美味独存，就在于它自开宗立派到如今的 280 余年来，一直保持着独有的以手工技艺为基础的加工方法。从选料、分割，到加入多种药材和调味料，六味斋酱肉制品经卤制、酱制、刷酱而成。装锅时，层次、顺序都有严格要求。煮制时，武火、文火要把握适度，要"一闻二看三摸四听"：一闻肉的气味，二看肉的色泽，三摸肉的软硬，四听汤的浓度。因为煮制过程中严禁掀锅盖，所以要"听汤"。酱汁是卤制酱肉的老汤经滤渣熬制而成，不含任何添加剂和人工合成制剂。刷酱是六味斋酱肉加工所独有的特制工艺，刷酱是为了保护肉皮，使外形美观，还可以改善口感。经过一辈又一辈人的努力，六味斋一直保持着自开宗立派以来 280 多年的传统工艺、传统风味，生意越做越大、越做越强。

3. 山西老陈醋

山西老陈醋集团有限公司，源于 1368 年，中华老字号，山西省著名商标，食醋行业领先品牌，美和居老陈醋酿制技艺传承者。山西老陈醋集团有限公司源自明洪武元年（1368 年）创立的"美和居"醯坊。"美和居"醯坊师傅以山西地产高粱、豌豆、大麦、谷糠、麸皮为原料，首创"熏蒸法""夏伏晒、冬捞冰"陈酿工艺，增酯添色加香，纳天地之灵气，陈五谷之精华。一改过去山西醋尖酸寡淡为"绵、酸、香、甜、鲜"特色风味，完善了"蒸、酵、熏、淋、陈"五步酿醋工艺。山西老陈醋集团有限公司作为"美和居"醯坊正宗传承者，始终秉承"承启传统精艺，实现健康理念"的企业宗旨和"老老实实做人、踏踏实实做事、明明白白做工作"的实干精神，通过"良心处世、苦心经营、用心做事"的诚信作风，坚守纯粮酿制独特工艺，完整保留非物质文化遗产——"美和居老陈醋（熏蒸法）酿制技艺"，不仅使得东湖、美和居的品牌文化成为企业发展的创新支撑点。

第三章
中国古都　天下大同

———————————————— ✳ ————————————————

　　大同，拥有2300多年的建置史和1700多年的城市发展史，蕴含着博大的历史遗韵。它曾为两汉名郡、北魏京华、辽金陪都、明清重镇。

　　"大同"概念出自《礼记·礼运》"大同"章，通常简称"礼运大同篇"："大道之行也，天下为公，选贤与能，讲信修睦。故人不独亲其亲，不独子其子。使老有所终，壮有所用，幼有所长，矜、寡、孤、独、废疾者皆有所养。男有分，女有归。货恶其弃于地也，不必藏于己；力恶其不出于身也，不必为己。是故谋闭而不兴，盗窃乱贼而不作，故外户而不闭，是谓大同。"

———————————————————————————————————————

第一节　大同概况

　　大同，山西省省辖市，是中国首批24个国家历史文化名城之一、中国首批13个较大城市之一、中国九大古都之一、国家新能源示范城市、中国优秀旅游城市、国家园林城市、全国双拥模范城市、全国性交通枢纽城市、中国雕塑之都、中国十佳运动休闲城市之一。

　　大同是山西省省域副中心城市，山西省第二大城市，位于山西省北部大同盆地的中心、晋冀蒙三省区交界处、黄土高原东北边缘，实为全晋之屏障、北方之门户，且扼晋、冀、内蒙古之咽喉要道，是历代兵家必争之地，有"北方锁钥"之称。大同是民族融合的大平台，是都城建设的里程碑，是佛教中国化的先行者，是军事防御的大前沿。

　　大同古称云中、平城，曾是北魏首都，辽、金陪都，境内古迹众多，著名的文物古迹包括云冈石窟、华严寺、善化寺、恒山悬空寺、九龙壁等。

　　大同是中国最大的煤炭能源基地之一，国家重化工能源基地，神府煤田、准格尔新兴能源区与京津唐发达工业区的中点，素有"凤凰城"和"中国煤都"之称。

　　大同这座有着独特自然地理条件的城市，历经多年的投资与建设，城市绿化与园林覆盖取得明显效果。2014 年 1 月 14 日，大同市被国家住建部正式命名为"国家园林城市"。

一、北魏平城时代

平城是在汉朝平城县基础上扩建而成的，即今山西大同。从北魏道武帝拓跋珪于天兴元年（398）七月迁都至此，至太和十八年（494）北魏孝文帝迁都洛阳，共建都于此 97 年之久，前后经历道武帝、明元帝、太武帝、文成帝、献文帝、孝文帝共六位皇帝。平城一直是我国北方的政治、经济、文化中心。

北魏平城时代，不仅农耕文明与游牧文明逐渐融合，而且随着佛教的兴盛和政治化，也促进了儒、释、道三家的激烈碰撞和快速融合。平城是军事防御的大前沿，在都城建设上，首开宫城、中城、郭城"三城制"，在都城外围首开城墙、塞围、长城"三线制"。平城文化搭起了从十六国割据局面走向隋唐大一统的历史桥梁。平城是各族文化的大熔炉，具有代表性的草原和中原两大文化体系在这里碰撞、融合，经过反复提纯，原有的文化体系或消失、或改变面貌，从而产生出一种新的山西地域文化。

北魏王朝作为中国历史上的一个重要朝代，不仅在中华文明史上发挥了承上启下、促进东西交流的作用，而且在诸多的领域促进了平城文化的飞跃，推动了中国多元一体文化的发展，开创了中国各民族文化和中西文化全面交流融合的新格局，对中华文化的繁荣和发展作出了重要的贡献。独树一帜的平城文化以其宏大气魄、潇洒灵性、刚毅心骨的鲜活特质，对中华文明产生了重大而深远的影响。

二、大同旅游

大同有着悠久的文化，积淀了丰富的历史文化遗存，因而处处都值得探寻。

云冈石窟为我国现存规模最大的石窟群，被联合国教科文组织定为世界文化遗产。上华严寺大雄宝殿，建筑规模之宏大，殿顶鸱吻之高大，均为全国佛寺之最。下华严寺天宫楼雕塑艺术，堪称辽金时期的"海内孤品"。善化寺是我国现存最完整的辽金寺院。九龙壁是我国建筑最早、规模最大、保存最好的龙壁。悬空寺是我国唯一的高空绝壁建筑，也是我国罕见的佛、道、儒三教合一的寺庙。雁塔为国内建筑位置罕见的城墙上八角七级空心砖质瞭望塔……

大同的铜器、恒山黄芪、黄花、皮毛等都是有名的土特产。大同的戏剧"耍孩儿""罗罗腔"，广灵的染色剪纸等都属国家级非物质文化遗产。

大同这座历史文化大讲堂，等着你的到来。

第二节　大同重点旅游名胜与特色旅游资源

大同为 1982 年国务院首批公布的历史文化名城，有"三代京华、两朝重镇"的美誉，特别是以云冈石窟、北魏悬空寺为代表的北魏文化，以华严寺、善化寺、观音堂、觉山寺塔、圆觉寺塔为代表的辽金文化，以边塞长城、兵堡、龙壁、明代大同府城为代表的明清文化，构成了鲜明的地域文化特色，可以概括为平城文化、边塞文化和佛教文化。

目前，大同市有各级文物保护单位 346 处，其中全国重点文物保护单位 27 处（云冈石窟被列入世界文化遗产名录），省级文物保护单位 20 处，市、县文物保护单位 300 余处。这些文物保护单位中有古建筑 188 处，古墓葬 38 处，古遗址 66 处，石窟寺 9 处，近现代重要史迹及代表性建筑 23 处（其中革命文物 18 处），石刻及其他 22 处。大同市共有馆藏文物 9.7 万余件。

其中，世界文化遗产云冈石窟、国内现存辽金时期最大的佛殿华严寺、世界建筑奇迹悬空寺等一批文物古迹享誉海内外。石窟艺术、雕塑艺术、以古壁画为代表的壁画艺术、剪纸艺术、书法艺术、建筑艺术等世代流传，让这座古老神奇的城市时刻散发着浓郁的文化气息，让人无限向往。

大同处于北纬 40° 与东经 112° 这一著名黄金经纬交汇点上。这里生态独特，自然资源丰富，气候凉爽，四季分明，大气质量优良，"大同蓝"闻名遐迩。

大同地处内蒙古高原与华北平原的过渡地带，有山有水，尤以山多著名。其中五岳中的恒山，是塞外高原通向冀中平原之咽喉要冲，是儒、释、道同修的圣地。其主峰天峰岭海拔 2016.8 米，气势壮观，景色如画，被称为"人天北柱""绝塞名山"。桑干河是大同的母亲河，自西流向东北横贯全市，为大同典型的"北雄"特色平添一抹江南的水秀。

携历史文化而阔步前行，美丽大同，古今交融，城市美景与古韵文化相融相衬，美妙绝伦。

一、重点旅游名胜

(一)云冈石窟

云冈石窟是世界文化遗产、国家 5A 级景区、全国首批重点文物保护单位（图 3-1）。云冈石窟是世界闻名的石雕艺术宝库之一，是中国最大规模的石窟群，与敦煌莫高窟、洛阳龙门石窟和天水麦积山石窟并称为中国四大石窟。云冈石窟始建于公元 460 年，距今已有 1500 多年的历史，位于大同市城西 16 千米的武州山南麓，石窟东西绵延约 1 千米，由当时的佛教高僧昙曜奉旨开凿。现存主要洞窟 45 座，造像 51000 余尊，代表着 5 世纪世界雕刻艺术的最高水平。现存的云冈石窟群分为东、中、西三部分，石窟内的佛龛，像蜂窝密布，大、中、小窟疏密有致地镶嵌在云冈半腰。

图 3-1　云冈石窟

小资料

云冈的石窟文化

云冈石窟不仅有高超的艺术性，而且具有深刻的文化内涵。

首先，北魏王朝建立者鲜卑族的民族之魂被赋予其中。鲜卑族经过几代人从北方草原南下中原汉地，以强悍的武力占领和统治了北中国几个世纪之久。著名的"昙曜五窟"是北魏王朝自道武帝以后几位早期帝王形象的化身，目前为止佛像和帝王还没有一一对应确定，但佛像的面容和表情不仅庄严肃穆，而且透露出胜利者的骄傲和微笑，俨然一派王者气势。云冈石窟还体现了鲜卑民族鲜明的民俗特色。鲜卑祖先长期生活在"幽都之北"，居处石室，与人类早期的穴居生活有相似性，北魏王朝建立后，鲜卑虽内迁日久，但始终保持着石室情结。云冈石窟之所以能超越河西、西域早期那种小型坐禅窟的格局，一下子创建出如此大型、辉煌、气势赫赫的佛窟，恐怕石室情结的膨胀当推首要因素。[1]

---

① 赵一德：《云冈石窟文化》，北岳文艺出版社 1998 年版，第 52 页。

其次，云冈石窟体现了中国艺术与印度艺术的完美结合。云冈石窟艺术受印度艺术影响较深，其开凿之际正是印度石窟艺术趋向成熟，并沿着丝绸之路向东传播之际。云冈石窟没有脱离印度造像的母体规范，佛像是犍陀罗式的，同时还吸收了北印度的秣菟罗艺术风格。《魏书·释老志》记载："太安初(455)，有狮子国胡沙门、邪奢、遗多、浮陀、难提等五人，奉佛像三，到京都。皆云：备历西域诸国，见佛影迹及肉髻。外国诸王相承，咸遣工匠，摹写其容，莫能及难提所造者，去十余步，视之炳然，转近转微。"犍陀罗造像的特征大体可归结为：头部呈希腊神像面容，脸部椭圆，五官端正，眉毛细长而弯曲，鼻梁端直与额头连成直线(所谓希腊鼻子)，嘴唇薄而上翘且有髭须，头顶肉髻多刻希腊式的波纹状卷发，身上则披着通肩式袈裟(偶有咸袒式)。秣菟罗式雕刻传统以显示裸体、突出肉感为特征，典型的表现手法为"薄衣透体"。云冈石窟第18窟大佛与南壁胁侍的袈裟，不管如何变化，或为千佛袈裟，或为通肩袈裟，都是秣菟罗袈裟的变形。第20窟的露天大佛，则几乎全是犍陀罗模式，尤其是那两撇微微上翘的髭须，更是犍陀罗的典型特征。① 但云冈石窟绝不是犍陀罗艺术的临摹翻刻，而是吸收了鲜卑民族及汉族的艺术和文化底蕴的再创造，形成了独特的"云冈风格"。如第18窟佛像头像按犍陀罗佛式，身像则取秣菟罗立式，但又改变了那种"薄衣透体"的手法，以适应鲜卑民族的风尚。云冈风格大致是：发式为圆形垂肩，身着贴身，右袒袈裟，宽肩细腰，结跏趺坐。这种造型艺术的母体无疑是犍陀罗式的，但艺术风格又不完全是犍陀罗式的，而是综合了龟兹、敦煌的艺术特色，又结合平城城域、鲜卑民族的审美情趣而做了再创造。在某些地方还表现着汉文化的特点，比如最著名的"两耳垂肩"式，似乎就与中国道教传说仙人有两耳垂肩的仙相有关。具有汉族士人风范的褒衣博带式样之佛立像在云冈石窟保存不多，仅有第6窟上部之十五身佛母像和第11窟、第13窟之两组七佛立像。数量虽少，但气势恢宏，造型精美，堪称艺术精品。洛阳龙门石窟宾阳中洞就直接承袭了这种技法。云冈石窟形象地记录了印度及中亚佛教艺术向中国佛教艺术发展的历史轨迹，反映出佛教造像在中国逐渐世俗化、民族化的过程。敦煌莫高窟、洛阳龙门石窟中的北魏时期造像均不同程度地受到云冈石窟的影响。云冈石窟是石窟艺术"中国化"的开始。②

2020年5月11日，习近平总书记来到云冈石窟考察。习总书记仔细察看石窟的雕

---

①　赵一德：《云冈石窟文化》，北岳文艺出版社1998年版，第377页。
②　杨茂林等：《山西文明史·中卷》，商务印书馆2015年版，第594页。

塑、壁画，不时向工作人员询问石窟历史文化遗产保护等情况。他强调，云冈石窟是世界文化遗产，保护好云冈石窟，不仅具有中国意义，而且具有世界意义。历史文化遗产是不可再生、不可替代的宝贵资源，要始终把保护放在第一位。发展旅游要以保护为前提，不能过度商业化，让旅游成为人们感悟中华文化、增强文化自信的过程。要深入挖掘云冈石窟蕴含的各民族交往交流交融的历史内涵，增强中华民族共同体意识。

（二）北岳恒山

恒山是国家级风景名胜区，国家 4A 级景区（图 3-2）。恒山又称北岳，与东岳泰山、西岳华山、南岳衡山、中岳嵩山并称为五岳，是中国地理标志。距大同市市区 62 千米。其中，倒马关、紫荆关、平型关、雁门关、宁武关虎踞为险，是塞外高原通向冀中平原之咽喉要冲，自古是兵家必争之地。

图 3-2 恒山

恒山巍峨耸峙，气势雄伟。天峰岭与翠屏峰，是恒山主峰的东西两峰。天峰岭海拔 2016.8 米，被称为"人天北柱"。果老岭、姑嫂岩、飞石窟、还元洞、虎风口、大字湾等处，充满了神话色彩。悬根松、紫芝峪、苦甜井更是自然景观中的奇迹。

相传 4000 年前舜就来过，而且把恒山封为北岳，秦皇汉武、唐宗宋祖都来过，不仅如此，李白、贾岛、元好问、徐霞客也来过……在 5000 年的历史长河中，不计其数的帝王和诗人都曾到过这里，留下了动人的故事与诗篇，现在就等你亲身参与了。

悬空寺，又名玄空阁，位于山西省大同市浑源县恒山金龙峡西侧翠屏峰峭壁间，是国内仅存的佛、道、儒三教合一的独特寺庙，国家 4A 级景区。它始建于 1400 多年前的北魏王朝后期，历代都对其做过修缮，是中国古代建筑精华的体现。悬空寺共有殿阁

40间，利用力学原理半插飞梁为基，巧借岩石暗托梁柱上下一体，廊栏左右相连，曲折出奇。寺内有铜、铁、石、泥佛像80多尊，寺下岩石上"壮观"二字，是唐代诗仙李白的墨宝。

2010年的《时代》周刊，将悬空寺纳入"全球十大奇险建筑"之一，与意大利的比萨斜塔齐名，引起全球的广泛关注。悬空寺，这一座"漂浮"在悬崖上的寺庙，没有千吨地基，只有数根木头支立，历经1500多年的风雨，依然巍峨不倒，令人惊叹。

（三）大同华严寺

华严寺，位于大同市大西街，因佛教华严宗而得名，寺内有辽代的薄伽教藏殿和金代的大雄宝殿以及诸多彩塑，具有极高的文物价值和艺术价值，1961年被列为第一批全国重点文物保护单位。华严寺历史上曾分为上、下寺两处独立的寺院，现已并为一处。

图3-3　华严寺合掌露齿菩萨

华严寺始建于辽重熙七年（1038），寺院坐西向东，山门、普光明殿、大雄宝殿、薄伽教藏殿、华严宝塔等30余座单体建筑分别排列在南北两条主轴线上，布局严谨，规模宏大，占地面积达66000平方米，是我国现存年代较早、保存较完整的一座辽金寺庙建筑群。

这座隆盛于辽金两朝西京重地的北国梵宫，寺内的建筑、塑像、壁藏、壁画、平綦、藻井等，以历史之悠久，规模之浩大，技艺之高超，堪称辽金艺术博物馆。主殿大雄宝殿始建于辽清宁八年（1062），金天眷三年（1140）依旧址重修，面阔九间，单体建筑面积达 1559 平方米，是我国现存辽金时期最大的佛殿。薄伽教藏殿建于辽重熙七年（1038），面阔五间，殿内依墙排列重楼式小木作藏经阁 38 间及"天宫楼阁"5 间，巧夺天工，玲珑之致，被著名建筑学家梁思成先生誉为"海内孤品"。大殿中央佛坛上供奉的 29 尊辽代泥塑堪称辽塑精品，尤以合掌露齿菩萨为最（图 3-3），惟妙惟肖，史学家郑振铎先生赞其为"东方维纳斯"。华严宝塔是继应县木塔之后全国第二大纯木榫卯结构的方形木塔，通高 43 米，上景金盘，下承莲池，特别是塔下近 500 平方米的千佛地宫，采用 100 吨纯铜打造而成，内供高僧舍利及千尊佛像，金碧辉煌，全国唯一。

云中古刹华严寺，是历史之珍品，文物之精华，更是中华文化之结晶，它将继续以其珍贵的历史价值和独特的艺术魅力流传百世。

（四）大同九龙壁

大同九龙壁建于明代洪武末年，是明太祖朱元璋第十三子朱桂代王府前的琉璃照壁，距今已有 600 多年的历史（图 3-4）。大同九龙壁是全国最大的九龙壁，由 426 块特制的五彩琉璃构件拼砌而成，长 45.5 米，高 8 米，厚 2.02 米，体积是北京北海九龙壁的 3 倍。它的建造年代比北京北海九龙壁早 250 年，是建筑年代最早的一座。九龙壁前有倒影池，龙在水中倒影，把静态的龙变成动态的龙，可谓匠心独运。

图 3-4　大同九龙壁

（五）大同古城墙

大同古城墙为明洪武二十五年（1392）在北魏平城的古城墙旧土城上增筑而成，全国颇有名气(图 3-5)。大同古城墙的总周长为 7270.7 米，形制为东西略长的矩形城池。

　　墙体"三合土"夯填，墙表包砖，高约 14 米，比西安古城墙高 2 米，最宽处 16.6 米，比南京古城墙最宽处还宽 6.6 米。城墙上有 62 座门楼、角楼、望楼。城门楼四座，其中南门城楼最雄壮，为三层重楼，面宽 61 米，进深 23.35 米。城墙四角雄峙着四座角楼，尤以西北角楼最杰，呈八角形，称为乾楼。54 座望楼中以洪字楼为望楼之最，为其他古城墙中少有。同时还建有 96 座窝铺。在距墙约 40 米处，修有护城河，宽 10 米，深 5 米。四门外有瓮城，建筑面积约为 17600 平方米。瓮城外又筑有月城，将瓮城圈在其中，辟有城门。这样，出入大同城须经三道门卡。各门上还建"箭楼"或二层"匾楼"。

图 3-5　大同古城墙

(六)汤头温泉

　　汤头温泉古时有皇家温泉之称。现在计划以浑源县汤头温泉疗养院为基础，建设占地面积 60 亩的大型温泉度假区。

　　在浑源县东南百里汤头村，出地水温约 60℃，宜沐浴，是全国为数不多的氡泉，被誉为"北方第一泉"，东汉时期被发现利用，北魏时期建为皇家温泉行宫。经测定，其含有 38 种对人体有益的微量元素，具有较高的保健、医疗价值。《水经注》："寇水又东合温泉水，水出西北暄谷，其水温热若汤，能愈百疾，故世谓之温泉焉。"

　　汤头村设有疗养院，四周林阴茂盛，花果满园，浴室宽阔讲究，置有男、女池塘、盆塘及分类病案盆塘，专供广大游客居住疗养。

　　汤头温泉水量充沛，四季不断。据专家勘测化验，温泉地下有死火山地热，泉水内含有镭、氡等多种放射性元素和钾、钠、钙、镁、硫化氢等多种矿物质，对于皮肤病、糖尿病、关节炎、风湿病、神经衰弱等均有一定的疗效。

小资料　　　　　　　　汤头温泉和北魏的帝王

郦道元著的《水经注》说："寇水又东合温泉水，水出西北暄谷，其水温热若汤，能愈百疾，故世谓之温泉焉。"寇水便是唐河，唐河水流经恒山南麓浑源县汤头村，随后便进入灵丘境。汤头村属于集百般宠爱于一处的地方，地处恒山隆起带东端与唐河断裂带复合部，唐河流经汤头的下渗水遇有地下死火山地热成就了汤头温泉，在村东的河床上有泉眼，泉源处雾气缭绕，出水温度常年在60℃左右。早在北魏的时候，皇家在此建起了行宫——温泉宫，多位帝王在此疗疾沐浴。郦道元所说的"水温热若汤，能愈百疾"更是成为汤头温泉能愈百疾的千年广告，除了北魏，辽代帝王也在此建立行宫。汤头温泉多属皇家私汤，也只有现在才成为普通大众可以享受的养生会所。

晋北苦寒，而在天寒地冻之时移步温泉，泉水温润绵滑，在热气腾腾的汤池中，放松身心，舒缓经络，多少凡尘俗世的烦恼都会被荡涤干净。

北魏太和二年(478)二月初九，12岁的大魏皇帝拓跋宏第一次巡幸温泉宫，这处行宫他的太祖拓跋焘巡幸过，他的祖父拓跋濬巡幸过，所以他到这个地方并没有感觉到奢侈，相反还很受用。拓跋家的男人成熟早，他的太祖拓跋焘12岁带兵征战柔然一战成名，而他的祖父拓跋濬12岁登上皇位治理国家，他的父亲拓跋弘也是在12岁的时候登上皇位，如今拓跋宏也已年满12岁，当皇帝已有7年了。

由于天灾频发，收成减少，瘟疫横行，乡村畜生大量死亡，农田撂荒，眼下急需的是督课田农，使农民耕作于田垄。在前一年，北魏改元太和，颁下"授田"制度的诏书，"一夫制治田四十亩，中男二十亩"。此次出巡，拓跋宏正好可以看看农人们的耕种和收成情况。如果说汤头温泉可疗疾，则应该是疗治他的内心之疾。他是个只有国而没有家的皇帝，他的母亲在他还没记事的时候，死于"子贵母死"的祖宗成法，他的父亲在他5岁登上皇位的时候成了太上皇，且已在承明元年(476)六月暴卒于永安殿，因为有临朝听政的皇祖母在，他不能过问父亲的死因，一问便会天摇地动，只能让那种刻骨之痛深埋在心底。在温泉宫拓跋宏除了沐浴于温热的汤池外，便是到处出巡了解百姓疾苦。他看到当地土地撂荒情况有所缓解，但由于地瘠人贫，不少农夫成家困难，当下将随行的宫女赐予贫民无妻者，然后车驾还宫。

太和三年(479)二月初九，拓跋宏再次巡幸温泉宫，这一次和他同来的还有他的皇祖母太皇太后冯氏，面对这个治大国如烹小鲜的妇人，拓跋宏是敬畏多于亲昵。他能拥有天下拜皇祖母的恩赐，他的成长有皇祖母悉心培育，为了让他成才还亲自创作《劝诫歌》《皇诰》等文章督促他，让他从小学习儒家治国理政思想。从他5岁起，在皇祖母临朝听政下，国家日渐昌盛。可是他也一直记得刚登基不久，被祖母责罚的情景，大冬天三天三夜身着单衣关在黑屋里，那种冷是刺骨的寒冷，一想到那种寒冷，拓跋宏便会浑身打战。不久前太皇太后以南叛刘宋的罪名将青州刺史、南郡王李惠一家诛杀，那可是他的外祖父一家，在处理李惠的事上，皇祖母一点也没有顾及他的感受。从小拓跋宏就学会了克制情绪，维护着和皇祖母和善的关系，苦在内心却要笑在脸上，将国事和家事完全分割开来。想来也只有在温泉宫那热气腾腾的浴池中，温泉水滑有一种被母亲抚摸的感觉，那是一种不可多得的享受。温热的汤泉荡涤着天气的寒冷，驱逐着体内的寒冰，也只有在汤池里，他眼里的泪可以和着温泉的水往外流，可以不管不顾地回味内心的伤痛，他太需要这种温热的汤池来疗治内心的凄苦。在那一方小小的汤池中，有恬淡，有惬意，更有灵魂的放松。躺在温热的池水中，可以不管外面的寒风呼啸，可以不问黎民的苦寒，可以不管两国纷争，他只是个失去了父母的苦孩子。寒冷的二月，只有在温热的温泉宫中，可以与灵魂进行对话，所谓的汤泉疗疾其实就是让灵魂在山野间得到歇息，而沐浴过后，他的神情又回到了平日的冷静自如。也许他在两次巡幸温泉宫洗涤自己内心尘埃的时候，开始萌发了迁都远行更大的宏愿。

汤头水滑荡尘埃，而历史已经走远，当年拓跋宏两次巡幸汤头温泉宫，将身边众多宫女赐予当地贫民，也成就了浑源出美女的美名。

资料来源：大同市人民政府官网，http://www.dt.gov.cn/dtzww/mldt/202007/ef112c6f52b248a695f31b3c510fb8a3.shtml，访问日期为2021年3月12日。

（七）大同方特欢乐世界

大同方特欢乐世界位于大同市平城区，总占地面积约540平方米，是晋北、内蒙古地区第四代高科技主题公园，以科幻和互动体验为最大特色，绝大部分项目属国内中档水平，有"东方梦幻乐园""亚洲科幻神奇"之美誉。

二、特色旅游资源

（一）大同民俗

游八仙是大同特有的一项民俗活动，始于明朝。每年的正月初八，当地百姓家都会扶老携幼，聚集在寺庙和道观里，祈求来年的健康和平安，有着"游八仙，去百病"的说法。在大同市街头，滚滚人流遍布大街小巷，市民走出家门感受春节期间的欢乐。市区内的华严寺和圆通寺内，上香拜佛祈求一年平安的市民络绎不绝，将寺院挤得水泄不通。

老大同人喜欢捣鼓，你要是问个路吧，他们就四大街、七小巷、七十二条绵绵巷都说一遍，张嘴就是东街、西街、南街、北街。这里的"街"发的是"解"的音。20世纪最红的百货大楼在他们心中也是根深蒂固了，那百货大楼也不叫"百货大楼"，而叫"红旗商场"。

大同人婚丧嫁娶、圆锁、开业等一切庆典都要吃一种食品，那就是油炸糕。糕，寓意为高升旺长、节节高、高官厚禄，反正是和高有联系的一切美好愿望吧。糕是最为讲究的一种食物。如果你来大同，主人待你的主食是糕，你也许会吃不惯，但你一定要知道，只有主人觉得你是贵宾、贵客，才会给你做油炸糕吃。

(二) 国家级非物质文化遗产

截至2020年4月，大同市共有国家级非物质文化遗产项目8项、省级非物质文化遗产项目37项、市级非物质文化遗产项目79项。其中国家级非物质文化遗产项目分别为唢呐艺术·阳高晋北鼓吹、阳高恒山道乐、佛教音乐·左云楞严寺寺庙音乐、大同雁北耍孩儿、大同北路梆子、灵丘罗罗腔、大同城区铜器制作技艺。

1. 阳高晋北鼓吹

阳高晋北鼓吹是流行于山西北部阳高县一带的以唢呐为主奏乐器，辅以鼓、锣、镲等打击乐器烘托气势的一种传统器乐表演形式，普遍应用于庆典、社火、婚丧、祭祀等民俗事象活动。

阳高晋北鼓吹历史悠久，早在600年前，滑氏远祖滑玉和作为民间艺人，于明永乐年间应召参加皇宫庆典，得到了明成祖朱棣的褒奖，御封为皇宫乐师。后因皇族内争被贬出京，卷入大槐树移民大潮，迁居到现在的阳高县。其家族以吹奏唢呐"八大套"曲见长，一代代流传，并不断演变、发展，形成了独具晋北民俗特色的鼓吹乐班社——阳高滑银山鼓乐班。该班社"八大套"曲的演奏乐器是以"大杆"即主奏唢呐，担当演奏乐曲的主旋律乐器，"二杆"(也叫拉塌)用来伴奏，鼓、锣、镲等用来烘托气势。演奏时主、副相衬，文武相错，此起彼伏，此呼彼应，可谓粗犷雄放、大气磅礴。主要演奏曲目有《将军令》《水龙吟》《百鹤宴》《大雁落》《上巧楼》《大八门》《柳河吟》《小雁落》等。精湛的演技、独特的韵味使得阳高滑银山鼓乐班的"八大套曲"成为大同地区的一大文化品牌，极具保护价值。

2. 阳高恒山道乐

1500年前，平城（今大同）作为北魏的国都，曾是道教的活动中心和道教音乐流传最广泛的地区。阳高狮子屯乡上梁源村"李氏"道乐班，继承了北魏道乐的衣钵，不仅能够演奏恒山道乐"六大套曲"，还完整保留、传承了我国古代金、元时期流行的"北乐"曲牌。李氏道乐班，约建于清乾隆年间。其第六代传人李清的代表队，1990年曾应邀参加由国家文化部、宗教局和艺术研究院在北京举办的"中国首届道教音乐周"演出，受到专家赞扬，认为它是祖国民族传统音乐中的瑰宝。此后，李氏乐班多次应邀出访美国、英国、瑞典，在国外也产生了很大影响。其现在的班主李满山，还被授予为恒山道乐"国家级非物质文化遗产代表传承人"。

2008年，恒山道乐被列入国家非物质文化遗产保护名录。

3. 大同雁北耍孩儿

耍孩儿戏是由金、元时代盛行的《般涉调·耍孩儿》曲调受其他戏曲音乐和民歌的影响而发展起来的，至今已有600多年的历史。它源于雁北大同、怀仁和应县一带。早期，其演员皆系农民，农闲季节组织临时班社进行演出。据传清代嘉庆年间，这种班社曾遍布于桑干河两岸。咸丰五年（1855），雁北严重荒旱，大批农民"出口"谋生，耍孩儿戏亦随之传到内蒙古直至黄河后套。

耍孩儿有自己的传统剧目，其中代表性的有《白马关》《七人贤》《三孝牌》《打佛堂》《对联珠》《送京娘》《金木鱼》《狮子洞》《花园会》《二龙山》《赶脚》等40多个。耍孩儿的角色分红、黑、生、旦、丑五行，表演上大量吸收民间舞蹈动作，更接近于生活，处处洋溢着乡土气息。

独特的演唱发音方法、欢快火爆的打击音乐、取材广泛的丰富剧目、别具一格的剧种风格，使得耍孩儿这个古老剧种日渐为专家学者所留意，它被称作戏曲史的"活化石"。保护这一古老剧种，对于中国戏曲起源、发展、流布、生存的研究具有重要的意义。

4. 灵丘罗罗腔

罗罗腔表演形式活泼，唱腔优美动听，生活气息浓厚，是大同地区、河北部分地区广大观众喜闻乐见的戏曲剧种。据清朝康熙年间戏剧家刘廷玑著《在园杂记》中记载："近今且变弋阳腔为四平腔、京腔、卫腔，甚至等而下之为梆子腔、乱弹腔、巫娘腔、唢呐腔、罗罗腔矣，愈趋愈卑，新奇迭出，终以昆腔为正音。"传说，古时灵丘有个唱旦的演员，名叫雷有子，专攻青衣、小旦，唱腔优美动听，表演艺术高超，踩起小旦"跷子"飘然如飞，多少观众为之倾倒，享有"看了雷有旦，三天不吃饭"的盛誉。

罗罗腔传统音乐唱腔主要有"甩板""数词""流水""平板""垛板""散板""娃子""哭

腔""起腔"等十多种，其中"数词"是比较有代表性的唱腔，它说唱性强，很有曲艺说唱的味道。

其文武场乐器与梆子剧种大同小异，有些曲牌和锣鼓经也是从梆子剧种借鉴而来的。传统代表剧目有《小二姐做梦》《锦缎记》《读绒花》《龙宝寺》《黑驴告状》《两狼山》《杨家将》《罗通扫北》《飞天闸》《描金柜》等40多个剧目。

（三）大同名人

1. 道武帝拓跋珪

拓跋珪（371—409），又名拓跋开，字涉珪，鲜卑族，北魏开国皇帝。

公元376年，拓跋珪被其母亲贺兰氏携走出逃。公元386年，16岁的拓跋珪趁乱重兴代国，即位称代王。又在当年四月定国号为"魏"，是为北魏，改元"登国"。公元398年，他将国都从盛乐迁到大同，并称帝。他即位初年，积极扩张疆土，励精图治，将鲜卑政权推进封建社会。晚年则好酒色，刚愎自用，不团结兄弟，导致在公元409年的宫廷政变中遇刺身亡，终年仅39岁，在位24年。

其子拓跋嗣登位后，于永兴二年（410）谥拓跋珪为宣武皇帝，庙号烈祖，泰常五年（420）才改谥为道武皇帝，太和十五年（491）改庙号为太祖。

2. 佘太君

佘太君（934—1010），又称折太君，名赛花，云中（今山西大同）人，折德扆之女，宋代名将杨业（别名作杨继业）之妻，在评书演义中为杨门女将的代表人物。

山西代县杨忠武祠保存的《杨氏族谱》中，对佘太君作了全面的评价："中心乐善，内助教忠，受龟寿五福之多，邀象服六珈之贵。不我先不我，后睹星月之重明，俾尔炽俾尔，昌焕乾刊之新渥。爰稽邦典，益进郡封。汝有子，若汉室功臣山河永誓，汝有德，如鲁侯寿母松伯弥坚。被我宠光，贰缓休祉，可特封郑国君太君夫人。"

佘太君确有很高的骑射战斗、布阵行兵的本领。从史书的记载上看，杨家诸将大多位列偏裨，在北宋政治舞台上并非中心人物，但在民间传说和戏曲、小说中，却成为一门系国安危的主角，并在群众中广为流传，说明人民总是怀念和尊敬那些有气节、爱国家的英雄人物。

3. 武明皇后娄昭君

娄昭君（501—562），代郡平城（今山西大同）人，鲜卑族，北齐奠基人高欢的妻子，北魏真定侯娄提的孙女，赠司徒娄内干之女，北齐文宣帝高洋、孝昭帝高演、武成帝高湛的生母。

她平日柔顺勤俭，谦卑自守，亲自纺织针补，视姬妾所生诸子均十分慈爱，不异己出，对诸子每人必赐一袍一裤。时常向高欢进言，有才必用，不能以私废公。处事能够顾全大局，委曲求全。

高欢受封渤海王后，娄昭君为渤海王妃。高欢死后，长子高澄继任其位，娄昭君进封渤海太妃。公元550年，次子高洋称帝，尊娄昭君为太后。公元559年，高洋去世，太子高殷继位，尊娄昭君为太皇太后。公元560年，娄昭君废黜高殷，改立六子高演为帝，娄昭君再度为皇太后。公元561年，高演去世，娄昭君立九子高湛为帝，仍为皇太后。公元562年，娄昭君去世，与高欢葬于义平陵，谥号神武明皇后。

4. 独孤信

独孤信（502—557），本名独孤如愿，字期弥头，鲜卑族，云中（今山西大同）人，西魏、北周将领，八柱国之一。

独孤信仪表堂堂，善于骑马射箭。初为葛荣部下，葛荣失败后，投归尔朱荣。随孝武帝西行，授爵浮阳郡公。西魏建立后，独孤信任卫大将军、都督三荆州诸军事、大都督、荆州刺史等职，用以招抚被东魏所占据的荆州的百姓。之后大败东魏弘农郡守田八能、都督张齐民、刺史辛纂，于是平定三荆。不久，东魏又派高敖曹、侯景等率军突至。独孤信认为敌众我寡，率部逃到南梁，在南梁居住了三年，大统三年（537）才回到长安。他认为自己的行为有损国威，便上书请求治罪，得到了西魏文帝元宝炬的宽宥，任命为骠骑大将军，加侍中、开府衔，使持节、仪同三司和浮阳郡公的官爵照旧。

后随丞相宇文泰收复弘农，攻克沙苑。率军与冯翊王元季海进入洛阳。颍、豫、襄、广、陈留等地相继诚心归附。大统六年（540），东魏侯景侵犯荆州，宇文泰命其与李弼出兵，侯景撤军后，独孤信担任大使，抚慰三荆。北周建立后，升任太保、大宗伯，晋封卫国公，食邑一万户。赵贵被处死后，独孤信以同谋罪被免职。不久，被晋公宇文护逼迫在家中自尽，时年55岁。

（四）风味名吃

大同地区的名吃有大同烧卖、小米、大同黄花、大同羊杂、浑源凉粉、莜面、大同刀削面、阳高杏脯、苦荞茶、画眉驴肉等。

1. 大同刀削面

山西称面食之乡，其中，大同刀削面最为有名，可谓"面食之王"（图3-6），它与北京的打卤面、山东的伊府面、武汉的热干面、四川的担担面被誉为我国著名的五大面食。大同刀削面之所以独树一帜，与它的做工有密切的关系。首先刀削面对和面的技术有严格的要求，水、面的比例要求准确，一般是一斤面三两水，打成面穗，再揉成面团，然后用湿布蒙住，半小时后再揉，直到揉匀、揉软、揉光。如果揉面功夫不到，削的时候容易粘刀、断条。当然，刀工也不可小觑。刀，一般不使用菜刀，要用特制的弧形削刀。刀削面与抻面、拨鱼、刀拨面并称为山西四大面食。

2. 浑源凉粉

浑源凉粉是山西浑源的汉族特色美食(图 3-7)。它以土豆淀粉为原料，加入适量的明矾，搅成糊状，在火上滚熟，凉冷倒出即成，故又名粉砣。浑源凉粉又白又细又利口，像猪皮冻似的"筋颤"，拿在手中"滑溜溜"。

图 3-6　大同刀削面

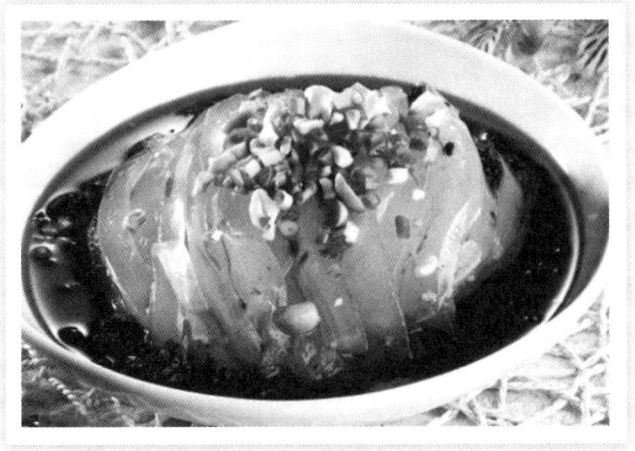

图 3-7　浑源凉粉

地道的浑源凉粉的辣椒油是按照独特的配方研制而成的。它以清而不腻、辣而不涩、朴而奇香、香而纯正的特点倍受消费者欢迎。

浑源县的凉粉出名，不仅好在凉粉的质量上，更重要的是好在调料上。卖凉粉的一般备有三个调料罐子：醋罐子(有的加入姜丝)、生葱熟油盐水罐和辣椒油罐。有时还备些豆腐干和莲花豆作为辅佐品，在夏季还搭配点黄瓜丝、水萝卜片之类的蔬菜，这样吃起来味道格外香。

3. 广灵小米

广灵小米，隶属于大同市的广灵县特产，产品加工自具有当地特色的优良谷子品种"大白谷"和"东方亮"。广灵小米不仅具有色泽鲜黄明亮、颗粒均匀圆润、绵软可口、清香甜美、富有弹性的感官特性，而且具有中等偏低的糊化温度以及维生素含量高的优良品质。

广灵小米从明代起即成岁贡，清康熙时曾经作为朝廷贡米晋京，遂有"御米"之称。

4. 阳高杏脯

阳高杏脯是产于山西阳高县的汉族名吃，畅销国内外。阳高山区所产的杏十分有名，个大、味甜、核小、色鲜，以优质杏为原料而成的杏脯自与别处不同。杏脯做法不是很复杂，将杏去核、晒干后，就可以制成杏脯。

当地杏脯又可分为黄杏脯和青杏脯两种。青杏脯色泽碧绿如宝石，令人赏心悦目，其肉质脆嫩，酸甜适口，带有青杏的清香；黄杏脯色泽金黄透明，肉质柔软，酸甜可口，为果脯中之佳品。阳高杏脯块形整齐，肉厚纯净，色泽鲜艳，耐储存。

5. 苦荞面凉粉

苦荞面凉粉是山西灵丘县的传统美味小吃，以其独特的地方风味久负盛名，誉满晋北。其制作方法并不难，一般农家都会制作，民间叫"出凉粉"。

苦荞面凉粉有降火清热的功效，民间每遇疲劳难受或感冒发烧时都习惯于吃些凉粉，人们称苦荞面凉粉为"四环素"。经科学家研究，苦荞确实营养丰富，并有消炎败火的医药功效。

苦荞凉粉呈黄绿色，吃起来筋道、滑润、爽口、略苦，别具风味，一年四季都可食用。

6. 羊杂割

羊杂起源于大同，大同人吃羊杂割始于元朝，"杂割"一词还是忽必烈之母所赐(图3-8)。元世祖忽必烈由晋地入中原，路经曲沃县时，其母庄圣太后染疾，曲沃名医许国祯为其治疗痊愈，成为忽必烈之母宠信的御医。

许母韩氏善主厨，随其子侍奉庄圣太后。韩氏见蒙古人吃羊肉弃下水甚感可惜，即将羊下水捡回洗干净煮熟，配以大葱、辣椒吃，发现其味甚美，遂敬献太后品尝。太后吃罢浑身大汗淋漓，顿时神清气爽，当即赐名"羊杂割"。

羊杂割从此代代相传，成了民间小吃，并逐渐流传到陕西、河北、山东等地，现在全国很多地方都有羊杂割汤。

图 3-8　羊杂割

7. 凤临阁烧卖

凤临阁是大同名气最大、历史最悠久的老店，明代就已经名扬天下。百花烧卖是凤临阁的名吃。庚子年(1900)八月三十日，慈禧太后偕光绪帝西逃路经大同，派太监李莲英到凤临阁点菜，厨师精心制作了九笼"百花烧卖"，透明晶亮的薄皮中，包着鸡、鸭、鱼、牛、羊、猪等九种肉馅，烧卖上端制成牡丹、芍药、秋菊等九种花形，馅内浇以相应的花形果汁，鲜而不腻。慈禧食后将自己专用的一套银制餐具赏给厨师。从此，凤临阁的百花烧卖名扬华夏，历久不衰。

> **小资料**　　　　　　　　　　**凤临阁的传说**
>
> 关于凤临阁，在大同民间流传着这样一个美丽的传说。故事发生在明代正德年间，年少的正德皇帝继位，由于贪玩，致使大太监刘瑾专权，勾结胡人，企

图篡权。皇太后及一班大臣为社稷江山而忧心忡忡。正德帝假借观赏大同民俗为名，突然带着侍从小虫儿微服来到大同，暗地里调查刘瑾内外勾结的罪证。不料，正德帝在这凤临阁吃饭时，无意间搅进一桩命案里，并与凤临阁老板娘凤姐相识。这桩命案原来是市井泼皮曹虎所为，意在陷害凤姐，抢走凤临阁的生意。曹虎凭借着叔父是大同总兵，在大同勾结官府，为所欲为，把正德帝等抓进牢中。凤姐却误会了乔装成商贾侯公子的正德帝，以为是来栽赃陷害她的。曹总兵发觉误抓了正德帝，惊慌失措，忙与知府商议，索性将错就错，不揭露皇上真实身份，不动声色地秉公宣判，抓了曹虎，放了正德帝。

一场虚惊过去，凤姐知道误会了侯公子，很是不安。侯公子喜欢上了爽快泼辣、美貌动人的凤姐，邀请她做向导，去游玩云冈石窟等名胜。凤姐欣然陪同。正德帝发现凤姐虽然是一个民间女子，却对名胜古迹的历史渊源了如指掌，惊诧不已。

远在京城的刘瑾怀疑正德帝去大同的意图，却得到密报，知道正德帝真的是去玩乐，看上了一个民间女子，大喜，指使安插在正德帝身边的眼线小虫儿，伺机下毒，除掉正德帝。同时，为了随时掌握顾命大臣李东阳的动向，他忍痛割爱，把身边宠妾刘兰儿送给了李东阳。

小虫儿在正德帝的茶碗里下了毒，可是当正德帝要喝时，小虫儿却不忍心，一把打翻毒茶……刘瑾得知小虫儿未按指示办，冷笑一声，跟手下爪牙说，还有另一招，可以置正德帝于死地。原来，刘瑾已经与胡人串通好，要在云冈一带伏击正德帝，结果被曹总兵的人马打败。

京城李东阳派来密探，告知正德帝朝廷混乱，刘瑾蠢蠢欲动，须速速回京。正德帝与凤姐依依不舍地分别，曹总兵以护驾为名，把三万兵马驻扎到京城郊外，震慑刘瑾。刘瑾见状，导演出舍命护驾、剜肉配药等自编自演的好戏，假装出一副忠臣状。正德帝佯装中计，重用刘瑾，引起朝内大臣不安。正德帝又与李东阳密谋，再去大同，给刘瑾暴露谋反的机会，以得到证据，除去奸臣。

身在大同凤临阁的凤姐，日夜思念侯公子(正德帝)，却被逃出大牢的曹虎纠缠。曹虎设计，给凤姐的茶里下了迷花散。曹虎正要占有她，恰逢正德帝赶到，曹虎逃跑，正德帝误会了凤姐……

曹虎又设毒计，陷害侯公子(正德帝)。就在正德帝被押解到树林里，性命危机之时，曹总兵及时赶到，救出正德帝。此时大家都已知正德帝身份，只有凤姐还蒙在鼓里。

刘瑾以为篡权时机已到，忙着准备龙袍、玉玺，择日登基。李东阳也以为除去刘瑾一伙的条件成熟，让皇太后装重病，找皇上回京。

这时，身在大同的正德帝已经与胡人小王子和好，免去了边关忧患。凤姐与侯公子的感情也日益深厚，终于结合在一起。得京城密报，正德帝焦急，凤姐却看出破绽，劝正德帝秘密速回京城，除去刘瑾心腹大患！

正德帝悄然回京，秘密指挥李东阳等忠臣调取刘瑾罪证。刘瑾得知凤姐怀有身孕，想在凤姐身上大做文章。不料凤姐得知刘瑾的诡计，忍痛打胎，让刘瑾的阴谋破产。

李东阳想出计策，以在大同一带发现元代藏宝密址为诱饵，把刘瑾调出京城。就在刘瑾为藏宝的事奔忙时，李东阳已经清除掉刘瑾在京城的势力。刘瑾得到急报，班师回京，为时已晚。回京路上，正德帝领御林军截住刘瑾，大战一场，除掉了刘瑾。

正德帝欲接凤姐回宫，不料凤姐坚决不从，说自己是一个民间女子，不能影响正德帝的治国大事。正德帝欲强行带走凤姐，封了凤临阁。凤姐宁可出家做尼姑，也不去京城。正德帝火烧尼姑庵，想逼凤姐出来，不料凤姐宁死也不愿走出尼姑庵。正德帝追悔莫及，再去扑火，已经晚矣。

深爱凤姐的正德帝心灰意冷，下旨凤临阁永远不准开业，除非凤姐死而复生。皇太后也曾竭力反对这件事，告诉正德帝在美人与江山之间，只能择其一。如今凤姐已死，正好断了正德帝的念想。正德帝只好听从皇太后旨意，同意与胡人之公主联姻，返回京城，重整大明江山。

资料来源：大同市人民政府官网，http://www.dt.gov.cn/dtzww/jdjq/201112/76b2fd9603a3431e9029fa0ae130ead0.shtml，访问日期为2021年3月12日。

第四章
塞上绿洲　美丽朔州

出　塞

王昌龄

秦时明月汉时关，

万里长征人未还。

但使龙城飞将在，

不教胡马度阴山。

"阴山"，山阴县也。一首传唱不衰的民歌《走西口》，道出多少背井离乡的山西人创业的辛酸；固若金汤的杀虎口长城，斑驳的城砖中记载着多少西口人对故土深深的眷恋；直入云天的千年佛宫寺释迦塔，凝结着人类的巧夺天工；壁垒森严的屯兵堡广武古城，见证着多少烽火硝烟……

第一节　朔州概况

朔州，古称太州（史称马邑），位于中国山西省西北部，晋蒙交界区域，桑干河上游。朔州市是伴随改革开放应运而生的一座新兴城市（图4-1）。1979年2月，邓小平同志与美国西方石油公司董事长哈默博士的历史性握手，促成了改革开放初期第一个中外大型合作项目——平朔安太堡露天煤矿的开发建设，催生了朔州市于1989年1月正式建市。朔州是右玉精神发祥地，习近平总书记先后对右玉精神作出六次重要指示，要求大力学习和弘扬右玉精神。朔州现辖2区1市3县、6个省级开发区，境内面积1.06万平方千米，总人口178.45万人。

朔州是中国新型的以煤电为主导的能源重化工基地，一座正在崛起的北方生态园林工业城市，中国农区最大的奶源基地和北方重要的日用陶瓷生产基地。

图4-1 朔州全景图

一、自然环境

朔州山川秀美，资源富存。境内北、西、南三面环山，西北、西南、东南分属洪涛山、管涔山、恒山山脉，中间是桑干河域冲积平原，平均海拔1000米。河流属黄河、海河两大流域，其中黄河流域面积2962平方千米，海河流域面积7694平方千米。境内桑干河主干流179千米，流域面积7604平方千米。初步探明有煤、铁、铝矾土、高岭土等矿产资源35种，煤炭储量494.1亿吨，保有地质储量422.9亿吨，占山西全省的六分之一。其位处北纬39度和北纬40度之间，是国际公认的草食畜牧业黄金产业带。目前全市奶牛存栏近20万头，肉羊饲养量610万只，生猪饲养量102万头，鲜奶产量57万吨。耕地种草面积达到85万亩。全市林草覆盖率达到33%，是全国"三北"防护林建设和京津风沙源治理区。年平均气温6.9℃，降雨量在500毫米以上，无霜期100~135天。

目前，朔州正大力实施全域绿化工程，水污染防治、水生态修复、水资源节约利用工程，采煤沉陷区、露天开采区、山体裸露区大规模复垦工程，城乡垃圾集中收集、污水集中处理和城镇集中供热工程，工业固废、畜禽养殖废弃物、农作物秸秆等废弃物综合利用工程，大气污染防治攻坚工程，全市生态文明建设"六大工程"成效明显。同时，按照"一年治标、两年治本、三年创优"的总体目标，大力开展桑干河清河行动，坚决打赢水污染防治攻坚战，确保向首都人民安全供水。目前，朔州市空气质量稳定居于全省前列，2019年$PM_{2.5}$、SO_2相较2017年分别下降11.4%、26.2%。2020年1—8月，朔州环境空气质量优良率为75.8%，5月、8月其环境空气质量排名全省第一。

二、人文朔州

朔州人文底蕴厚重。其境内有世界三大奇塔之一的应县木塔，有标志边塞文化和象征华夏文明的内外长城，现存最古老北齐长城，保存相对完整的有 327 千米。万里长城和万里茶马古道在右玉杀虎口交汇，见证了民族交融和晋商辉煌。这里历史上曾涌现出不少杰出人物，如三国大将张辽、唐代名将尉迟恭、后唐开国皇帝李存勖、明朝宰相王家屏以及全国"双百英雄"人物李林、改革开放杰出贡献人物陈日新等。

古战场：由于其独特的地理位置，朔州自古以来就是兵家必争之地。据清《朔州志》载，朔州"遥控长城，外连大漠，背居延而面燕京，右偏关而左雁门，南峙宁武，居三关之中。襟山带水，四塞为固，古墩野戍，回环盘护，固西北一大扼塞也"。这里是著名的古战场，杨家将血战金沙滩的故事就发生在朔州。

汉墓群：汉代抗击匈奴，曾多次对朔州（马邑）进行争夺，朔州广武就有当年埋葬牺牲将士的汉墓群。

煤炭之都：朔州市近 2000 平方千米均含有丰富的煤炭资源，煤炭储藏量 430 亿吨，可以说是中国地级煤都市。

电力之城：朔州市拥有整个华北最大的火力电厂——神头第一电厂。神头第二电厂，这两个电厂同处一个地方，总装机容量为 350 万千瓦，在华北地区是第一大火力发电厂集聚区。

城市荣誉：全国园林绿化先进市、全国城市环境综合整治先进市、2009 年中国经济最具创新力城市、2010 年中国经济转型示范城市、低碳中国贡献城市、山西省园林城市、山西省文明和谐城市。

第二节 朔州重点旅游名胜与特色旅游资源

一、重点旅游名胜

(一)应县木塔

应县木塔建于辽清宁二年（1056），金明昌六年（1195）增修完毕。它是我国现存最古老、最高大的纯木结构楼阁式建筑，是我国古建筑中的瑰宝，世界木结构建筑的典范。应县木塔与意大利比萨斜塔、巴黎埃菲尔铁塔并称"世界三大奇塔"。

应县木塔建在 4 米高的台基上，塔高 67.31 米，底层直径 30.27 米，呈平面八角形。塔高约为底层直径的 2.2 倍，此比例使木塔显得相当敦厚，高峻而又不失凝重，使应县木塔稳当当地坐落在大地上。

节目《人说山西好风光》第二季主持人白燕升曾用三句话概括了应县木塔的神奇之处：地震不倒、战火不毁、雷击不焚！它是中国建筑史上最具价值的坐标，是抗震避雷等科学研究领域的知识宝库，是人类巧夺天工和与大自然共荣共生的绝好例证！

全塔耗材红松木料3000立方米，2600多吨，纯木结构、无钉无铆，历经千年风雨而岿然挺立。

塔内曾经发现极为珍贵的辽代文物，其中以经卷较多，有手抄本，有辽代木版印刷本，有的经卷长达30多米，实属国内罕见。尤其是辽刻彩印，填补了中国印刷史上的空白。这些文物为研究辽代的政治经济文化提供了宝贵的资料。

木塔内供奉着两颗全世界佛教界尊崇的圣物——佛牙舍利，经考证确认为是释迦牟尼灵牙遗骨。

(二)广武城

新旧广武二城位于雁门关外，勾注山下隘口东西处(图4-2)。旧广武建于辽代，在隘口西径，而新城建于明朝洪武七年(1374)，坐落于隘口东径。两城相距2.5千米之遥。

图4-2　广武城

大北关门有石碑刻写"三晋雄关"字样。城内由瓮城、中城、南瓮城三道防线组成。中城状如簸箕，南瓮城形似斗状，故有"金斗银簸箕"之称，意即城防坚固，是固若金汤的城池。

宋辽以来，北方不时南犯，必前攻广武，后图雁门。广武二城在辽金和明代发挥过重要的军事作用。相传杨六郎与辽兵大战广武城，杨业在雁门关外驰骋疆场，为宋王朝立下赫赫战功。杨家将的故事家喻户晓，世代传颂。从辽建旧城、明筑新城，直到清朝，广武才彻底结束了它的军事使命，由屯兵据点向商旅驿站转变。

广武城也是山西电视台1991年拍摄的电视剧《杨家将》的拍摄地。这部"现象级"的电视剧在当时引发了巨大反响。一经播出，万人空巷，而它也成为一代人心中挥之不去的记忆。

(三)杀虎口

杀虎口位于山西省朔州市右玉县境内晋蒙两省(区)交界处，北倚古长城，西临苍头河(图4-3)。作为一代雄关，闻名遐迩，已有2000多年历史。杀虎口是历史上的重要税卡，清极盛时期，关税日进"斗金斗银"。明清时期，杀虎口还成为晋商的发源地和主通道。曾经盛极一时的"大盛魁"商号的发祥地就在这里。另外，"走西口"中的西口，即是杀虎口。所谓"东有张家口，西有杀虎口"。作为古代的军事要塞和边贸重镇，杀虎口有较高的知名度和丰富的历史文化遗存。"走西口"不仅承载着晋商商帮的光荣与梦想、成长与艰辛，更铭写了山西人西口移民谋生的血泪悲情。杀虎口是明清山西历史的缩影，是中国近代金融贸易兴衰的实证。

图4-3 杀虎口

根据史书记载，杀虎口在春秋战国时期称参合陉，也叫参合口，此名一直沿用至隋朝。唐叫白狼关，宋曰牙狼关。明王朝时，北方游牧民族逐渐强大，多次从杀虎口侵入中原地区。明朝廷发兵征伐也多由此口进出。故在明正统十四年(1449)，将该口改为"杀胡口"。这里的"胡"字就是汉人对北方游牧少数民族的通称。清朝入主中原后，在康熙三十五年(1696)将"胡"改为"虎"，从此杀虎口一直沿用至今。

(四)右玉苍头河生态走廊

"山无头，水倒流"被人们称为右玉县的两大奇观。水倒流，指的是苍头河的滔滔河水，不像其他河流那样东流或南流，而是向北流，流经内蒙古40里入洪河，又转向南入黄河。苍头河独特的流向，使其名声大振而远近知晓。沿着虎山线向北行进，有一片"林草茫茫、流水潺潺"的狭长地带，便是苍头河生态走廊(图4-4)。此景区属高原湿地，天然水系、河岸草地、乔灌木林带和缓坡状态的农田，形成了北方黄土高原独特的田园景观，景区内鸡、兔、鹧鸪、狍子、黄羊、狐狸、獾子时隐时行，是露营、传统农业生态观光、生态湿地保护观光的绝佳去处，也是休闲避暑的好地方。

图4-4　苍头河生态走廊

二、特色旅游资源

(一)右玉精神

右玉县地处晋西北地区黄土高原，近内蒙古，近代生态环境恶劣。右玉精神就是一种坚持不懈的"种树精神"，生成于植树造林、改善生态的实践历程中。中华人民共和国成立之初，在"沙进人退"的逼迫下，右玉人民面临着举县搬迁的生存危机。植树造林，防风固沙，改善生存条件，既是人民群众生存发展的第一要求，也是县委、县政府立县执政的第一任务。70年来，右玉县历届县委、县政府团结带领全县党员干部群众，坚持植树造林，改善生态环境，全县森林覆盖率由不到0.3%提高到52%以上，创造了令人惊叹的奇迹，有力促进了全县经济社会发展，在艰苦的探索实践中铸就了以"执政为民、尊重科学、百折不挠、艰苦奋斗"为核心的"右玉精神"，得到了中央领导和山西省委的充分肯定，在全省、全国引起了热烈的反响。

(二)国家级非物质文化遗产

朔州市非物质文化遗存丰厚，种类形式纷繁，艺术风格鲜明，涵盖民间文学、传统美术、传统音乐、传统舞蹈、传统曲艺、民俗、剪纸等多类。截至 2020 年 4 月，全市非物质文化遗产(简称非遗)有国家级项目 5 项(朔州秧歌、赛戏、梨花春酒传统酿造工艺、晋北道情、怀仁旺火习俗)，省级项目 13 项，市级项目 72 项，县级项目 93 项。全市国家级非遗项目代表性传承人 3 名，省级非遗项目代表性传承人 11 名，市级非遗项目代表性传承人 93 名，县区非遗项目代表性传承人 203 名。应县、怀仁县被命名为中国民间文化艺术之乡。勤劳智慧的朔州人民，深刻了解、高度重视这些非物质文化遗产的历史、文化和科学价值，不断加大对其保护、传承、弘扬工作的力度，并且取得了显著成效。

1. 朔州秧歌

区别于常见的秧歌表演形式，朔州秧歌是一种融武术、舞蹈、戏曲于一体的综合民间艺术表现形式，流行于朔州市及周边内蒙古南部的集宁、呼市、包头及河套一带，另河北张家口及陕西靠近山西的市县也有存在。朔州秧歌历史悠久，早期为广场、街头的秧歌舞队表演，在宋代加入了武术成分，清代后期又加入了故事内容。其中以舞蹈为主的秧歌称为"踢鼓秧歌"，以演戏为主的秧歌称为"大秧歌"。

踢鼓秧歌俗称"踢土摊"，尤以朔城区、平鲁区最盛行，流传也广。它具有粗犷、刚劲、稳健、风趣的艺术特点。据踢鼓老艺人相传，宋朝梁山英雄中，有一人被官府抓获，后梁山弟兄乔装进城，劫狱将其救出。为纪念这一事，以后每逢元宵节，群众便扮成梁山英雄人物，敲锣打鼓，载歌载舞，进行庆祝。中华人民共和国成立后，朔州踢鼓秧歌作品《落帽》《单凤朝阳》《大王惩霸》等，赴中央、省、地参加文艺调演，均获奖。

2. 怀仁旺火

怀仁旺火是山西省怀仁县历史悠久的传统民俗活动。传说很久以前，怀仁有种不良习惯，爱把田间的荒草、秸秆或鸡毛、蒜皮等就地焚烧，烟气冲天，炝了玉宇天宫，玉皇大帝大怒，下令要在正月十五晚火烧怀仁。一位天将于心不忍，便私自下凡，将此事告知百姓。于是百姓在正月十五晚上垒旺火，点火堆，扎花灯，放鞭炮，扮成各种角色围着火堆又唱又跳。深夜，玉帝打开南天门一看，只见怀仁地面上火光一片，男女老少被大火烧得"狂奔乱跳"，便不再追究此事，怀仁人侥幸逃过一劫。

小资料　　　　　怀仁旺火简介

怀仁旺火有四大特点：

一是选煤精良。在元宵节前预选优质原煤，精心切割成整齐方块。

二是造型美观。必须聘请高明师傅用煤块将旺火垒成底小、肚大、顶尖、内空的宝瓶形状，只有这样，才能达到燃烧净尽而旺火不塌的效果。

三是逐年增高。为了表现一年胜似一年的寓意，要求垒砌旺火时，每年都比前一年增高一些，具体增高的尺寸，则由主人心中的期望而定。

四是规模庞大。为了环保和节能，每年怀仁县城内街道只垒六座大旺火，其中最大者用80吨煤垒成，高达10余米，而且一年比一年高。每逢元宵佳节华灯初上，这些旺火全部点燃之后，只见红红的火苗从大大小小的孔洞中喷涌而出，红光耀眼、热气蒸腾，恰似一条条吞云吐火的飞龙，吐出长长火舌，直舔大地苍穹，灿烂辉煌，蔚为壮观。川流不息的游人们围绕着旺火观看这一年一度的盛况，就连太原、大同的不少人都远道而来一睹为快。人们还要正转三圈、反转三圈，表达着内心对未来的希望与祝福。

2013年正月十五，怀仁最大旺火用了100多吨优质块煤，高达10.38米、直径4米，底座用炉灰渣垫起70厘米高，由云中镇西关村的老艺人池培仁和他的徒弟们共同完成。据怀仁县已有几十年拢旺火经验的老艺人池培仁介绍，拢旺火讲究底小、肚大、顶尖、内空，成宝瓶形状；旺火的块煤选料要精，块儿要大。2013年的旺火比2012年又高了10厘米，寓意一年更比一年好。

怀仁旺火已被列入山西省第二批非物质文化遗产。随着怀仁旺火知名度的不断提高，旺火正向节能、环保的产业化方向发展，当地及周边出现了10多个用农作物秸秆或用黄土加煤末合成的煤砖制作环保旺火的厂家，真正做到了传统文化与时代文化的有机结合，让这一民俗传统得以传承和发展。

资料来源：百度百科"怀仁旺火"，https://baike.baidu.com/item/%E6%80%80%E4%BB%81%E6%97%BA%E7%81%AB/2873844? fr=aladdin，访问日期为2021年4月10日。

3. 晋北道情

道情，源于道观内所唱的经韵，为诗赞体。宋代后吸收词牌、曲牌，衍变为在民间布道时演唱的经韵，用渔鼓、简板等伴奏，内容较贴近普通民众的生活。道情艺术在中国说唱艺术和戏曲艺术中均占有重要地位。在中国，各种俗曲道情有90多种，包括歌曲道情、皮影道情、说唱道情、戏曲道情等。

山西是道情艺术比较盛行的地区。在曲种上有晋北说唱道情、晋南说唱道情、阳城说唱道情、长子说唱道情以及太原说唱道情等十几种，在剧种上有晋北道情、晋西道情（亦称临县道情）、洪赵道情等。

2019年11月12日，朔州市右玉县晋北道情传习所被文化和旅游部认定为传统戏剧"道情戏（晋北道情戏）"项目的保护单位。

4. 右玉剪纸

右玉剪纸艺术历史悠久、地方色彩浓厚，在三晋传统民间艺术中占有很重要的位置，体现了中国民间美术的造型意识、审美理想和哲学观念，释放着特有的艺术魅力，具有重要的文化艺术价值。它主要流传于朔州、忻州、大同地区以及内蒙古呼和浩特东南部、集宁、丰镇等地。

右玉剪纸分为单色剪纸和彩色剪纸两种形式。单色剪纸即只用一种颜色的纸张进行裁剪，作品分为人物类、花草鸟兽类、动物类、风景类。彩色剪纸主要是以各色彩纸镶拼而成，其特点是一幅剪纸作品由多种彩色纸剪成的小部件组合创构。制作工具有剪刀、刻刀、锥子、纸捻、刻板、各种色纸、图案样品、煤油灯（熏花用）等。主要作品有《木桂英挂帅》《打金枝》《寇准背靴》《花木兰》《飞天》《蒙娜丽莎》《四大菩萨》《太师少师图》《红楼梦系列》《十二属相》《八骏图》《福狗》《雄鸡一唱天下白》《麒麟送宝》《孔雀牡丹图》《二龙戏珠》《龙凤图》《北国风光》《家乡》《瞧闺女》《瞧！大婶、大妈们的手艺》《沙棘地里的憨小子》等。

5. 梨花春酒

梨花春酒是朔州市应县历史名酒。其原料选用应县东上寨村一带的"狼尾巴"高粱，制曲工艺复杂，其中有些步骤至今仍需人工完成。其酿造技艺是以汾酒酿造工艺为代表的清香型蒸馏酒的酿造技艺，但也从其他少数民族酿酒技艺中汲取先进经验，承载了中国北方不同时期的酒文化，具有鲜明的地域特征。其口味偏于清香，略带浓香，是介于清香和浓香之间的"淡雅型"酒品，尝起来淡而有味，颇有春天的气息。梨花春白酒传统酿造技艺被列入国家非物质文化遗产名录蒸馏传统酿造技艺项目。

(三) 朔州名人

1. 尉迟恭

尉迟恭（585—658），字敬德，汉族，朔州鄯阳（今山西朔州市朔城区）人（图4-5）。中国唐朝开国名将，是凌烟阁二十四功臣之一，赠司徒兼并州都督，谥忠武，赐陪葬昭陵。传说其面如黑炭，在中国传统文化中，他与秦叔宝（秦琼）是"门神"的原型。

2. 张辽

张辽（169—222），字文远，汉族，雁门马邑（今山西朔州市朔城区大夫庄）人。三国时期曹魏著名将领，官至前将军、征东将军、晋阳侯。后人将他与乐进、于禁、张郃、徐晃并称为曹魏的"五子良将"。

图 4-5 尉迟恭

3. 班婕妤

班婕妤(前48—2)，女，楼烦(今山西朔州市)人，是东汉史学家班固的祖姑。她自幼聪颖，相貌俊秀，读书甚多，是山西省最早的女文学家。

建始元年(前32)，汉成帝刘骜即位，她十七岁时被选入皇宫，不久得宠，赐封"婕妤"。因她不干预朝政，谨守礼教，深受时人敬慕，有"古有樊姬，今有婕妤"之称。班婕妤一生工于辞赋，有作品集一卷，可惜大部分佚失，现仅存《自悼赋》《怨歌行》《捣素赋》。钟嵘《诗品》将她列入上品诗人十八位之列。其《怨歌行》最为著名，诗云："新裂齐纨素，皎洁如霜雪。裁成合欢扇，团团似明月。出入君怀袖，动摇微风发。常恐秋节至，凉飙夺炎热。弃捐箧笥中，恩情中道绝。"

(四) 名吃特产

1. 朔州黄酒

初创期：西汉时期。

原料：黄米、白酒、曲。

工艺：以朔州黄酒为酒基，以本地白酒为原料，加曲进行糖化，然后经压榨后，过滤去渣质即成。

特点：入口甜润滑软，味道香醇浓郁，酒精含量低。

功用：富含各种维生素和氨基酸，具有养生活血之功，特别适合妇女、老人饮用。

2. 朔州油果子

朔州特产油果子，早在清代已是走俏的外销特产之一，滚糖、罩蜜、夹心、包馅、擦酥、渗糖品等种多样，美味可口，享誉四邻，是老少皆宜的佳品（图4-6）。

图 4-6　朔州油果子

3. 朔州油炸糕

雁北一带盛产黍子，胡麻油产量也很高，所以，炸油糕是朔州和大同一带群众非常喜爱的传统食品。逢年过节、招待客人，以炸油糕为上等食品。这里做油炸糕的面软、油香，炸出来的油糕皮脆里嫩、绵软可口，配以精致的豆馅、土豆馅、韭菜馅、肉馅，更有风味（图4-7）。

图 4-7　朔州油炸糕

4. 盐煎羊肉

在朔州有一道妇孺皆知的美食——盐煎羊肉。一只羊用半碗水，半只羊用一碗水，加水，加盐，出锅给一把葱。简单的食材和原始的烹制过程，保留了食材原本的味道，令食客齿颊留香。

5. 沙棘汁

中国西北部地区大量种植沙棘，其果实维生素 C 含量极高。朔州以平鲁和右玉的沙棘汁最为出名，已和著名品牌汇源果汁合作，批量生产(图 4-8)。

图 4-8　沙棘汁

6. 应县紫皮大蒜

这种蒜产于恒山脚下应县小石口一带，蒜皮紫红，头肥瓣大，辛辣味浓，外皮松而内瓣衣紧。如果把紫皮蒜放在大马车轮胎下轧过去，就会看到一种奇怪的现象，蒜头在轮胎刚碰着的时候，只听"啪"的一声，便分成数瓣向两侧飞射出去，绝不像一般蒜那样被压碎。紫皮蒜做的蒜泥和一般蒜做的蒜泥不同，一般蒜泥隔夜变色变味，而应县紫皮蒜泥却可以放两三天而色味如初。

紫皮蒜品质优良，每到秋季上市，人们便争相购买，或编成大挂吊在屋檐头，或携带他乡赠送亲友。如今的应县紫皮蒜，已成为出口的土特产品。

7. 应县陶瓷

朔州是中国北方日用陶瓷生产基地，其陶瓷产业发展历史悠久。目前，应县全县拥有陶瓷企业 17 家，生产线 21 条，主要产品有日用瓷、礼品瓷、工艺美术瓷三大类 50 个系列，上千个品种，年生产能力 4.6 亿件，年产值 5.1 亿元，产品销往全国各地大中城市，出口至俄罗斯、日本、韩国等欧亚国家。

第五章
美丽忻州　心灵之舟

---*---

　　如果您想朝拜"四大佛教名山"之首的五台山，就不会不知道忻州；如果您听说过"天下第一关"雁门关，就不会不知道忻州；如果您了解人称"山西土皇帝"、统治山西长达三十八年的军阀阎锡山，就不会不知道忻州。忻州险关要塞，人杰地灵，商贾往来，兵家必争；忻州文化积淀深厚，传统艺术源远流长；忻州革命历史悠久，曾经是晋察冀、晋绥革命根据地的发祥地与中心腹地。忻州，是山西的"晋北锁钥"。

第一节　忻州概况

　　忻州古称秀容，历史文化悠久。忻州城始建于东汉建安二十年(215)，至今已有1800多年的历史。这里历代多为郡、州治所，险关要塞，人杰地灵，商贾往来，兵家必争，故有"晋北锁钥"之称。忻州文化积淀深厚，传统艺术源远流长，有"摔跤之乡""民歌海洋"之誉。忻州属温带季风气候，四季分明，主要河流有黄河、汾河、滹沱河、桑干河等。辖区国土总面积约2.5万平方千米，总人口317.2万人。

　　忻州位于山西省中北部，北隔长城揽云朔，南界石岭通太原，西带黄河望陕蒙，东临太行连京冀，辖14个县(市、区)，是山西省版图中最大的市。具体来讲，忻州有五个明显特征：

　　一是革命老区。忻州是晋察冀、晋绥两大革命根据地的中心腹地，八路军出师抗战的第一个司令部在这里设立，平型关首战在这里告捷，忻口战役在这里打响。毛泽东、周恩来、刘少奇、朱德等党和国家领导人曾在这里进行过重要革命活动。

　　二是资源富区。忻州自然资源极为丰富。全市耕地面积949.9万亩，植物200多种，野生动物184种，野生草种400多种，野生中药材300多种。忻州地质环境复杂，矿床成因多样，矿种繁多，潜在蕴藏量极为丰富，具有工业开采价值的地下矿产资源有50余种，其中煤炭探明储量277亿吨、保有储量261亿吨，铁矿探明储量19.8亿吨、保有储量17.4亿吨，铝矿资源占全省的三分之一，铁矿资源占全省的一半以上，金矿储量占全省的三分之二，还有钼、金红石、高岭岩、白云石、大理石等保有储量在全省均占较大份额。

三是旅游热区。全市共有旅游景区(景点)159处，其中包括五台山、禹王洞、赵杲观3个国家级森林公园，有五峰山、岚漪、马营海3个省级森林公园。从忻州市政府所在地忻府区出发，往东相距80千米就是五台山佛教名胜区；从五台山往北，进入以雁门关为代表的古战设施区；从雁门关往西，进入以老牛湾、娘娘滩为代表的黄河风情区；从保德往东，进入以芦芽山、万年冰洞为代表的自然生态区；最后回到忻州市区。这条环形旅游线路上，镶嵌着五台圣境、雁门雄风、黄河风情、芦芽美景、奇顿温泉五颗明珠。一路走来，五台圣境净化心灵，雁门雄风激荡心灵，黄河风情愉悦心灵，芦芽美景陶冶心灵，奇顿温泉洗涤心灵。可以说，忻州就是我们共同的心灵之舟。

四是人文大区。忻州文化底蕴厚重，历史久远，境内各类文物达4688处，其中国家和省级重点文物保护单位77处，全国仅存的4座唐代建筑，有2座在忻州，依附于古建筑中的彩塑近万尊，寺观壁画2万多平方米，古迹星罗棋布，瑰宝随处可见。这里曾养育了杨业、元好问、白朴、徐继畲等历史名人。忻州既是佛教名胜区、古战设施区、黄河文化区，又是民歌的海洋、二人台的故乡，有中国"民间艺术之乡""摔跤之乡""八音之乡""北方民歌之乡"等美誉。

五是发展新区。近年来，忻州市委、市政府认真贯彻落实省政府转型升级、创新驱动决策部署，坚守转型为纲，全面实施"1661"①发展战略，统筹推进稳增长、促改革、调结构、惠民生、防风险各项工作。(1)坚持"产业第一、项目至上、企业为重、服务为本"，保持战略定力，着力攻坚克难，努力在推动"无转有、有转优、小转大、大转强"上下功夫，全市经济发展呈现出了园区化、集聚化的竞进态势，形成了"三个门户、三个集散地、六大板块"的鲜明格局。(2)连续实施6个"大干城建年"活动后，忻州城区面积由34平方千米扩大到72平方千米，城市功能持续完善，产业承接、项目承载能力大幅提升。(3)开展卫生城市、环保模范城市、文明城市、园林城市和智慧城市创建，忻州城区和12个县(市)成功创建国家卫生城市，成为全国地级市国家卫生城市总量最多的地方。(4)坚持"3659"②策略，扭住"把握标准、精准识别、对症下药、统筹

---

①　"1661"即"一个统揽""六大重点""六大发展""一个关键"。"一个统揽"就是以脱贫攻坚统揽经济社会发展全局；"六大重点"就是以产业转型、三区联动、五城联创、交通先行、民生改善、法治建设为重点；"六大发展"就是推进创新发展、协调发展、绿色发展、开放发展、共享发展、安全发展；"一个关键"，就是全面加强和改善党的领导这个关键。

②　"3659"脱贫攻坚策略："三立"，立志、立业、立状；"六个精准"，扶贫对象精准，项目安排精准，资金使用精准，措施到户精准，因村派人精准，脱贫成效精准；实现"五个一批"，即产业开发脱贫一批、易地搬迁脱贫一批、生态补偿脱贫一批、发展教育脱贫一批、政策兜底脱贫一批；"九项工程"，即实施产业扶贫、移民搬迁、基础建设、素质提升、龙头企业、生态扶贫、金融扶贫、政策兜底、基础组织建设等脱贫攻坚工程。

推进、群众主体、改进工作"六个环节，以习近平总书记视察忻州为新起点，进一步完善责任体系，推进整村搬迁，主攻产业发展，实施技能培训，加快整村提升，深化专项行动，脱贫攻坚跻身全省第一方阵。

第二节　忻州重点旅游名胜与特色旅游资源

忻州共有各类旅游景区景点294处，其中世界文化景观遗产1处，国家历史文化名城1处，国家级自然保护区1处，国家级森林公园4处，全国重点文物保护单位19处，省级重点文物保护单位47处，各类文物19780处(件)，形成了以五台山为龙头的五大旅游景区。其主要旅游景点有五台山、芦芽山、雁门关、禹王洞、顿村温泉度假村、奇村温泉疗养区、洪福寺、老牛湾、西河头地道战遗址等。

一、重点旅游名胜

(一)五台山

在中国历史上著名的"康乾盛世"，有一个能让三位帝王亲临的圣地——五台山(图5-1)。五台山有当今世界上仅存的音乐绝响梵乐，并存有各类佛教建筑，大量庙堂殿宇构成了世界现存最庞大的佛教古建群，享有"佛国"盛誉，是中国最早、最大的国际性佛教道场。五台山是中国最早寺庙显通寺的诞生地，而南禅寺和佛光寺作为中国最早的木结构建筑，则为唐代文明提供了宝贵的见证。作为世界上最早露出水面的陆地之一，五台山拥有全球罕见的地层地貌，其历史可追溯到26亿年前，是全球气候变化的检测器。

图 5-1　五台山

世界遗产委员会这样评价五台山：中国四大佛教名山之首，将自然地貌和佛教文化融为一体，将对佛的信仰凝结在对自然山体的崇拜之中，成为独特而富有生命力的组合型文化景观。东台顶的日出是五台山不容错过的自然景观，旭日初升，霞光万道，静谧的望海寺便完全沉浸在一片云山雾海的仙境之中，望海寺也因此得名。

(二)雁门关

雁门关，又名西陉关，因其"一夫当关，万夫莫开"的气势，自古便是兵家必争之地。它位于忻州市代县县城以北约20千米处的雁门山之巅，雄踞于沟通内地与塞外、中原与漠北的古道之上，历经3000多年的漫长岁月，见证了中华民族风云变幻的历史进程。它是世界文化遗产万里长城的重要组成部分，国家5A级景区，是长城上的重要关隘，以"险"著称，被誉为"中华第一关"，有"天下九塞，雁门为首"之说，与宁武关、偏关合称为"外三关"。

小资料　　　　　　　　　　雁门关文化

雁门关是闻名中外的古战场。在雁门关留存至今的战国赵长城、明长城、围城、关城、瓮城、隘城、堡寨、兵洞、烽火台、校场、兵盘、村落、古关道等，这些不同等级、不同形式、不同用途的历史遗迹，共同构成了一个庞大、完备、壮观的中国古代边塞军事防御体系遗存，也形成了雁门关苍凉、凝重、雄浑、大气的边关旅游风情。

雁门关3000多年来积淀了丰富的边塞历史文化。穆天子西巡、胡服骑射、白登之围、马邑之谋、汉武帝击匈奴、昭君出塞、孝文帝南迁、炀帝"雁门之变"、靖康之变、正德巡边、慈禧西狩、雁门关伏击战、夜袭阳明堡飞机场等影响过中国历史进程的事件，折射出历史的兴替，见证着民族的离合。

雁门关拥有以边塞诗和杨家将戏剧、评书、传说等为载体的艺术文化。

从古至今，《辕门斩子》《穆桂英挂帅》《四郎探母》《昭君出塞》等经久不衰的不同剧种的戏剧，《杨家将》的评书、小说和影视剧，《雁门太守行》《雁门胡人歌》《关外吟古诗》等千古传唱的诗歌，金庸的《天龙八部》、梁羽生的《萍踪侠影》等武侠小说，这些艺术作品使雁门关成为令无数戏迷、影视迷和文人墨客们神往和缅怀的传奇之地。

雁门关是中国古代多民族商贸交流的关键通道和前沿集散地，是中国历史上两大古商道"玉石之路"和"茶叶之路"的重要段落，折射了古代边贸的兴衰，成就了晋商的辉煌。

登雁门关，可览北国雄浑山岳。雁门关山势海拔1800多米，"重峦叠嶂，霞举云飞，两山对峙，其形如门"，古道蜿蜒崎岖，关城依山就势，既可俯视中原，又能远眺塞北。国家级登山步道为登山爱好者提供了欣赏雁门关壮景的完美通道。

雁门关是爱国主义教育的摇篮。雁门关3000年的历史，涌现了众多千古流传的名将和可歌可泣的爱国事迹，尤其是供奉幸、杨、李、薛、杜、张、徐等各个姓氏的历代守关名将的镇边祠，为名将后裔和崇敬英雄的游客提供了凭吊、祭祀、追慕、观瞻的独特场所。而北宋杨家将保家卫国、镇守雁门的忠义故事更是家喻户晓。在近代，"雁门关伏击战"和"夜袭阳明堡机场"这两场发生在雁门关附近区域的战争，摧毁了日军不可战胜的神话，极大地鼓舞了全民抗战的士气。

资料来源：https://www.sohu.com/a/212087516_488263，访问日期为2021年4月15日。

（三）芦芽山景区

芦芽山景区在宁武县中部。芦芽山是管涔山的主峰。管涔山天池与长白山天池、天山天池并称为中国三大天池。无论是海拔、面积还是名气，管涔山天池都不足以与长白山天池、天山天池齐名，那么究竟是什么原因使它跻身中国三大天池之列呢？管涔山天池拥有中国任何一个天池都无法比拟的辉煌历史，你不会想到，历史上曾经有16位帝王亲临此天池避暑狩猎；更不会想到，如此平静的小小湖池竟会是汾河和桑干河两条千里巨川的源头活水。此外，此天池里有一种鲤鱼，因脊背上有一条红线，俗称"红线鱼"，是古时上等的贡品。

芦芽山因其山峰层层堆叠如芦芽尖尖而得名。芦芽山和五台山都在忻州，你可能没听过芦芽山，但在当地人心目中两山同等重要。充满原始与神奇的芦芽山，凭借众多稀有的自然资源，在1997年成为国家森林公园。它是中国各类景观的集中区，被香港《大公报》誉为"黄土高原上的绿色明珠"，是整个华北地区生态保存最完整、最原始的地区，堪称世界生态保护史上的奇迹。

芦芽山奇景万年冰洞，距今已有300万年，是我国迄今发现的最大的冰洞，也是地球上永久冻土层以外迄今发现的罕见大冰洞（图5-2）。洞里由冰形成的冰柱、冰帘、冰菩萨、冰瀑、冰花等，千奇百怪，令人惊叹。它的奇特之处在于结冰期在夏季，冬季反而是消融期，而且以当地的环境而言，根本没有结冰的条件，其何以形成，谜底仍未破解。在当地的老百姓中流传着各种各样关于冰洞的传说。据说在抗日战争时候，日本侵略者逼迫当地老百姓在附近的山林中砍伐木材运往外地，老百姓为了反抗，就将木材扔进冰洞里。还有的说当年日本鬼子扫荡时，乡亲们不顾冰洞的寒冷钻进去躲避，日本兵也跟来进洞搜索，结果事后，当地百姓都平安无事，日本兵却被冻死好几个。传说终归是传说，从万年冰洞的价值来说，在漫长的年代中，它所积蓄的丰富的冰层，在像年轮一样为我们记述着大气、气温、物种，乃至人类的诞生和进化的信息，这将是一个蕴藏着无数珍宝的地下科学宝库。

图 5-2　芦芽山景区万年冰洞

（四）偏关老牛湾

长城与黄河第一次握手的地方在哪里？在老牛湾。老牛湾在哪里？在山西西边的偏关县。黄河在此舞出近乎 360 度的华丽回旋，形成中国最美的十大峡谷之一。河谷两岸壁立千仞，河道碧波万顷，河岸之上长城耸立，烽火台台台相望。老牛湾古堡建于明成化三年（1467），坐落在黄河悬崖峭壁上，是屯兵防御的城堡，望河楼迄今保存完好，是老牛湾的标志性建筑。老牛湾古村落依山而建，几乎全部采用石头、石片堆垒而成，石碾、石磨、石仓、石柜随处可见，整个村庄就是一个经典的石头建筑博物馆。老牛湾村民依然过着面朝黄土背朝天的生活，古朴而悠闲，岁月的痕迹几乎原封不动被保留下来。

（五）山西凤凰山生态植物园

山西凤凰山生态植物园是中国首个复式旅游景区，主区域由万亩生态植物园和千年神汤都温泉乐活园组成，集温泉养生、生态旅游、休闲度假以及较完善的住、餐、购、会议配套服务于一体。它是国家 4A 级旅游景区，全国农业旅游示范点，全国休闲农业与乡村旅游示范点，中国最佳乡村旅游目的地，山西省循环经济试点园区，首批省级旅游休闲度假区。凤凰山生态植物园位于忻府、定襄、原平三县（市、府）交界的定襄县汤头温泉开发区。地处晋北旅游枢纽腹地，东临五台山，西连芦芽山，南通晋商旅游区，北靠雁门关，区位居中，接壤多元。距大运高速公路宏道白村出口 8 千米，距五台山飞机场 10 千米，瑶三线旅游公路从景区通过，交通便利，四通八达。景区占地 968 公顷，上下山环水抱，跌宕起伏，山、坡、沟、堑、水泊、湿地、河流等地貌多样，分布自然。区域内外风光秀美，乡风淳朴、物产丰富，是山西知名的传统小杂粮之乡、薄皮甜瓜之乡、桃李之乡、温泉之乡，地方特色鲜活吸人，史实传说源远流长。

（六）云中河景区

云中河景区位于忻州城区北部的云中河中游，东西长约 4.57 千米，南北平均宽约 450 米，总面积 206.36 万平方米。景区建有四个大型广场，分别是禹王广场、济舟广场、卧牛广场与陀罗广场。各种规格园路 25000 延长米，两条主园路分别是仙人路与梧桐路。景区以水域景观为主线，以植物景观为基调，碧水、绿树、青草、红花、奇石，相得益彰；拱桥、栈道、亭阁、雕塑、题赋，交相辉映；又有云中、七一、慕山、牧马四座各具特色的大桥跨河而过，构成一幅精美的画图。游乐园是云中河景区最重要的项目之一，占陆地面积 8.4 万平方米、水上面积 8 万平方米。游乐园容纳晋忻梦幻乐园、梦幻水世界两大游乐项目，包括过山车、摩天轮、古堡惊魂、豪华游船、6D 影院等 44 个项目，其中摩天轮高 88 米，创山西第一。

（七）汾河源头

汾河是山西省第一大河，也是黄河的第二大支流，流域面积近 4 万平方千米，养育了山西近 41% 的人民。这条河流的源头之一就是宁武县管涔山支脉楼子山下的水母洞。如今的水母洞所在的位置上面，建造了汾源阁，高 15 米，分三层，一层的水母殿内塑有水母像，然后即是水母洞，在与汾源阁相邻的小山上有雷鸣寺，原来的雷鸣寺早已毁坏，现在看到的寺庙是 1997 年恢复重建的。聆听着哗哗的流水声，拾级而上，登临雷鸣寺，但见两侧山峰，青翠尽染。极目远眺，汾河水蜿蜒南去，思绪也随之流淌。这条河，从北流到南，贯穿忻州、太原、吕梁、晋中、临汾、运城，哺育了多少三晋儿女；这条河，从古流到今，孕育出多少英雄豪杰，有帝王将相，有文化名流，有巾帼女杰，有驰骋天下的铁血将帅，还有纵横商场的晋商英才；这条河，见证了无数古史今事，积淀了深厚的文化底蕴，两岸社会生活的沧桑巨变尽收眼底。如果说汾河是山西人民的母亲河，那么，她的第一滴乳汁，正是从脚下的这片土地中淌出。

（八）禹王洞

禹王洞位于山西省忻州市城东南 20 千米的系舟山腰，处于太原与五台山旅游的必经之路。禹王洞集惊、险、奇、美于一体。禹王洞洞口海拔 1768 米，洞内常年恒温 8~11℃。目前已探明的洞深有 2000 余米，已整修出可供游人参观的有四层共三厅十洞，长 700 余米。禹王洞是一天然石灰岩溶洞，洞内洞连洞，路通路，九曲回环，色彩斑斓，奇洞怪石，造型奇特。内有"八戒化石""二仙对弈""镇海宝塔""睡狮初醒""送子观音"、石笋、石柱、石花、石瀑、石佛、石塔等数不胜数，众多的自然景观，使人赞叹不已，流连忘返。洞外山势雄伟，森林茂密，风景秀丽，气候宜人。1992 年 11 月经国家林业部批准建立了禹王洞国家森林公园，公园占地面积约 11.35 万亩，林地面积约 1.43 万亩，内有油松、白桦、白杨、刺槐、杉树、丝棉木等树木 230 多种，丁香、黄刺玫、绣线菊、虎榛子等多种灌木。春季桃杏丁香争奇斗艳，夏日蔷薇百合绽红吐绿，秋天野菊竞秀霜叶满山，冬至青松傲雪佳果不落，一年四季丛林之中，常有机敏的黄羊、灵巧的松鼠、贪吃的野猪、蹦跳的野兔、惊飞的雉鸡、鸣唱的黄鹂，构成一幅幅山野美景。这里可看、可玩，可悟、可思，可娱、可餐，禹王洞探幽，系舟山览胜，福田寺祈福，雁栖湖垂钓，读书山怀古，遗山墓园凭吊，貂蝉故里遐思，绿色果园乐摘，古堡古寺考古……禹王洞景区已经成为集登山探险、避暑观光、旅游度假、文化交流为一体的综合性旅游区，2016 年年底被山西省旅游发展委员会评为国家 4A 级旅游景区。

二、特色旅游资源

（一）国家级非物质文化遗产

忻州为山西省的非物质文化遗产（简称非遗）大市，相关资源十分丰富。截至 2019 年年底，忻州市共有国家级非遗项目 15 项、省级非遗项目 59 项、市级非遗项目 196 项，有国家级非遗项目代表性传承人 22 人、省级非遗项目代表性传承人 86 人、市级非遗项目代表性传承人 343 人。其中 15 项国家级非遗项目分别是：河曲民歌、五台山佛乐、忻州晋北鼓吹、原平云胜锣鼓、原平凤秧歌、忻州北路梆子、繁峙秧歌戏、河曲二人台、神池道情戏、忻州挠羊赛、静乐剪纸、定襄面塑、忻州雁门民居营造技艺、河曲河灯会、代县峨口挠阁。

1. 河曲民歌

河曲民歌是流行于山西省河曲县的传统音乐，国家级非物质文化遗产之一。它形成于何时尚无定论。河曲民歌歌词委婉、曲调凄美，以反映生产劳动、情爱相思为主，朴实、真挚、自然，充满浓浓的乡土气息。

2006 年 5 月 20 日，"河曲民歌"经国务院批准列入第一批国家级非物质文化遗产名录。河曲民歌的代表作品有《山高路远见不上》《跑口外跑得心惨了》《挣不下银钱过不了》《手巾揩泪沾不干》《羊信歌》《满嘴嘴白牙牙对哥哥笑》《要穿红来一身红》等。

2. 五台山佛乐

五台山佛乐是指中国佛教四大名山之首、山西省内佛教圣地五台山寺庙中长期流传的传统佛教音乐。五台山佛乐兼有汉传佛教(俗称"青庙")和藏传佛教(俗称"黄庙")的音乐。五台山佛乐始于北魏,并一直在五台山地区流传,其青庙佛乐,还在山西省五寨、左权、洪洞、襄汾、繁峙、代县、原平、太原等地流传。

2006 年 12 月 18 日,五台山佛乐列入山西省第一批省级非物质文化遗产名录、第一批国家级非物质文化遗产名录。

五台山佛乐属北方系统,但自成体系,曲调古雅,包括声乐和器乐两部分,是音乐艺术与宗教相结合的产物,也是五台山佛教文化的重要组成部分。它被认为是北方佛教音乐的代表,除五台山所属地域外,在整个中国北方及全国都有较大的影响。

3. 河曲二人台

一泻千里的黄河,几经曲折从内蒙古流入山陕峡谷,越过偏关县寺沟,就到了位于晋、陕、内蒙古交界的河曲、保德县。这里的人民能歌善舞,人俊音甜,到处可以听到动人的歌声,素有"民歌之海"的美称。"二人台"起源于河曲,是一种地方小戏。

二人台的传统剧目约有 120 个,内容多取材于劳动人民的现实生活,富有浓郁的生活情趣。可分为"硬码戏"与"带鞭戏"两类:"硬码戏"偏重于唱、念、做,突出表演作用,如《走西口》《探病》等;"带鞭戏"是载歌载舞、歌舞并生,如《挂红灯》《打金钱》等。其内容多是表现农家生活和爱情生活等。

4. 神池道情戏

神池道情是一种主要流行在山西省境内的晋西北和雁北地区一带的汉族戏曲剧种,同时还传播到内蒙古的巴彦淖尔、土默川,陕西的府谷、神木等地。神池道情,以神池县为基地而取名。这种汉族民间艺术的瑰宝,有着丰富多彩的曲牌,具有独特的艺术风格和鲜明的地方特色,素有"七弯八转"之称。

走进神池,你会发现神池每一村、每一户的人都会唱道情。神池道情历史悠久,剧目丰富,粗略统计有 100 余部。早期剧目有《湘子传》《张良传》《庄周传》等;中期剧目有《翠莲传》《小桃研磨》《烙碗记》等;中后期剧目有《三贤》《四劝》《打灶君》等;近期剧目有《醉陈桥》《斩黄袍》《金沙滩》等。

(二)忻州名人

忻州地灵人杰,养育了众多在中华民族历史上颇有影响的人物,如班婕妤、杨家将、元好问、白朴等就出自忻州。革命战争年代,这里曾经是晋察冀、晋绥革命根据地的发祥地与中心腹地。国际共产主义战士白求恩曾在五台县创建了"模范病室"。著名的"忻口战役"、"平型关大战"、火烧阳明堡飞机场等战斗就发生在忻州。这片土地还诞生了高君宇、徐向前等老一辈无产阶级革命家。

1. 慧远大师

慧远大师（334—416），俗姓贾，中国东晋时高僧，雁门郡楼烦县人（今山西原平大芳乡茹岳村人），出生于书香之家。居庐山，与刘遗民等同修净土，为净土宗之始祖。

他从小资质聪颖，勤思敏学，13岁时便随舅父令狐氏游学许昌、洛阳等地。精通儒学，旁通老庄。21岁时，偕同母弟慧持前往太行山聆听道安法师讲《般若经》，于是悟彻真谛，发心舍俗出家，随从道安法师修行。慧远引老庄义为连类，以解说佛经《高僧传》，即以道家道体的永常不减来诠释法性。

2. 元好问

元好问（1190—1257），字裕之，号遗山，世称遗山先生。太原秀容（今山西省忻州市）韩岩村人。他是700多年前我国金朝最有成就的作家和历史学家，是宋金对峙时期北方文学的主要代表，又是金元之际在文学上承前启后的桥梁，被尊为"北方文雄""一代文宗"。元好问自幼聪慧，有"神童"之誉。金宣宗兴定五年（1221），元好问进士及第。正大元年（1224），又以宏词科登第后，授权国史院编修，官至知制诰。金朝灭亡后，元好问被囚数年。晚年重回故乡，隐居不仕，于家中潜心著述。元宪宗七年（1257），元好问逝世，年六十八。

他擅作诗、文、词、曲。其中以诗作成就最高，其"丧乱诗"尤为有名；其词为金代一朝之冠，可与两宋名家媲美；其散曲虽传世不多，但在当时影响很大，有倡导之功。有《元遗山先生全集》《中州集》。

3. 白朴

白朴（1226—约1306），忻州河曲人。金末战乱时失母，由元好问教育成长。入元不仕，参加玉京书会，从事杂剧创作。白朴是元代著名的杂剧作家，与关汉卿、马致远和郑光祖并称为"元曲四大家"。其杂剧有十几种，包括《绝缨会》《赶江江》《东墙记》《梁山伯》《赚兰亭》《银筝怨》《斩白蛇》《梧桐雨》《幸月宫》《崔护谒浆》《钱塘梦》《高祖归庄》《凤凰船》《墙头马上》《流红叶》《箭射双雕》；散曲有《天籁集摭遗》一卷，收其小令三十七首，套曲四套；其词流传至今的有100余首，以咏物与应酬为主。其作品歌词典雅，属于文采派。

4. 徐向前

徐向前（1901—1990），生于山西五台县永安村。1924年5月年进黄埔军校。1927

年 3 月加入中国共产党。1927 年 11 月参加广州起义，任工人赤卫队第六联队队长。起义部队退到海陆丰后，任红四师参谋长、师长。1931 年 11 月，任红四方面军总指挥。1937 年后，先后任一二九师副师长、山东纵队司令员、晋绥联防军副司令员、中国人民抗日军事政治大学校长。1946 年 6 月，任晋冀鲁豫军区第一副司令、华北军区第一副司令、第一兵团司令兼政委。1949 年 10 月，任总参谋长。1954 年 6 月，任军委副主席，分管空军和国防防空工作。1956 年党的八大上当选为政治局委员。1978 年，任国务院副总理兼国防部部长。1990 年 9 月逝世。

(三)风味名吃

1. 原平锅魁

原平锅魁是隶属忻州市的原平市的特产。它是一种烤制的汉族传统名点，面饼呈黄色，具有香、甜、酥、脆的特点(图 5-3)。

原平锅魁因在历史上夺当地炉食之魁而得名，其状若块，约三寸长，寸许宽，卷边滚圆。不包馅的称空心锅魁，包馅的多是甜馅锅魁。原平锅魁供不应求，除畅销本省外，还直达京津，北上内蒙古，南下四川等地。

图 5-3 原平锅魁

原平锅魁制作历史悠久，至今已有 300 余年。它嘴嚼利口不粘牙，入口自然能团化，存放色味不变，始终酥脆如初。其制作方法是将 1 斤面抽 1 两做馅面，余 2 两做肥面，7 两加碱、饴合成软面，馅配制好后，开酶捏成，而后上炉烫烤。因其为小开酥，即一块面包一块酥，故能达到酥，因其烤熟后还要灼一阵，故能达到脆，因用油讲究，且配制玫瑰丝，故能达到香，又因其配饴、糖，故能达到甜。

2. 神池月饼

神池月饼是忻州市神池县中秋节传统特产，以香鲜酥甜闻名忻州乃至整个山西。神池月饼被认定为"山西名小吃""山西名点"，以其"皮酥馅香、口味浓郁、松软不腻、久存不变"的特色赢得了晋陕蒙一带民众的喜爱。其制作技艺入选山西省第一批非物质文化遗产名录扩展项目。

小资料　　　　　　　神池月饼为什么这么"神"？

据史料记载，清康熙帝于康熙三十六年二月二十四日（1697 年 3 月 15 日）第三次御驾亲征不服王化的噶尔丹，由大同、朔州行经神池义井屯，人困马乏，人马多而河水少，当地官员正在犯愁之时，河水骤溢，湛然清激，人马饮后精神倍振。此日恰逢集日，市井八方商贾、人声喧闹。康熙乘兴御游了集市，发现赶集的商贾以香味诱人的月饼为干粮，甚感惊奇，便问周围的人为什么二月还有月饼。接驾的地方官员奏曰：中秋时节，当地百姓用麦粉和地道的神池胡油和水为原料配以食糖、玫瑰、芝麻仁等制作月饼，然后储存于瓷瓮中，以备时节之需，可存放数年而不变味。①

3. 原平麻叶

麻叶，是一种空心扭花状的油炸食品。原平麻叶制作复杂，选用精制面粉、发酵粉和糖剂，辅助油、盐、碱、矾等，加水按一定比例配制搅拌成松软面团，用刀切成约半两重的小面块，拉长两根扭两圈，圆圆的，粗细不等，放入油锅中炸到金黄色捞出即可食用。油料一般选用晋西北的胡麻油。

4. 海红果

海红果亦称醉果，果实如鸡心石，鲜红美艳，酸甜可口。既可鲜食，又可加工制作罐头、果酱、果干、果丹皮等果制品，还可代山楂入药。海红果是河曲县的特色果品，

① 《神池月饼为什么这么"神"？》，和讯网，2012 年 9 月 27 日。

其栽植历史悠久。河曲县现尚存有 300 多年树龄的海红果树，树冠圆周约 46 米，枝繁叶茂，生机盎然，年产鲜果 500 公斤左右。河曲县海红果个大圆润，秋天呈深紫色。本地群众对海红果树情有独钟，称其为"摇钱树"，并有"家有五株海红子，顶养一个好儿子"的说法。

5. 繁峙疤饼

繁峙疤饼是忻州市繁峙县的特产。疤饼，因饼上遍布疤痕而得名，亦名籽饼，始制于明代。其用料有白面、戎油、白糖、鸡蛋及苏打等。制作时将和好的面擀成直径半尺左右的薄饼，烘烤在铁锅内。在铁锅内铺一层碰砂，放一层饼，进行烘烙。熟后的圆饼呈金黄色，面皮上均匀地布满圆形小坑，状若疤痕，其味香甜，其质酥脆，为别具一格的风味饼食，名闻遐迩。

6. 定襄蒸肉

定襄蒸肉是山西定襄县的一种汉族名吃，相传为当地进贡宫廷之贡品，现在也是当地民间宴席必备佳肴之一。其食材以精瘦猪肉为主，辅以淀粉、植物油及各种调味品制成，具有肉香扑鼻、回味无穷、多食不腻等特点。

定襄做蒸肉的店家，以百年老店隆襄斋最为著名。它继承传统工艺，引进现代科技，推陈出新地生产出了既具有传统蒸肉色泽润和、味道鲜美之特点，又克服了肉类食品高脂肪、高胆固醇之缺点的新型蒸肉，成为宴席及日常餐桌的理想菜肴和访亲探友的馈赠佳品。

7. 忻州瓦酥

忻州瓦酥形状似瓦，故名。瓦酥制作历史悠久，始于明末清初。在清朝时，慈禧太后品尝后大悦，赐名为"龙凤瓦酥"。瓦酥质酥脆，味香郁。鲜食酥沙、松软，干食酥脆、甘香。1981 年被列为山西省名特产品。

8. 五台山台蘑

台蘑，是对产于山西省五台山区蘑菇的简称，是一种营养价值极高的食用菌类作物，又称"天花菜"，是五台山的稀有特产，在唐宋时就被选作宫廷菜。其主要品种有香蕈、秋露白、银盘、狗爪等。台蘑的特点是肉质细嫩，色泽乳白，菌体肥大，油性大，香味浓，可烹制成多种荤素名肴，是席上珍馐。五台山南台附近是其主产地，出产的品质也最佳。它做出菜来色泽素洁清新，味道鲜美甘甜，口感嫩脆爽滑。元代吴瑞《日用本草》中有这样的记述：天花菜出自山西五台山，形如松花而大，香气如蕈，白色，食之甚美。

第六章
山河多娇　英雄吕梁

────────────── ＊ ──────────────

　　吕梁是中华民族的发祥地之一。远在旧石器时代，就有人类在这里生息、繁衍。历史给这里留下了丰厚的文化遗产，与吕梁风光相得益彰，成为今日的旅游胜地。著名的酒都杏花村就在这里。吕梁历史上人才辈出，宋代名将狄青、唐代大诗人宋之问、唐代大将郭子仪、女皇武则天、刘胡兰的故乡都在吕梁。吕梁境内自然景观优美，文物古迹甚多，革命纪念地和革命遗址闻名中外。享有"三晋第一名山"的北武当山，以其雄伟壮观、山势陡峭、奇岩怪石、形态神妙而著称。中国八个鸟类保护区之一的庞泉沟自然保护区是黄土高原上不可多得的自然风景游览胜地，有极高的观赏价值。玄中寺作为我国佛教净土宗的发源和日本佛教净土法门的祖庭，以其山石奇峭、建筑独特、幽净典雅而闻名中外。蔡家崖纪念地、晋绥解放烈士陵园、刘胡兰纪念馆以及毛泽东、周恩来等老一辈革命家曾经工作战斗过的地方等一批重要纪念地有极高的学习、纪念价值、是不可多得的革命纪念胜地。"借问酒家何处有，牧童遥指杏花村"，让我们嗅着酒香一同鉴赏全新的吕梁。

────────────────────────────────

第一节　吕梁概况

　　吕梁位于山西省中部西侧，东部紧邻太原市、晋中市，西隔黄河与陕北相望，南部、北部分别与临汾市、忻州市接壤。其境内土地面积2.1万平方千米，占山西全省土地面积的13.5%，耕地面积788万亩。1971年5月，组建吕梁地区，2004年7月，正式撤地设市。现辖1区(离石)、2市(孝义、汾阳)、10县(交城、文水、兴县、岚县、临县、方山、柳林、中阳、交口、石楼)，161个乡镇、街道(81镇、67乡、13个街道)，总人口约389万。

　　吕梁属晋西黄土高原的一部分，地处晋陕大峡谷，地势北高南低，至东北方向西南倾斜，一般海拔为1000~2000米，境内沟壑纵横、山峦起伏，山区半山区面积占其境内面积的91.8%，森林覆盖率为26.45%。其境内最高海拔处关帝山主峰2831米，属山

西境内第三高峰；最低点在石楼县和合乡崖头村黄河岸边，海拔 556 米，相对高差 2275
米。属温带大陆性季风气候，四季分明、雨热同步、光照充足。春季气候干燥，少雨多
风；夏季温度较高，雨量集中；秋季气温下降，气候凉爽；冬季气候寒冷，降雪稀少。
这里年均日照时数 2487~2872 小时，年均气温 9℃ 左右，年均降水量仅 472 毫米，无霜
期为 133~178 天。

(一) 历史悠久，人文荟萃

吕梁境内的建置，最早可追溯到春秋时代。春秋属晋，战国归赵，秦汉属太原
郡，隋唐宋元分属石州、汾州、隰州、岚州、并州，明清分属太原府、汾州府。民
国时期，设永宁县，后改离石。抗日战争和解放战争期间，吕梁各县均属晋绥边区
行政公署。中华人民共和国成立后，境内所辖县先后分属兴县专区、汾阳专区、榆
次专区、雁北专区。1971 年 5 月组建吕梁地区，2004 年 7 月撤地设市。吕梁民风
淳朴，人民勤劳善良，黄土高原古老的文明和特殊的地理环境，形成了许多独特的
民俗文化，有临县道情，孝义皮影、木偶戏，孝义碗碗腔等地方戏曲，有中阳剪
纸、文水鈲子、柳林盘子、临县伞头秧歌等一批国家级非物质文化遗产，深受晋陕
蒙广大群众的喜爱。

(二) 革命老区，红色吕梁

吕梁曾是红军东征的主战场。1936 年 2 月至 5 月，毛泽东、彭德怀率领中国工农红
军抗日先锋军 13000 余人，发动了历时 75 天的东征战役。红军东征期间，扩军 8000 余
名，筹集军费 50 余万银圆，红军东征成为我们党由被动到主动的转折点。吕梁曾是革
命圣地延安的东部屏障。抗日战争初期，八路军两大主力师挥师吕梁，创建了晋绥边区
革命根据地，吕梁所辖区域成为晋绥边区革命根据地的腹心地带，成为华北、华中、华
南等革命根据地同党中央联系的唯一通道，成为陕甘宁边区中共中央所在地的天然屏
障。1947 年 3 月，叶剑英、杨尚昆等率中央直属机关 5500 余人，抵达吕梁临县三交镇，
组成中央后方工作委员会，统筹中央的后方工作和参谋工作，为中国革命的胜利提供了
坚强有力的保证。山西第一支工农武装——中国工农红军晋西游击队，第一个县级红色
政权——中阳县苏维埃革命委员会，均诞生于吕梁。毛泽东、周恩来、刘少奇、彭德
怀、邓小平、贺龙、叶剑英、杨尚昆、习仲勋等老一辈无产阶级革命家都在吕梁生活和
战斗过。以 1955 年授衔为依据，中国十大元帅、十位大将、三十多位上将均在吕梁留
下了战斗生活的足迹。1925 年，吕梁第一个党组织——汾阳特别支部创建。革命战争
年代，吕梁人民养兵 10 万、牺牲 1 万，孕育了吕梁精神、晋绥精神、刘胡兰精神等红
色文化，留下了晋绥边区政府旧址、中央后委旧址、红军东征纪念馆等红色遗址。《吕
梁英雄传》就是吕梁人民不畏牺牲、献身革命的真实写照。

（三）资源丰富，优势显著

吕梁已探明有40多种矿产资源，煤、铁、铝资源储量大、品位高。全市含煤面积1.14万平方千米，占总面积的54.3%，保有储量420多亿吨，其中主要产于吕梁、被誉为"国宝"的4号主焦煤储量达114亿吨。铁矿石保有储量13亿吨，占山西全省的34.6%。铝土矿保有储量6.49亿吨，占全省的45.7%。吕梁还是全国著名的白酒、红枣、核桃、小杂粮生产基地，汾酒、竹叶青两大白酒品牌驰名中外，是全国最大的清香型白酒生产基地。近年来，随着太中银铁路、青银高速、太佳高速、西纵高速、环城高速、太兴铁路等重大基础设施项目建成，吕梁机场开通北京、上海、西安、广州、兰州、成都、天津、呼和浩特、重庆、大连、鄂尔多斯等多座城市的航线，公路、铁路、航空"三位一体"的立体化交通网络体系基本形成，特别是随着中南出海大通道27个战略装车点的陆续建成，区内大宗物资可直达日照港口、联通全国各地，吕梁区位优势开始凸显。

（四）产业多元，潜力巨大

近年来，吕梁市主动适应经济发展新常态，着力培育新的经济增长点，全面推动经济结构优化、发展动力转换、发展方式转变，经济社会发展取得积极成效。全市地区生产总值由2004年的241亿元增加到2019年的1512.1亿元；公共财政预算收入由2004年的37.7亿元增加到2019年的192.7亿元；农村居民人均可支配收入由2004年的1732元增加到2019年的9963元；城镇居民人均可支配收入由2004年的7185元增加到2019年的29181元。2004以来，我市三次产业比例日趋合理，2019年全市三次产业增加值占GDP的比重分别为4.6%、59.8%和35.6%，其中，工业增加值占GDP的比重为57.7%。一产方面，核桃、红枣、小杂粮、畜牧、蔬菜、马铃薯、林下中药材等特色农业快速发展，农业特色产业发展的格局初步形成。

（五）文化原乡，成绩卓著

近年来，吕梁市先后推出《刘胡兰》《廉吏于成龙》《杏花酒翁》《辽国公主》等一批高质量剧目，《刘胡兰》获得原文化部"文华剧目奖"。全市共有141个项目入选国家、省、市非物质文化遗产保护名录，其中，列入国家级名录的项目15个、列入省级名录的项目52个。汾阳市、孝义市先后被原文化部命名为全国文化先进市，汾阳市、中阳县被命名为"中国民间文化艺术之乡"。

第二节　吕梁重点旅游名胜与特色旅游资源

吕梁山河壮美、经典荟萃。其境内有文物古迹 5901 处，其中，全国重点文物保护单位 26 处，省级重点文物保护单位 37 处，省级以上自然风景区 5 处，方山县北武当山国家级风景名胜区、临县碛口古镇国家级风景名胜区、交城县庞泉沟国家级自然保护区、石楼县天下黄河第一弯、佛教净土宗祖庭玄中寺、中华名酒第一村汾阳杏花村、离石区"华北第二草原"西华镇、离石区"华北第一险洞"白马仙洞等一大批旅游景区享誉国内外。

一、重点旅游名胜

（一）酒都杏花村

古人云："天下美酒出杏花。"提起杏花村，人们就会想起唐朝诗人杜牧的《清明》诗："清明时节雨纷纷，路上行人欲断魂。借问酒家何处有，牧童遥指杏花村。"在小牧童的指引下来到酒都杏花村，可看到千百年来酒肆林立的繁荣景象。

酒都杏花村位于距山西省汾阳市 15 千米处，夏汾高速公路东侧，距省城太原市 90 千米，东与平遥古城为邻，南与介休绵山相接。千百年来杏花村因盛产汾酒、竹叶青酒而驰名中外。汾酒是清香型白酒的典范，香气清新淡雅，具有入口绵、落口甜、饮后有余香的独特风格。中国酒的发源地——杏花村，有着得天独厚的自然条件及深厚的文化底蕴，2004 年被评为首批全国工业旅游示范点，是国家文物保护单位、国家酒文化学术研究基地，2011 年被评为国家 4A 级景区。汾酒传统酿造技艺于 2006 年成功入选国家第一批非物质文化遗产名录。在这里您可以看到汾酒文化的各种历史资料、文化景点，如酒具、酒史博物馆、古井仙亭、名人碑廊、牧童指处等，尽情领略中国酒文化的内涵。

中国汾酒城全景长达 7 千米，方圆约 15 平方千米，整个工程分为城里、城外两大板块，六大建设区域。城内由五部分组成：一是年产 10 万吨白酒的粮仓、制曲、酿造、储藏、勾兑、成装等一条龙生产线；二是世界酒博览中心、交易中心等营销场所；三是可存放 5 万吨成品酒的贯通式货架仓库；四是动力分厂和污水处理厂等；五是可储藏 15 万吨原酒的城墙式三层储酒洞。城外有五个相关板块：一是汾酒集团 6 万吨保健酒项目；二是汾酒千年老作坊旅游区；三是酒业经销商总部基地和汾酒文化街；四是酒业附产品循环利用，包括 10 万亩优质酿酒高粱基地和酒糟饲料以及沼气发电等项目；五是酒业相关产业，包括陶瓷瓶、玻璃瓶、彩印、包装及火车站物流等项目。

到车间去品尝一下最正宗的汾酒佳酿吧，玫瑰汾酒、白玉汾酒、竹叶青是上好的品种，口味甘洌不同于一般白酒，是用汾酒加多种名贵药材制成的。如果您酒量可观，不妨尝尝高达 70 度的汾酒原浆，冒着热气的辛辣可是独一无二的品酒感受啊！

小资料　　　　　　　**中国十大名酒介绍**

茅台：国家名酒，中国驰名商标，中华老字号，大曲酱香型白酒的鼻祖，上市公司，中国贵州茅台酒厂有限责任公司。

五粮液：已有 3000 多年的酿制历史，中国驰名商标，中华老字号，行业领导品牌，四川宜宾五粮液集团有限公司。

国窖 1573：源于 1573 年，国家级非物质文化遗产，中国名酒，中国驰名商标，中华老字号，四川泸州老窖股份有限公司。

洋河大曲：已有四百多年历史，中国名酒，中国驰名商标，参与国家浓香型白酒新标准制定，江苏洋河酒厂股份有限公司。

郎酒：始于 1898 年，中国驰名商标，中华老字号，中国 500 最具价值品牌之一，四川名牌，四川郎酒集团有限责任公司。

剑南春：已有 2400 年酒史，中国名酒，中国驰名商标，中华老字号，四川剑南春集团有限责任公司。

汾酒：创立于 1949 年，中国驰名商标，全国重点文物保护单位，国有独资公司，山西杏花村汾酒集团有限责任公司。

水井坊：始于元朝，中国名酒，中国驰名商标，大型高品质白酒生产企业之一，中华老字号，四川水井坊股份有限公司。

西凤酒：至今已有 3000 余年酿制历史，中国驰名商标，中华老字号，最具增长潜力白酒品牌，陕西西凤酒股份有限公司。

古井贡：距今已有 1800 多年历史，中国名酒，中国驰名商标，安徽省著名商标，上市公司，安徽古井贡酒股份有限公司。[1]

(二)碛口古镇

凭借黄河水运，从清代乾隆年间至京包铁路建设前的 2000 年间，碛口是中国北方著名的商贸重镇。徜徉在碛口古街道上，仿佛回到了"船筏在黄河里穿梭，驼铃在山谷

---

[1]　《中国十大名酒排行榜》，https：//xw.qq.com/amphtml/20191107A0D9JB/20191107A0D9JB00，2019 年 11 月 7 日。

里回荡"的年代(图 6-1)。

碛口主要景点有"古镇风韵""水旱码头""卧虎龙庙""黄河漂流""二碛冲浪""麒麟沙滩""黄河土林""红枣园林"和以"西湾民居"为代表的一批具有黄土高原建筑特色的晋商"老宅院"。古镇现在依然古色古香,脚下是石板路,两边是高圪台,房檐连着房檐,店铺挨着店铺。门对门,窗对窗,夜间屋里说话,对面总能听得清楚。老店铺、老字号、老房子上有明清风格的砖雕、木雕、石刻,到处是文化,遍地见艺术。漫步在五里长街,仿佛穿越一个时空隧道,一下走进了历史,一切都那么悠远、深沉、厚重。

碛音"气",水中沙也,或是江河中的沙州,水遇沙石水道变窄,水就生气,于是水流变急横冲直撞,黄河的船只到此不能通行,货物只得转运,这才有碛口的繁荣。碛口西接陕甘宁蒙,东连太原、北京、天津,为经济文化的枢纽。九曲黄河第一镇或水旱码头小都会,指的就是碛口。两百多年前的碛口就有非常合理的城市规划,因为是水陆转运,所以有以码头、货栈、仓储为主的西市街,以骆驼、骡马陆运为主的东市街,以及以服务水陆运的银行、饭店为主的中市街。作为中国历史文化名镇,碛口 2006 年被列为世界百大濒危文化遗址之一,有人称它为"人生必去的十座小镇之一""全国最具年味的八个地方之一"。

游览有"九曲黄河第一镇"之称的碛口古镇,一块块青石、一排排大瓮、一个个油篓子、一座座饮马槽,都能让你充分感受到这里历史的辉煌与浓郁的商业氛围。中午可在古镇品尝地道的农家饭,如臊子面、碗托、帽汤、黄米油糕等。

图 6-1　碛口古镇

(三)北武当山

来到吕梁,不去"三晋道教第一名山"的北武当山,岂不遗憾? 北武当山风景名胜区位于吕梁市方山县境内,集"雄、奇、险、秀"于一身,是吕梁山的一颗明珠。"清代第一廉吏"于成龙生在此山脚下，其所到之处，贪官污吏闻风丧胆。

　　游览北武当山景区，可领悟浓厚的道教文化——叩拜掌管北方世界的真武大帝，听松涛悦耳，望层峦叠翠。中午可在景区内农家饭庄品尝当地特色美食。

　　还可参观廉吏于成龙的故居。于成龙亲民爱民，关心百姓疾苦，痛恨贪官污吏。他死后，江南民众"巷哭罢市，家绘其像以祀之"。康熙帝亲撰碑文称他"实天下第一廉吏"。

（四）庞泉沟

　　庞泉沟风景区是国家自然保护区，位于交城县城西北100千米的关帝山腹部，是以褐马鸡及华北落叶松、云杉次生林为主要保护内容的森林生态和野生动物类型自然保护区，是关帝山国家森林公园的主体部分，也是黄土高原上难得的一片绿洲。景区内具有观赏价值的景观有"孝文古碑""云顶日出""龙泉飞瀑""笔架生辉""文源晚翠""雄狮夕照""古树宝塔""天门瑞气"等15处。庞泉沟内四季有景，季季不同。春游绿染花香，夏游云海茫茫，秋游霜叶似火，冬游银装素裹。区内，海拔2000米以上的山峰有10座，主峰孝文山海拔2831米，为吕梁山脉最高峰。气候属温凉半湿润气候，植被类型有寒温性针叶林、寒温性针阔混交林、温性阔叶混交林，保存了完整的自然生态。游栖于区内的国家级一类保护动物褐马鸡，羽毛美丽，勇敢善斗，中国只有山西的庞泉沟和芦芽山保护区才可以见到，因此，它同大熊猫、金丝猴一样，被称为国宝，并被定为山西的省鸟。

　　数遍山西南北地区的知名旅游景点，能够看到"绿色长廊"，看到苍茫的、遒劲的、大气磅礴的绿之所在，这就只有庞泉沟了。

（五）乾坤湾

　　"天下黄河第一弯"乾坤湾位于山西省石楼县辛关镇，最佳观景点为马家畔（图6-2）。黄河在晋陕峡谷段，总体流向为由北向南，自辛关黄河大桥以南6千米处，陡然向东，转了一道极为奇特的大弯。若从高处俯视，该弯西窄东宽、尾部圆满，宛如葫芦状，两面基本对称。入弯处至出弯处水流总距离为8000米。弯内陆地以入弯与出弯处最窄，仅为700米，最宽处为1700米，最高处与水面垂直距离为196米。站在马家畔观看，远窄近宽、远低近高，水流酷似圆圈，山体极像馒头，山上枣林密布，黄绿相间。石楼一侧，除马家畔为一缺口便于观景外，两边悬崖峻石，气势非凡，尽显沧桑。该弯水面宽阔，水流平稳，水面最窄处170米，最宽处430米，自辛关黄河大桥至第一弯出弯处14千米，海拔落差仅为30米。

　　石楼是一方古老而文明的土地，古称屈地，盛产名马，近年出土的青铜器名闻遐迩、蜚声海内外。据考古专家白礼昌先生考证，乾坤湾所在的石楼二区古属临河县，为姜子牙诞生地。1936年2月，毛泽东率领东征红军由陕西清涧进入辛关，其间写成著名的《沁园春·雪》，石楼县城建有红军东征纪念馆，为红色旅游知名景点。山西电视台曾称乾坤湾为"万里黄河上最美丽的弯"，曲与直、高与低、陡与缓、满与缺、宽与窄、天与地、山与水、土与石、黄与绿、朴与奇、历史与现实、人文与自然在这里达到了高度和谐，与雄浑豪迈、磅礴大气的吉县壶口瀑布，独具特色、文化底蕴深厚的临县碛口镇相映生辉。

图 6-2 "天下黄河第一弯"乾坤湾

二、特色旅游资源

(一) 国家级非物质文化遗产

吕梁市非物质文化遗产资源十分丰富，有 13 项国家级非遗项目，分别为文水鈲子、临县大唢呐、孝义碗碗腔、临县道情戏、孝义皮影戏、孝义木偶戏、离石弹唱、中阳剪纸、岚县面塑、汾阳杏花村汾酒酿制技艺、交城滩羊皮鞣制工艺、元宵节·柳林盘子会、孝义贾家庄婚俗。

小资料　　　　　　　　　吕梁非物质文化遗产项目

1. 民间文学。交城玄中寺"鸠鸽二仙"的传说、文水子夏山的传说、汾阳峪道河马跑神泉传说、汾州民间故事、张四姐的故事等。

2. 民间舞蹈。临县伞头秧歌、汾阳地秧歌、文水混秧歌、柳林水船秧歌、离石旱船秧歌等。

3. 民间音乐。文水公式子、临县大唢呐、文水桥头大鼓、岚县八音、汾阳磕板采茶调、吕梁民歌、交口八音会等。

4. 杂技与竞技。文水长拳、文水新午拳法、文水六合战拳、汾阳六合拳等。

5. 传统戏剧。孝义皮影、孝义木偶戏、孝义碗碗腔、临县道情、兴县昆曲、兴县香坊戏、文水郑家庄灯影戏等。

6. 曲艺。文水跌杂则、离石弹唱、临县三弦书、柳林弹唱等。

7. 传统手工技艺。交城滩羊皮鞣制工艺、交城琉璃咯嘣、文水梵安寺素饼、文水豆腐皮、杏花村汾酒酿制、汾州八大碗、汾阳柳编、传统烤制汾阳月饼、孝义插酥包子、孝义杏野砂器、柳林碗团、柳林芝麻饼传统技艺等。

8. 传统医药。交城李氏针灸——子午流柱针法、文水县常氏祖传中医皮肤外科、文水县王氏象皮生肌散、文水县中耳炎祖传治疗秘方"耳脓净"、汾阳市郭氏中医正骨、孝义市郝氏诊断淋巴结合与独特治疗、孝义市陈氏独特的正骨疗法等。

9. 民间美术。中阳剪纸、岚县面塑、文水葫芦雕刻、交口刺绣、石楼麦秆画、离石脸谱技艺、文水绫缎立体画屏、中阳民间绣品、交口布艺、刘家焉头木版年画等。

10. 民俗。柳林盘子、孝义婚俗、中阳庞家会九曲黄河阵、汾阳串黄蛇、岚县上明龙灯、柳林礼生唱祭文习俗、孝义市苏家庄村年俗、孝义传统丧葬礼俗等。

1. 临县伞头秧歌

临县伞头秧歌起源于远古祭祀仪式中的民间歌舞类，即"乡人傩舞"。在清代秧歌队祭风、雨、山、河、瘟等神的祈禳仪式中，在黄罗伞盖下有唱祭歌手(即伞头)，祭歌内容一般是祈求诸神保佑风调雨顺、四季平安。现存临县伞头秧歌历代歌手"歌录"中，有三分之一以上有祭神拜庙内容。秧歌队正月初五以前祭神拜庙，初五以后给村里的新婚夫妇、新生男婴儿、新建宅院道喜，活动时间一般是正月初二到正月十五。

民国初年，每逢春节，大部分村庄有"纠首"组织秧歌爱好者出场。民国《临县志》载刘如兰的《竹枝词》云："秧歌队队演村农，花鼓斑衣一路逢。东社穿来西社去，入门先唱喜重重。"秧歌队祭祀仪式比过去简化，黄罗伞改为遮阳伞，伞头身穿长袍马褂，手摇"虎撑"(用响铜铸制而成的环状圆筒，形似手镯，外沿开缝，内装小铁球，摇动时发出串铃般响声)。

在漫长的发展过程中，临县伞头秧歌吸收当地民间音乐、舞蹈、戏曲、杂技、武术等艺术，融合成一种有歌有舞的综合性民间歌舞艺术。它以气氛热烈、场面宏大、地方风情浓厚而著称，即兴编词的演唱特点、灵活多变的格律结构、通俗明快的语言艺术、和谐独特的地方音韵都体现了浓厚的地方特色。秧歌队的表演形式有民间小演唱、传统戏曲片段等。临县伞头秧歌在表演风格、表现形式、反映的内容上形成了自己的特色，有一首秧歌唱道："上川的鼓子下川的扭，西首里出的是民歌手，县城里集中了些好伞头，要听吹手到碛口。"区域性的伞头秧歌文化圈，使伞头秧歌的传承处于良好状态。

2. 孝义皮影戏

皮影戏，作为一种民间传统的小戏，在表演时，将以驴皮、牛皮刻制的人物、布景和道具搬上舞台，形成影像。其中人物形象的造型特点是，都是正面和侧面的。由于皮影戏表演的局限性，只能通过正侧面的影像的活动展开戏剧情节。由于皮影戏只宜表现空间中的高度、长度，因而与剪纸的表现方法有相似之处。其人物的生、旦、净、末、丑各种角色，与戏曲中的脸谱、服装的程式是相通的。皮影戏的装饰性极强，在布景方面有殿阁、楼台、庭院、山水、树石等，在道具方面有桌、椅、车、剑、戟、刀枪等，造型颇为概括洗练。

纸窗皮影戏，以孝义为中心流播、辐射在周围各县，流传在吕梁的孝义、汾阳、交城、交口、中阳，晋中的平遥、介休、祁县、太谷以及晋东南的沁源等地。明末清初，陕西华县、华阴县的皮影戏就传到了晋南，顺山西从南到北，由运城地区(以新绛县为代表，并周围各县)，到临汾地区(以曲沃县为代表，并周围各县)，再到晋中地区(以孝义为中心，并周围各县)。

3. 元宵节的柳林盘子会

柳林盘子会又称"天官会会""小子会会"，是流行于柳林县县城及城郊穆村一带盛大的汉族民俗文化活动。"盘子"是一种制作精美的组合型阁楼式仿古建筑模型，被人们称为"放大的神阁子"，"盘子会"活动时间为农历正月十三至二十六日，以元宵节为高潮。

"盘子会"活动期间，当地各街巷相隔不远就有大小不一、形式各样的盘子，附近居民分段轮值，张灯结彩、高搭彩盘、遍点社火，或配以秧歌、弹唱，或佐以转九曲、斗活龙，汇聚十里乡亲，载歌载舞，共庆节日，祈求来年风调雨顺，表达了汉族劳动人民一种辟邪除灾、迎祥纳福的美好愿望。

伴随着"盘子会"的开幕，柳林县全县人民几乎倾巢出动去上香祈福，可谓锣鼓喧天、鞭炮齐鸣、彩旗招展、人山人海。

4. 临县大唢呐

唢呐，俗称"喇叭"，因其发音高亢、嘹亮，而成为一种在我国各地广泛流传的民间乐器。后来唢呐经过不断发展和完善，不仅丰富了演奏技巧，而且提高了表现力，到现在已成为一件具有特色的独奏乐器，用于民族乐队合奏或戏曲、歌舞伴奏。

临县位于吕梁山西麓，是典型的黄土沟壑区，当地的传统民俗文化、民间音乐保存较好。临县大唢呐具有典型的大西北黄土风味，粗犷、豪放，音色激亢，有"腮振音""气哄音"等吹奏技巧。

5. 交城滩羊皮鞣制工艺

交城滩羊皮鞣制工艺起源于明代中期，历经 400 余年。皮革的鞣制就是用鞣质对皮内的蛋白质进行化学和物理加工。它通过一系列工艺，并采用一些化学药剂，使牛、猪、羊等动物生皮内的蛋白质发生一系列变化，使胶原蛋白发生变性作用。鞣制后的皮革既柔软、牢固，又耐磨，不容易腐败变质，所以可用来制作各种日常生活用品。

交城滩羊皮加工工艺复杂，要经过洗、泡、晒、铲、钉、鞣、吊、压、裁、缝等 20 多道工序，另加黄糜、皮硝、皂角等辅料，完全依靠手工操作，产品精美绝伦，价格昂贵。交城滩羊皮毛质细润轻柔、洁白如雪、光泽如玉，毛穗自然弯曲，有的多达九道。轻轻一抖，犹如风摆垂柳，又好似水纹波浪。滩羊毛纤维细长均匀，绒毛轻柔蓬松，富有弹性，也是制作毛毯、披肩、围脖、毛衫等的高级原料。用滩羊皮制作的男女冬装，既轻柔暖和，又美观大方，具有很好的装饰效果。交城滩羊皮以其优良的品质和独特的风格而驰名世界。

(二)吕梁名人

英雄吕梁、英才辈出，有一代女皇武则天、初唐诗人宋之问、宋朝名将狄青、清代"天下廉吏第一"于成龙、诤臣名相孙家淦等历史人物。近代以来，涌现出红军早期领导人贺昌、被毛主席亲笔题词"生的伟大、死的光荣"的革命英雄刘胡兰、"试管婴儿之父"张民觉、"山药蛋"派代表作家马烽、中国第六代导演代表人物贾樟柯等杰出人物。

1. 武则天

武则天(624—705)，自名武曌，并州文水(今山西文水)人。唐朝至武周时期政治家，武周开国君主(690—705 年在位)，也是中国历史上唯一的正统女皇帝，即位年龄较大(67 岁即位)及寿命较长的皇帝之一(终年 82 岁)，与汉朝的吕后并称为"吕武"。

武则天为荆州都督武士彟次女。十四岁时进入后宫，为唐太宗才人，获赐号"武媚"。唐高宗时封昭仪，在"废王立武"事件后成为皇后，上元元年(674)，加号"天后"，与高宗并称"二圣"，参与朝政。高宗驾崩后，作为唐中宗、唐睿宗的皇太后临朝称制。

天授元年(690)，武则天称帝，改国号为周，定都洛阳，称"神都"，建立武周。武则天在位前后，大肆杀害唐朝宗室，兴起"酷吏政治"。但她"明察善断"，多权略，能用人。又奖励农桑，改革吏治，重视选拔人才，所以使得贤才辈出。晚年逐渐豪奢专断，渐生弊政。

神龙元年（705），武则天病笃，宰相张柬之等发动"神龙革命"，拥立唐中宗复辟，迫使其退位。中宗恢复唐朝后，为其上尊号"则天大圣皇帝"。同年十一月，武则天于上阳宫崩逝，年八十二。中宗遵其遗命，改称"则天大圣皇后"，以皇后身份入葬乾陵。其后累谥为"则天顺圣皇后"。

武则天智略过人，兼涉文史，颇有诗才。有《垂拱集》及《金轮集》，今已佚。《全唐诗》存其诗四十六首。

2. 于成龙

于成龙（1638—1700），字北溟，号于山，清山西永宁州（今山西方山县）人。生于明万历四十五年（1617），卒于清康熙二十三年（1684），终年67岁，谥"清端"，赠太子太保。于成龙明崇祯十二年（1639）举副员，清顺治十八年（1661）出仕，历任知县、知州、知府、道员、按察使、布政使、巡抚和总督、加兵部尚书、大学士等职。在20余年的宦海生涯中，三次被举"卓异"，以卓著的政绩和廉洁刻苦的一生，深得百姓爱戴和康熙帝赞誉，以"天下廉吏第一"蜚声朝野。

于成龙擅长书法，诗词亦工。他的著述、奏稿等先后由其门人和孙于准辑成《于山奏牍》七卷附录一卷和《于清端公政书》八卷行世。此外，于成龙任职直隶和两江期间，曾组织编写了《畿辅通志》四十六卷、《江南通志》五十四卷，对整理和保存当地政治、经济、文化资料作出了贡献。

3. 刘胡兰

刘胡兰（1932—1947），原名刘富兰，山西省文水县云周西村人。著名的革命先烈，优秀共产党员。

刘胡兰8岁上村小学，10岁起参加儿童团。1945年进中共妇女干部训练班，1946年到山西省文水县云周西村做妇女工作，担任妇救会秘书，后为主任，并成为中共候补党员。14岁被吸收为中共预备党员，15岁为了中国人民的解放，为了壮丽的共产主义事业，刘胡兰同志从容就义，壮烈牺牲。1947年春天，毛泽东同志为她亲笔题词："生的伟大，死的光荣。"同年8月1日，中共中央晋绥分局作出决定，追认她为中国共产党正式党员，高度评价了她短暂而光辉的一生。邓小平同志题词："刘胡兰的高贵品质，她的精神面貌，永远是中国青年和少年学习的榜样。"1994年2月2日，江泽民在山西视察工作时为刘胡兰题词："发扬胡兰精神，献身四化大业。"

刘胡兰，以她的高贵品格、革命气节、英雄壮举铸就了光照千秋、激励后人的"胡兰精神"。她的精神、她的英名和天地共存，与日月同辉。

4. 马烽

马烽，1922 年生。1938 年参加革命，历任战士、班长、宣传员，《晋绥大众报》记者、编辑、主编，晋绥出版社总编辑，中国作家协会青年部副部长，中国作家协会山西分会主席，中共山西省委宣传部副部长，全国文联第四届副主席，中国作家协会理事，中国作家协会党组书记、副主席。中共全国第十一、十四届代表大会代表，全国第六、七届人大代表。1942 年开始发表作品，著有长篇小说《吕梁英雄传》（与西戎合作）、《玉龙村纪事》，短篇小说集《村仇》《太阳刚刚出山》《三年早知道》，长篇纪实文学《刘胡兰》，电影文学剧本《我们村里的年轻人》《泪痕》等。曾获晋绥边区文艺二等奖、全国短篇小说奖、中国纪实文学东方杯奖、文化部优秀影片奖、第三届百花奖最佳故事片奖、广电部优秀影片奖、第六届金鸡奖等。1992 年中共山西省委、省政府授予他"人民作家"荣誉称号。

5. 贾樟柯

贾樟柯，山西汾阳人，中国第六代导演代表人物之一。

1990 年在报考南开大学失败后转学美术。1993 年就读于北京电影学院文学系。1995 年起开始电影编导工作，同时任教于中央美术学院实验艺术系。1997 年毕业于北京电影学院文学系。2004 年，担任都灵国际电影节评委会主席。2005 年，担任日本山形国际电影节评审。2007 年，任戛纳国际电影节评委会主席。2010 年 8 月 5 日，获得第 63 届洛迦诺国际电影节终身成就奖。2015 年获戛纳电影节金马车奖，是获此殊荣的首位华人导演。2016 年 5 月 8 日，贾樟柯凭借《山河故人》获得第 23 届北京大学生电影节最佳导演奖。

2016 年 11 月 15 日，贾樟柯获颁第 38 届开罗国际电影节杰出艺术成就奖。现担任国际作家和作曲家协会联合会（CISAC）副主席，中国电影导演协会副会长，上海温哥华电影学院院长。2016 年，创办全球电影短片中国内地首映平台"柯首映"。

(三)风味名吃

1. 岚县土豆宴

岚县人以土豆为原料制成的特色风味美食，享誉天下。优良的土豆品质再加上独特的土豆文化，孕育出了这里独一无二的土豆美食。水晶饺子、蒸圪姜、黑绺子、捣拿糕、烤土豆、凉夷子……一个简单的土豆，岚县人做出了让人瞠目结舌的花样，很多根本看不出来是土豆做的。如今营养丰富、色泽光鲜、个大体匀的岚县土豆被越来越多的人所熟知，产品远销省内外。

20 世纪 70 年代，著名作家马烽来岚县采风时，称岚县粉面饺子是"只此一家，别无分店"。各级领导来岚县视察，都对岚县土豆宴赞不绝口，称其是地地道道的"绿色食品"。

岚县土豆宴品类众多，有燕窝玉饺(粉面饺子)、土豆油糕、土豆擦盖小米、炸土豆丸子、金玉良缘(土豆块垒)、福疙瘩(炒"土豆恶")、一团和气(捣拿糕)、墨柳丝绦(黑饸饹)、清风荷叶(凉夷子)、土豆莜面卷、土豆桂花糕、土豆青菜汤等。

2. 孝义火烧

孝义火烧是孝义一种具有特殊风味的饼类小吃，有咸火烧、糖火烧、菜火烧之分。咸火烧内包盐和茴香，上鏊烙烤。食时，若佐以葱花、大蒜、醋、酱油、盐、味精，更是美味可口。

糖火烧的制作，是将老酵、碱面和凉水一起放入盆内搅成稀糊，再倒入面粉和成团，面和好后，以手蘸凉水反复搓揉，直到面团光润时，盖上湿布饧 30 分钟。同时把红糖、芝麻酱、桂花搅拌调成糖酱。然后把面团放在抹了油的案板上，搓成长条，切块、摁扁，再横着擀成五寸长、三寸宽的厚片，左手(拇指在上，其他四指在下)拿着厚片的左端将面提起，再反腕向案板右方一甩(甩时劲头要匀，动作要利落)，"啪"的一声横落案板上成为约一尺长的面片。上面抹匀糖酱，用左手托起面片左端轻轻向外伸长，同时右手把面片由右向左卷成卷，搓匀后揪成面剂，捏成桃形，收口朝上摁成圆饼。按此法将其余面块全部做完。铁鏊在微火上烧热，涂抹麻油，火烧饼坯放鏊上烙烤，烤约 5 分钟，再翻过来烙正面(两面约烤 10 分钟)。随后放在烤炉中，用微火烤成酱黄色即可。

菜火烧有荤素之分。做荤火烧，用猪肉或羊肉剁成肉末，配以萝卜、白菜，再加花椒、盐、姜末、味精、葱，搅拌成馅。素火烧则用纯蔬菜绡拌调料制成馅。面用温水和起，放入苏打，揉均匀，盖上湿布饧 30 分钟。在案板上铺撒面粉，将饧好的面团放在上面，搓成圆条，揪成面剂，并摁成圆皮，包馅，揪去收口处的面头，再摁成圆饼，上鏊烙烤。

火烧的做法不一样，口味各不相同，其共同的特点是绵软不粘，香鲜可口，层次均匀，质地酥脆，宜于热吃。

3. 驴打滚

驴打滚又称豆面糕，是岚县小吃中的古老品种之一。它是这样制作的：用黄米面加水蒸熟，和面时稍多加水和软些；另将黄豆炒熟后，轧成粉面；制作时将蒸熟的黄米面外面沾上黄豆粉面擀成片，然后抹上赤豆沙馅(也可用红糖)卷起来，切成 100 克左右的小块，撒上白糖就成了。制作时要求馅卷得均匀，层次分明，外表呈黄色，特点是香、甜、黏，有浓郁的黄豆粉香味儿。

为什么称"驴打滚"呢？似乎是一种形象比喻，制得后放在黄豆面中滚一下，如郊野真驴打滚，扬起灰尘似的，故而得名。这一点连前人也发出疑问。清代《燕都小食品杂咏》中就说："红糖水馅巧安排，黄面成团豆里埋。何事群呼'驴打滚'，称名未免近诙谐。"还说："黄豆黏米，蒸熟，裹以红糖水馅，滚于炒豆面中，置盘上售之，取名'驴打滚'真不可思议之称也。"可见"驴打滚"的叫法已约定俗成。如今，很多人只知其俗称，不知其正名了。现岚县各家小吃店一年四季都有驴打滚供应，但大多数已不用黄米面，而改用江米面了。

4. 岚县莜面

莜面，是由莜麦加工而成的面粉。莜面的营养成分是其他面粉营养成分的七倍以上，可与精面粉媲美。由于莜麦性喜寒、旱，在岚县大多种在山火丘陵的最顶端，这样就使得种植面积缩小，播种收割也不是很方便，而且每年可以种两季的莜麦成了一季，所以产量不是很大，但也正是由于在这种条件下长成，所以岚县的莜面有着其他地方品种无法比拟的味道，是纯天然绿色食品。加工莜面有特殊要求，须先淘洗，后炒熟，再磨面；炒时要掌握火候，不宜过生或过熟；食用时要用沸水和面，称为冲熟，做成的食品必须蒸熟，群众称为"三熟"。

莜麦在各地称呼很多，如"油麦""稞燕麦""玉麦""苏鲁"等。《穆天子传》称"焚麦"，《黄帝内经》称"迦师"，《广志》称"折草"，《稗海博志》称"燕麦"，《史记》称"斯"，《唐本草》称"麦"等，名称之多，说明莜麦生产在中国历史久远。据山西省志载，最少有 2500 年的历史；最早可能起源于华北的高寒地区，后来逐渐成为北部高寒区主要粮食作物之一，并从唐代始，从内蒙古、新疆、西藏等处被引种到俄罗斯、智利、美国等国家。

5. 汾州核桃

山西汾州核桃历史悠久，其仁味道甘美，富含脂肪和蛋白质，不论生食还是制成糕点糖果，均清香可口。它还是一种益智健脑食品，能补气益血、润燥化痰、治肺润肠，且味甘平，对于"温补肾肺，定喘化痰"有一定的疗效。

汾阳市于 1997 年被中国特产之乡组委会光荣授予"中国汾州核桃之乡"的称号，并且在 1998 年被国家农业部、农学会命名为"中国干果经济林核桃之乡"，2001 年被国家林业部授予"全国经济林建设先进市"。在良种选育上，汾阳市建成了 450 亩核桃良种园，培育推广了"晋龙一号""晋龙二号"等核桃新品种，生产上实行工程化管理、区域化布局、规模化发展，现全市种植核桃 42 万余亩。如今汾阳市围绕"核桃强市富民"的总体目标，创新机制，科技先行，产品远销欧洲、美洲、东南亚等地区，成为我国最大的核桃生产出口基地。

6. 柳林碗脱

柳林碗脱是柳林特产，离石、中阳等地都有，但不如柳林正宗。碗脱是一种面食，多为冷食，切条、就碗刀扎而食均可，以蒜泥、辣椒、好醋为主要调料，配以姜末、香油。其辣椒选用头茬，晒干后研为细末，用麻油烧热后，放入葱少许，待葱发黄时，倒入辣椒粉，用铁勺搅匀，油多辣椒少，遂成稠浆，装入瓶、钵备用。

严冬季节，可配豆芽炒食。炒瓢内放点油，待油冒烟时，放入葱，葱发黄时，把豆芽倒入，豆芽炒到八成熟时倒入切块的碗脱，浇上蒜、醋、辣椒，撒上盐、姜末、味精，倒入碗内即可食。有时也与羊杂混炒。碗脱四季皆可食用，老幼咸宜，吃起来坚韧、醇香，已成为人们特别是小孩、学生的常食零食。

第七章
生态阳泉　忠义之乡

＊

　　"关山古韵藏大义，文献名邦出英杰"是对这块土地形象的清晰表达。巍巍狮脑山，滚滚洮河水，山西东大门的险要位置，曾经被一位英勇善战的女子镇守，这就是被称作天下第九关的娘子关；而春秋战国时赵氏孤儿的故事就发生在这里的藏山；矗立在狮脑山主峰上的百团大战纪念碑，象征着抗日战争中八路军的英勇善战，在中华人民共和国的历史中留下浓墨重彩的一笔。

第一节　阳泉概况

　　阳泉市位于山西省东部，是一座新兴工业城市，是晋东政治、经济、文化中心。现辖平定县、盂县两县及城区、矿区、郊区三区和一个经济技术开发区，全市面积4559平方千米，人口141.44万人。它是中国共产党亲手缔造的第一座城市，被誉为"中共第一城"，也是山西省的第三大城市。这块地域昔日有泉五处，终年涌漾，泽润一方，故称漾泉，后演绎为阳泉。

　　1947年5月4日后，以原平定县的一部分设阳泉市，以后一度改称阳泉工矿区。阳泉市(工矿区)先后归华北联合行政委员会、华北人民政府、山西省管辖。中华人民共和国成立后，阳泉市(1952年恢复市建置)数度由晋中地区(榆次专区)代管，平定县、盂县则属晋中地区(榆次专区)。先后置城区、郊区和矿区。1983年9月，实行市管县体制，平定县、盂县划归阳泉市，阳泉市成为山西省地级市。

(一)矿产丰盈，工业重镇

　　阳泉境内矿产资源丰富，是中国重要的矿产集中区，开发历史悠久，素有"煤铁之乡"之誉。其中无烟煤、硫铁矿、铝矾土三种资源储量大、品位高、易开采，因此阳泉市是全国重要的无烟煤、铝矾土、耐火材料生产基地之一。截至2016年年底，阳泉市发现矿产资源65种，其中探明资源储量的矿产13种，以煤炭、硫铁矿、铝土矿、耐火黏土等矿产储量较大。其煤田面积 934.5 平方千米，占区域面积 20.4%，探明资源储量 103 亿吨，煤炭保有量约 80 亿吨，且多属高发热量、低硫、低灰无烟煤。全市铝矾土储量 2.3 亿吨，硫铁矿储量 2.4 亿吨，陶瓷原材料储量丰富，高岭土、塑性黏土、硬质黏土的储量 1.8 亿吨，长石储量 4317 万吨，石英石储量 4320 万吨，透辉石储量 5 亿吨。此外，耐火黏土、石灰岩、大理石、石膏、铁矿石、重晶石、水晶石、浮石等特种新型材料资源储量也极为可观。煤层气储量 764.5 亿立方米，抽取量 3.8 亿立方米，煤矸石存量 1.5 亿吨。[1]

(二) 区位优越，晋冀门户

阳泉市境内多山，峰峦耸峙，地形极为险要，又称山城，素有"京畿藩屏"之谓，历来是兵家必争之地。其著名的关隘有苇泽关、故关、固关、盘石关、榆关、旧关等，著名的驿站有测石驿、平潭驿、甘桃驿、柏井驿等。历史上，传说周穆王巡天下过盘石关，秦始皇灵柩走故关，韩信榆关屯兵击赵，唐贞观十八年 (644) 李世民御驾路经广阳县，宋太祖下河东首置平定军，明朝开国皇帝朱元璋为防范元朝残余势力在故关部署常驻守关将士，开创康乾盛世的康熙六过阳泉境内留下不朽诗篇，还有清代廉吏于成龙泼墨固关等。

阳泉是三晋门户，晋冀要衡，地处太原、石家庄两个省会城市的中间位置，与其相距均为 100 千米，"一重一轻"两大城市对阳泉经济辅助性极强。阳泉又处于东部发达地区与中西部的结合地带，具有承东接西、双向支撑的战略地位。阳泉还位于环渤海与长江三角洲两大经济区的合理运输扇区内，在半径 500 千米内，分布着首都北京、直辖市天津及省会城市太原、郑州、济南等，经天津、青岛、黄骅港可东出渤海，是京津塘及沿海发达地区向内地辐射的重要通道。

(三) 文脉深厚，英杰辈出

阳泉市历史厚重、人文荟萃、文脉深厚，培育了众多英才，历代名人灿若繁星。北宋至明清，境内文化教育昌明。平定有"文献名邦"之美称，可谓"三晋文化数二定，二定当中数平定""科名焜耀无双地，冠盖衡繁第一州"。盂县有"进士之乡"之盛誉，据《山西历代进士题名录》一书载，从有科举制度以来，盂县历代进士有 161 名，居全省之冠。这与深厚的文脉传承大有关联，据乾隆《重修盂县志》载："学宫在县治东南，沿唐宋之旧。"这说明早在唐代，盂县就办起了学宫，这是阳泉关于教育机构的最早记载。之后，境内书院如春笋而起，计有嘉山书院、石楼书院、冠山书院、高岭书院、慎交书院、秀水书院、藏山书院及儒学、义学多处。改革开放以来，阳泉市高考多项指标连续

---

① 《山城阳泉　太行明珠》，阳泉市人民政府官方网站 (www.yq.gov.cn)，2018 年 8 月 7 日。

多年位居全省之首，这与阳泉历来重视教育不无关系。

(四)城市荣誉

山西重要的工业城市
全国最大的无烟煤生产基地
全国绿化模范城市
国家级环保模范城市
国家园林城市
国家住建部智慧城市试点
首批"中国职业经理人最宜居和最向往的城市"之一

第二节　阳泉重点旅游名胜与特色旅游资源

阳泉的旅游资源颇为丰富。星罗棋布的名胜古迹和丰富多姿的自然景观交织，构成独具特色的旅游资源。境内有驰名中外的万里长城第九关娘子关，比八达岭长城早150年建成的中山国古长城固关，有春秋时期赵氏孤儿藏身之处所在的藏山，有历代文人学者隐居治学的冠山书院，有近代著名女作家、民国四大才女之一石评梅的故居，有我国古建筑的瑰宝林里关王庙，有水温达80℃、"高温氡泉甲天下"的梁家寨温泉，有"太行第一溶洞"玉皇洞，还有以百团大战纪念碑(馆)为主要景点的狮脑山森林公园。另外还有正在不断开发和完善的大汖古村、药林寺森林公园、北方罕见的大溶洞——万花洞、玉花洞等。

一、重点旅游名胜

阳泉市历史悠久，地处"三晋要冲"，地势险要，历来为兵家必争之地。目前，阳泉市成型且对外开放的旅游景区有16家，其中4A级景区4家，3A级景区6家，2A级景区4家。如今居住在娘子关下的水上人家，您可以亲手水磨一把玉米面，感受黄土高原上"小江南"的独特韵味。

(一)藏山

藏山，古名盂山，坐落在太行山西麓，阳泉市盂县城北18千米处。春秋时期程婴将赵氏孤儿藏匿于此，后人为纪念其忠肝义胆，命名为藏山，并立祠祭祀，距今已有2600多年的历史。山中"饮马池"，相传为程婴赵武落难藏山时的饮马之处，如今仍山泉涌动，清澈见底；"荒安岭"其实是"慌鞍"的谐音，意思是"慌张落鞍"，是程婴与孤儿被屠岸贾追杀落马的地方；而程婴在慌乱中失落宝剑的地方，叫"宝剑沟"。藏山庙三十多处的亭台楼阁皆倚山傍壁，是按照宫廷建筑的特征而设计的，由文子祠、寝宫、藏孤洞、梳洗楼、八义祠、报恩祠、启忠祠等组成，是一个气势壮观的建筑群。藏山，藏得住人，藏不住美景。千峰叠嶂，万壑含烟，洞穴幽奇，洞水潺潺，所有楼、台、殿、堂、亭均依山壁而建，同自然景观珠联璧合，使人如在画中，故有"晋东第一名山"之称誉。

(二)百团大战纪念碑

百团大战纪念碑位于阳泉市区西南 5 千米处的狮脑山风景区，1997 年被中宣部命名为全国"百家爱国主义教育示范基地"(图 7-1)。百团大战纪念碑位于狮脑山巅，建成于 1987 年 6 月 30 日。纪念碑坐北朝南，由主碑、三座副碑、一座大型圆雕、两座题字碑、烽火台及"长城"组成。整个建筑群占地面积 25 亩。主碑正面镌刻着彭真同志题词"战绩辉煌永垂史册"。第一座题字碑正面是"百团大战纪念碑"七个大字，背面是"百团大战示意图"。第二座题字碑的正反面分别镌刻着中共中央阳泉市委、市政府撰写的《百团大战纪念碑记》和《狮脑山战斗纪略》。碑群前面是大型锻铜圆雕"奋起的母亲"。三座副碑上镶着六块巨大的锻铜浮雕，生动地反映了百团大战中军民"出击""破路""攻坚""支前""转移""胜利"的情景。在百团大战纪念碑建筑群周围，还修筑了供人们游览和休息狮子阁、钟亭、蘑菇亭等，并新植了大片林木，使具有光辉革命历史的狮脑山峰，更加美丽、壮观。

图 7-1 百团大战纪念碑

（三）娘子关

都说不到长城非好汉，那您到过娘子关吗？这里有着"万里长城第九关"的美誉，是晋冀的咽喉要地。古城堡依山傍水，居高临下，建有关门两座。城门上"宿将楼"巍然屹立，相传为平阳公主聚将御敌之所。门洞上额书"京畿藩屏"四字，彰显了娘子关显赫的地位。娘子关境内泉水四季喷涌不息，家家清波临窗，户户水绕庭院。

娘子关，原名苇泽关，因唐太宗的妹妹——平阳公主，曾率娘子军在此设防、驻守，故名。它扼守三晋的东大门，是长城上的著名关隘。娘子关镇地处娘子关脚下，阳泉市平定县东部，太行山中段，东与河北省井陉县毗邻，西与巨城镇相接，南靠柏井镇，北倚岔口乡。这里交通便利，旅游资源丰富，是著名的旅游胜地。整个镇子依山而建，顺水而居，不仅战略位置重要，也是商旅过往的必经之地。明清时期这里经济繁荣，商家云集，民居以店铺和驿站为多。现存重要的历史街区有岩崖古道、古驿道、娘子关关城古街、林泉街以及上下董寨古街等。

（四）翠枫山

翠枫山位于阳泉郊区平坦镇后峪，距阳泉市中心 15 千米，自然森林覆盖率 97% 以上，保有大量完整的原始次生植物和生物群落，有物种基因库、鸟类天堂、蛇类王国、昆虫世界和自然环境调节器的美誉。可见翠枫山是自然仙境、天然氧吧。翠枫山旅游区的景观特征较明显的月份是 4—10 月，其中 4 月中旬桃、杏开花，9、10 月红叶满山，是此处最有生机的时节。翠枫山的美，可遇而不可求。

3 月，品桃花的静美贞烈；7 月，享山水的苍翠清冽；10 月，感枫红的层林尽染；12 月，悟银装里返璞归真的禅。

二、特色旅游资源

（一）国家级非物质文化遗产

阳泉市共有 3 项国家级非物质文化遗产项目，分别是盂县赵氏孤儿传说、平定砂器制作技艺、平定黑釉刻花陶瓷制作技艺。

1. 盂县赵氏孤儿传说

根据《左传·成公八年》《史记·晋世家》记载，晋景公三年（前 597），晋国司寇屠岸贾追名逐利，妄想独揽晋国大权，设计将累世于国有功的晋国上卿赵盾一家三百余口满门抄斩。唯有赵盾儿媳庄姬因公室血缘幸免于难。时庄姬身怀六甲，在宫中生子赵武（即赵氏孤儿）。屠岸贾欲斩草除根，率兵进宫搜查而不遂，即悬赏千金举报赵孤。然天不灭赵。赵盾之子赵朔的生前好友程婴、门客公孙杵臼、中军元帅韩厥三人将计就计，程婴舍子、公孙杵臼舍生，救出一脉仅存的赵氏遗孤赵武，程婴并趁机携赵武于胸襟之内，从晋国辗转逃往仇犹古国的盂山(今盂县，周时为仇犹国)藏匿达十五年之久，使赵氏血脉得以延续。后人因改盂山曰"藏山"，以藏孤得名也。晋景公十七年(前583)，屠岸贾因犯欺君之罪而被灭族，赵氏冤情得以平反昭雪，赵武恢复了赵家在晋国的地位，并成为治国栋梁。赵氏孤儿的传说在盂县2400多平方千米的土地上都有流传，其中主要集中地为赵氏孤儿的藏匿地——苌池镇及北部上社镇、下社乡、中部地区的城关镇、南娄镇、路家村镇等地区。直至当代，盂县境内仍保存有九座祀奉赵武的庙宇，每年的农历四月十五日都要在藏山举行隆重的祭祀仪式，形成了规模盛大的民间庙会。

赵氏孤儿的传说发生于现实，随着时间的流逝，又披上了具有神秘色彩的外衣，表现了我国劳动人民崇尚正义、鄙视邪恶的心理，在历史上传播范围广、深入民心，影响深远，由"街谈巷议讲列国，妇孺皆能说赵孤"的诗句，即可见一斑。赵氏孤儿的传说蕴藏着我们中华民族重承诺、轻生死、忠直正义的传统精神，给盂县的民间文学宝库增添了极为绚烂和厚重的一笔。

2. 平定砂器制作技艺

平定砂器制作技艺是指山西平定砂器艺人采用当地特有的优质黏土，经调泥、成型、上釉、晾干、窑烧、熏制等多道工序烧制砂器的社会实践。采用这种技艺制作而成的平定砂器素有"烧饭不变色、煎药不变性、炖肉不变味、煮水无水垢"四大特点，平定砂器耐酸、耐碱、透气性好，实用美观，千百年来，在平定及周边地区流传。2014年平定砂器制作技艺被列入国家级非物质文化遗产代表性项目名录扩展项目名录。

平定砂器制作技艺历史悠久，早在秦代就已有生产。1972年平定县东关古窑层塌土中出土的砂器碎片黏合复原的砂灯、砂鼎，据考证属秦代生产的平定砂货。到明清时期，平定砂器已闻名遐迩，与宜兴紫砂陶、广东砂煲齐名，史称"三鼎甲"。《天工开物》的《陶埏篇》里就有："凡白土曰垩土，为陶家精美器用。中国出惟五、六处：北则真定定州、平凉华亭、太原平定、开封禹州……"

平定砂器制作技艺十分讲究。从选料到成品熏釉，各道工序都有手艺技巧。如黏土要采用距煤层20米处青坩、铝矾土和15米处黏坩，再经一年以上风化陈腐才能使用；筛土要经过除铁；踩泥要用光脚，以增加黏性和韧性；煅烧最为讲究，一般采用"竖穴窑"，燃料层次和坯子的位置要恰到好处，更关键的是火候的掌握；熏釉也叫渗碳还原，要求动作麻利精准。关于平定砂器制作，业内流传着"一坩二压三筛土，四踩五捏六入炉，七煽八杈九熏烤，十分质量窑头传"的口诀。一直以来，平定砂器有农具、灯具、炊具等多种，可谓涉及人们生活的方方面面，无铅镉重金属溶出物，无污染，其特殊的文化情调和实用功能，彰显出其绿色环保和古朴厚重的文化魅力。

小资料　　　　　　　平定砂锅史话与民谣

平定砂锅千百年来一直是平定及周边地区百姓喜爱的生活用品。早在清代，山西平定流传着一首《卖砂锅》的民谣："一条扁担弯又弯，常家沟里把货担，锅套锅来罐套罐，壶盆瓢碗草绳圈。肩上一试不够担，又添了十二个大砂坛、二十四个油灯盏。河北获鹿摆地摊，霎霎卖了个底朝天。一数银圆两块半，还有制钱三吊三。"平定砂锅轻巧、实用，有口皆碑。

据《平定县志》记载，平定砂货"烧饭不变色，煎药不变性，炖肉不变味"，具有造型优美、壁薄体轻、内外光洁、皮薄均匀、耐酸耐碱、轻巧耐用、价格低廉的特点。

平定生产砂货，具有优越的自然条件。县城周围有丰富的铝矾土和白土资源，色纯、杂质少、绵软、可塑性强，还有运输方便、价格低廉、适宜烧制砂货的无烟煤。平定人民充分利用这些物质条件和世世代代流传下来的工艺技巧，经过选土、调泥、成型、上液、晾干、窑烧、烟熏等工序生产出来的各种砂货，无沙眼、无裂纹，不夹生、不变形。现在平定县的北庄、长家沟、张庄、东小麻、西小麻以及柳树峪等地，都是砂货的集中产地。

平定砂货如此受人青睐，并非偶然。首先，平定有着烧制砂货的优质无烟煤，这为当地发展陶瓷砂货手工作坊提供了重要条件；同时，当地蕴藏着丰富的优质黏土，百姓俗称为"坩子"，是烧制砂货的极佳材料。

烧制砂货的工艺十分讲究，也十分艰苦。平定民间流传着一段顺口溜说："一坩二压三筛土，四踩五捏六入炉。七煽八杈九熏烤，十分质量十分苦。""一坩"是精选采挖黏土（坩子），将其运回露天场地风吹日晒进行风化，讲究沉淀一年。"二压"是粉碎坩子块粒，俗称"偎土"。将坩子摊在坚硬的石板上用石碌碾压，在许多村庄内的荒草丛中，常能见到形状独特的圆形石碌。"三筛土"是去掉杂质石渣，将粉碎后的精料集中起来备用。"四踩"是加水揉和，光脚踩泥使之黏性增强，踩得越久越好。"五捏"是捏泥坯，因烧制不同器形而有不同的操作方式，常用的有转盘和不同形状的模子。"六入炉"即把经过干燥处理的锅坯放入窑炉煅烧。其中最讲究的是燃料的层次和砂碟上面泥坯的位置，俗称"装火"，关键是要火候均匀。"七煽"是点火后向炉内鼓风，俗称"煽拜"，以前靠人工煽风助燃，面对高温，头戴草帽，脸蒙布单，十分辛苦。炉内温度保持1200~1300℃约1小时后，由富有经验的砂匠"火头"掀起笼锅看砂货色相决定停火与否。"八杈九熏烤"是用铁制杈棍将烧好的锅坯夹入预先做好的炝眼宣窝里熏烤，讲究动作利索、准确。熏烤半小时左右，亮晶晶的砂锅就可出笼了。

常见的平定砂货有十多个品种，锅、碗、瓢、盆、坛、罐、茶壶、火锅、油灯、花盆以及工艺摆设，用途不一，形态各异。但最令平定人自豪的还是木炭砂锅，由火筒、火锅、底座、锅盖四部分组成，其传统工艺独具匠心，烧煮肉类菜蔬原汁原味，可与著名的大同铜火锅争芳斗妍。用砂锅熬小米稀饭，水米交融，色泽金黄，香味浓郁；砂锅炖肉，无腥膻气；砂锅炖豆腐，色正味醇；砂壶煎药，药性不变；砂漏锅生豆芽，长得快，不霉烂；砂笼屉蒸馒头，上气匀，热得快；砂盆栽花，通风透气，不烂花根。

平定久为砂器之乡。北庄村内一通清乾隆二十一年(1756)的石碑保存至今，碑文明确记载了当地"耕陶为业"的历史。唐代时已成为平定手工业与商业的大宗，宋代已广泛应用于民间；明清时，平定砂货闻名遐迩，行销晋、冀、鲁、内蒙古与京津。民间传说，康熙皇帝患病使用平定砂壶煎药后，身体很快康复，并在砂壶上题了一个"龙"字，从此，平定小西庄生产的龙字壶便名气大噪。

宋代时，平定窑的砂货已经很有名气，有阳泉市北的牵牛镇石碑记载为证。到了明代，平定窑的砂货可以和江苏宜兴、福建德化、广东石湾等地的产品媲美。

资料来源：https://www.sohu.com/a/337310701_100112860，访问日期为2021年4月15日。

3. 平定黑釉刻花陶瓷制作技艺

平定黑釉刻花陶瓷制作技艺是指山西平定刻花瓷艺人采用当地优质高岭土为主要原料，经筛选、淘洗、陈腐、制泥、拉坯成型、施釉、刻花等多道工序，烧制刻花瓷的社会实践。2014年，平定黑釉刻花陶瓷制作技艺入选第四批国家级非物质文化遗产项目。

平定有着悠久的陶瓷烧造历史。早在唐代即产白瓷，岑仲勉《隋唐史》载："西之平定、霍州，在唐均烧白窑……"据《中国陶瓷史》记载，平定窑最早见于明李贤等奉敕撰《大明一统志》、陆应辑《广舆记》，史称"西窑"。1977年山西省《轻工业志》编写组组织专家依据平定柏井窑出土的瓷片标本考证"山西平定窑属于中国古代定窑窑系"。平定陶瓷烧造繁荣期在清道光年间，据《平定州志》载："十里烟道雾蒙蒙，村村野火连天明。"清末，据《太原府志》载，平定窑被太原府指定为山西四大"土贡窑"之一。黑釉刻花陶瓷是平定窑的代表作，该烧造技艺流传至今。

平定黑釉刻花陶瓷采用当地高岭黏土，经陈腐、除铁、配料、研磨、蒸空练泥等14道工序制坯，在坯胎未干前以刀代笔刻花，一气呵成。其线条俏丽流畅，形象生动概括。平定黑釉刻花陶瓷主要采用黑白两色，经过特殊烧造、窑变，作品具有融材质美、装饰技巧美、形象简洁美、造型古朴美于一身的特点。另外，平定刻花瓷迄今仍保留着包括棕釉、白釉、黄釉、仿哥开片釉、窑变釉、剪纸漏花加彩和木叶窑变釉等绝活。

(二)阳泉名人

阳泉人杰地灵，名人辈出。有唐代大将军张士贵；北宋著名理学家程颢、程颐之

"孟母"式母亲侯氏；元代中书左丞、著名历史学家吕思诚；明代吏部尚书乔宇；清代两广提督窦瑸，古文学家王玚，方志学家张佩芳，地理学家张穆，贤臣耿九畴、张三谟、田嵩年，名将王君廓、李谦溥、窦瑸。近现代社会的文坛名流石评梅、高长虹，抗日英雄岳勇、赵亨德，中国核燃料事业主要奠基者之一、中国科学院院士张沛霖，曾任山西省委书记的王谦、贵州省委书记的池必卿，对当代中国舞蹈产生巨大影响的艺术家张继刚，百度公司创始人、董事长兼首席执行官李彦宏，暴风科技创始人冯鑫，中国科幻小说代表、《三体》作者刘慈欣，在国际国内重大赛事上摘金夺银的阳泉籍运动员王智伟、武杨、涂潇……这方热土培育出的杰出人物，以骄人业绩谱写出冠绝三晋的壮丽诗篇，为山城阳泉增添了无限的辉煌。

1. 吕思诚

吕思诚（1293—1357），字仲实，平定人，元朝名臣。历任侍御史、集贤院侍讲学士兼国子祭酒、湖广参政、中书参知政事、左丞转御史中丞、国子监翰林学士、翰林国史院检阅官及编修等职，曾参与编修过辽史、金史、宋史三史。

其人性情刚直、倔强，直言敢谏、秉公办事。主要著作有《介轩集》《两汉通纪》《正典举要》《岭南集》等。

图 7-2　石评梅塑像

2. 石评梅

石评梅（1902—1928）是中国现代女作家中生命最短促的一位（图 7-2）。山西省平定县城里人。乳名心珠，学名汝璧。因爱慕梅花之俏丽坚贞，自取笔名石评梅；此外，用过的笔名还有评梅女士、波微、漱雪、冰华、心珠、梦黛、林娜等。

1919 年，五四运动将刚刚读完师范学校的石评梅召唤到古都北京。她原拟报考北京女子高等师范学校国文系，但由于那年国文系不招生，便改报体育系。在女高师读书期间，她结识了冯沅君、苏雪林等，并同庐隐、陆晶清等结为至交。在五四的岁月里，她们常常一起开会、演讲、畅饮、赋诗，所谓"狂笑，高歌，长啸低泣，酒杯伴着诗集"，甚是浪漫。也正是在此"浪漫"中，她们闯入了文学的园地。石评梅频繁在《语丝》《晨报副刊》《文学旬刊》《文学》，以及她与陆晶清参与的《妇女周刊》《蔷薇周刊》等报刊上发表散文、诗歌、小说和剧本。

3. 李彦宏

李彦宏，百度公司创始人、董事长兼首席执行官。1991 年毕业于北京大学信息管理专业，随后赴美国纽约州立大学布法罗分校取得计算机科学硕士学位。在搜索引擎发展初期，李彦宏作为全球最早研究者之一，最先创建了 ESP 技术，并将它成功地应用于 INFOSEEK/GO. COM 的搜索引擎中。GO. COM 的图像搜索引擎是他的另一项极具应用价值的技术创新。

1999 年年底，怀抱"科技改变人们的生活"的梦想，李彦宏回国创办百度。经过多年努力，百度已经成为中国人最常使用的中文网站，全球最大的中文搜索引擎，同时也是全球最大的中文网站。2005 年 8 月，百度在美国纳斯达克成功上市，成为全球资本市场最受关注的上市公司之一。

李彦宏的重要工作成绩和荣誉如下：1996 年，首先解决了如何将基于网页质量的排序与基于相关性的排序完美结合的问题，并因此获得了美国专利；1998 年，根据在硅谷工作以及生活的经验，出版了《硅谷商战》一书；1999 年年底，携风险投资回国与徐勇先生共同创建百度；2001 年被评选为"中国十大创业新锐"；2002 年、2003 年分别荣获首届、第二届"IT 十大风云人物"称号；2004 年 4 月，当选为第二届"中国软件十大杰出青年"之一；2005 年 8 月 23 日，荣获第十二届"东盟青年奖"；2005 年 12 月 28 日，荣获"CCTV2005 中国经济年度人物"；2006 年 12 月 10 日，当选美国《商业周刊》2006 年全球"最佳商业领袖"；2007 年，入选《中国企业家》最具影响力的 25 位企业领袖之一；2007 年，获得艾瑞新经济最佳人物奖。

4. 张继刚

张继刚(1958—),男,山西阳泉人,国家一级导演,历任中国人民解放军原总政治部宣传部副部长、中国人民解放军艺术学院院长,少将军衔。主要作品有:2008年北京奥运会开闭幕式,《千手观音》《一把酸枣》《复兴之路》等。

(三)风味特产

1. 娘子脆饼

"娘子脆饼"是阳泉市平定县的特色产品,它以香酥脆爽、口味独特而受到广大消费者的喜欢。

由于山西人喜欢面食,并且"娘子脆饼"拥有独特的制作工艺和配方,所以在当地非常受欢迎。近年来,随着山西旅游业的繁荣,"娘子脆饼"更是成为著名特产被旅游者所喜爱及购买。

由于历史原因,"娘子脆饼"的准确起源时间和地点已难考,而在民间有这样一个故事流传甚广:从前有一对恩爱夫妻,丈夫是个秀才,妻子贤惠漂亮,并且手艺非常好,特别是做的饼好吃。某年丈夫要进京赶考,妻子就连夜赶制出一些饼给丈夫作为干粮带在身上,代表自己的一番相思之情以及对丈夫的祝愿。秀才终于不负众望,金榜题名了。从那以后,当地读书人家,如果家中有人去赶考,都要做饼让其带上,后来就将此饼称为"娘子脆饼",用来感谢妻子的良苦用心。

2. 豆叶菜

平定人自古以来一直有一个奇特的乡俗,就是一年四季都食用豆叶菜。豆叶菜是一种特殊的乡间土菜,是用小豆叶或黄豆叶经过加工后沤制的。采摘豆叶的时节,应在"白露"前后。届时平定人都会结伴而行,到庄稼地里去采摘豆叶,称为"捋叶"。依当地风俗,只要"白露"一到,群众就一齐出动捋豆叶,走到哪家的田间都可以,村与村之间也不分界线,而且在"白露"以前是不允许采摘豆叶的。采回来的豆叶,要经历一个奇特的制作过程。首先,要将豆叶卷紧成团,塞满底锅。然后加水上盖用火焖,熟后倒出来,用菜刀切成细丝,一点一点地放进笼中,再用木制的腌菜疙瘩压紧,一层一层放置,放足后用高粱秆跟着瓮口大小截成段状,放在瓮口,上面再加一块"鹅卵石"压紧,将瓮置于阴凉处,逐日加清水,使瓮内菜叶发酵后渗出原汁即"红水"外溢。"立冬"前后,瓮内豆叶原汁溢尽,将菜取出,把烂了的菜叶去掉,好的菜用清水反复清洗几遍。再将洗净的菜用笊篱捞在筐里,用木板、大石头压紧,挤干水,放在缸内,一层一层地按住,加上鹅卵石,再将冷却后的清米汤或面汤倒入瓮中,把菜淹住,常加水,常添菜，放在 0~10℃ 的地方保存，存放起来，储存时间达半年至两年。据平定县的百姓说，吃豆叶菜，能清内热、助消化、健脾胃，对身体有好处。豆叶菜的吃法，可以当"臊子"吃，可炒、可调制后食用。豆叶菜小米酸饭是当地很有特色的吃法。

3. "龙筋"瓜干

在平定古州，"黄瓜干"制作历史最悠久、工艺最精巧、质量最上乘、产销量最大的是平定州城西冠山脚下的后沟与河头两个村庄。据后沟人传说，平定黄瓜干的制作工艺为后沟村刘、李两家祖先所创。在明朝洪武年间，刘、李两家的祖先由洪洞移民来到平定州，并选择后沟村作为长久定居地，因这块土地三面环山，山上树木茂密，河水四季长流，地域气候宜人，非常适宜开垦生存。他们在这块土地上辛勤耕耘、繁衍几十年，除开垦山坡地种植粮食作物外，还利用丰富的水资源打井发展菜园，种植黄瓜等蔬菜。当时冬季没有可吃的蔬菜，他们就把夏、秋两季的大田菜进行干制后备作冬季食用。经过多次尝试，最后成功制作出用煤火烤制的黄瓜干。

黄瓜干有"龙筋"之称，关于其由来，还有一个动人的传说。清康熙四十二年（1703），康熙西巡，驻柏井驿休憩，在食用此品后，对其称赞不已，此后黄瓜干就成了皇家贡品。到乾隆年间，有人专献此品于皇帝，乾隆皇帝又亲笔御批"龙筋"二字的龙票，以示"龙筋"黄瓜干的独特，其中还提到其专属种植地是平定州后沟、河头两村。从此，"龙筋"黄瓜干真正成为平定古州的一大名品，并进入美馔佳肴"宴席四干"的名列。1993 年，后沟村村民委员会注册了"龙筋"商标；2014 年 5 月，平定"黄瓜干制作技艺"被列入省级非物质文化遗产保护名录。

4. 大寨核桃露

山西大寨饮品有限公司成立于 2001 年，现已发展成为国内产品品质较好、业绩增长较快的饮料企业之一。其主打产品"大寨核桃露"已成为中国核桃饮料市场的知名品牌。大寨核桃露凭借野生核桃的天然品质和依托北大生命科学院的工艺配方，凭借高品质、高标准、高价值的战略，赢得了广大消费者的一致认可，在植物蛋白饮料市场里夺取了一席之地，先后获得中国绿色食品、中国保健食品、中国五星饮品、中国名优食品等认证。

5. 花椒

盂县花椒，是当地有名的特产，主要种植于盂县北部地区，已有一千多年的栽培历史。盂县花椒饮誉全晋，颇负盛名，主要品种有大红袍、小红袍、黄金椒等。盂县花椒的特点是皮细、籽小、粒大，色泽鲜艳，外红内黄，香味芬芳，人称"十里香"，耐储存，椒籽含油量高。全县现有花椒树 60 多万株，年产花椒 40 多万公斤。花椒晒干后，可存放三至五年，其香味不减，是一种理想的调味佳品；入药，有温中散寒，除湿、开胃、止痛等作用；夏季用纱布包成小包，放入衣柜或米缸中，可防虫蛀。盂县花椒除供应国内市场外，还远销国外。

第八章
晋商故里　人文晋中

---
*

　　黄河流域古老的农耕文化发源于此，远在仰韶文化时期，这里就从刀耕火种的原始农业进入了"耜耕"的栽培阶段；而晋中被世人所瞩目，是在明代伊始至民国初年，以平遥、太谷、祁县为代表的晋商，作为中国的金融前驱，称雄国内数百年，创造了亘古未有的世纪性繁荣，使晋商文化驰名华夏。

第一节　晋中概况

　　晋中市位于山西省中部，东依太行，西傍汾河，北与省会太原市毗邻。晋中是一座历史文化底蕴深厚、发展潜力巨大的年轻城市。作为中华文明的发祥地之一，商代后期其境内就有城邑出现，春秋时期开始设立县一级行政建制。1948 年设置榆次专区，1968 年起称晋中地区，1999 年设立地级晋中市。

　　截至 2019 年 12 月，晋中市下辖 2 个市辖区(榆次区、太谷区)、8 个县(祁县、平遥县、灵石县、寿阳县、昔阳县、和顺县、左权县、榆社县)，代管 1 个县级市(介休)。晋中市总面积 16391 平方千米；2019 年常住人口为 338.9 万人。

(一)地形地貌

　　晋中市位于太行山脉中段与太原盆地之间，山地、丘陵、平原皆备。地势东高西低，呈阶梯状分布。从东到西有太行山脉、沁潞高原、太岳山脉、太原盆地相间排列，成为地形基本格局。全市地形以山地、丘陵为主。各地高低相差较大。东部太行山和东南部太岳山所处山地区海拔在 1000~2500 米之间，最高处灵石县境内的太岳山脉主峰牛角鞍，海拔为 2567 米；中部丘陵区海拔在 800~1200 米之间；西部汾河谷地所在平原区海拔多在 800 米以下，灵石县石桥村附近汾河出境处河滩，海拔仅 574 米，是全市最低处。

（二）气候环境

晋中市地处中纬度内陆黄土高原，属暖温带大陆性半干旱季风气候区。这种气候的基本特征为：一年四季分明，春季干燥多风，夏季炎热多雨，秋季天晴气爽，冬季寒冷少雪，春、秋短促，冬、夏较长。由于受地形影响，这里气候带的垂直分布和东西差异比较明显：总体上热量从东向西递增，即西部平川高于东部山区；降水则自东向西递减，即东部山区多于西部平川。降水主要集中在夏季，形成雨热同季的气候。按照气候的 6 个类型，作物品种的 6 个熟期以及生产特点，全市可分为 6 个气候区。①

（三）河流水文

晋中市河流分属黄河流域和海河流域。属黄河流域的河流主要有潇河、象峪河、乌马河、昌源河、惠济河、柳根河、瀺涧河、龙凤河、静升河、仁义河、段纯河、交口河等，大多发源于东部太行山、太岳山，流向由东向西，都注入汾河。属海河流域的河流主要有清漳河、浊漳河和松溪河。清漳河、浊漳河注入南运河，松溪河注入子牙河。汾河为流经境内第一大河，由北向南经太原盆地中部，在祁县城赵镇夏家堡村进入晋中境内，经平遥县、介休市，于灵石县南关镇石桥村出境入临汾市霍州。境内河流全长 128千米，流域面积 9116 平方千米。

（四）旅游资源

晋中旅游资源较为丰富，境内自然和人文景观星罗棋布，可开发的旅游景点约占山西省旅游景点的十分之一，已形成世界文化遗产平遥古城、晋商民俗文化旅游区等一批全省旅游精品。

（五）晋中名片

（1）晋中是晋商故里，曾经创造过举世瞩目的经济奇迹。17 世纪初到 19 世纪中叶，晋中商人的商号店铺遍设全国通都大邑，并远涉日本、西亚和俄蒙，一时间"晋商"与"徽商"并驾齐驱。1824 年，在这里诞生了中国历史上第一家金融机构"日升昌"票号，以此为代表的山西票号"汇通天下"，"执全国金融之牛耳"。

（2）晋中人杰地灵、名家辈出。晋中著名历史人物中，政治家有春秋祁奚、东汉王允、北宋文彦博、清代祁隽藻，文学家有唐代王维、温庭筠，实业家有晋商巨子乔致庸、渠本翘，票号创始人雷履泰。当代名人中，有法学家张友渔、历史学家侯外庐、画家李琦、歌唱家郭兰英、歌唱家阎维文及乒乓球世界冠军王涛。

---

① 《气候特征》，晋中市人民政府官网（http：//www.sxjz.gov.cn/），2020 年 1 月 12 日。

（3）资源优势显著，农业基础优越。晋中市境内矿产资源极为丰富，具有开采价值的煤、铁、铝土、硫黄、石膏、陶瓷土等 20 余种，占全省探明储量矿种的 1/4，其中煤炭储量大、煤种全、品质优，是全国十大煤炭基地之一。这为发展能源、原材料工业提供了得天独厚的条件。晋中产业基础的综合经济优势明显，农业产业化居全省领先位置，是全省粮食、蔬菜、畜产品、干鲜果的主要产区之一，蔬菜和畜禽产品综合产量连续多年位居全山西省第一，其农业科技含量较高，农业综合生产能力较强，优势突出。

第二节　晋中重点旅游名胜与特色旅游资源

晋中旅游资源十分丰富，境内自然和人文景观星罗棋布，可开发的旅游景点约占全山西省旅游景点的 1/10，已形成世界文化遗产平遥古城、晋商民俗文化旅游区等一批全省的旅游拳头产品和旅游精品，旅游资源优势日益显现。此外，通过加强旅游基础设施建设、优化旅游要素配置，晋中市旅游品牌的市场竞争力进一步加强。

一、重点旅游名胜

晋中市有国家级重点文物保护单位 7 处，省级文物保护单位 48 处，县（区、市）级文物保护单位 632 处。境内现有平遥、祁县两座国家历史文化名城，左权龙泉、寿阳方山、榆次乌金山三处国家森林公园。平遥古城 1997 年被联合国教科文组织列入《世界遗产名录》。以晋商文化为主要特色的"两城（平遥古城、榆次老城）、两寺（双林寺、资寿寺）、四山（介休绵山、榆次乌金山、灵石石膏山、寿阳方山）、五院（曹家大院、乔家大院、渠家大院、王家大院、常家庄园）"等景点是山西省旅游热线之一。

（一）平遥古城

平遥古城位于山西省中部平遥县内，始建于西周宣王时期（前 827—前 782）。平遥古城被称为"保存最为完好的四大古城"之一，也是中国仅有的以整座古城申报世界文化遗产获得成功的两座古城之一。平遥古城是中国汉民族城市在明清时期的杰出范例，在中国历史的发展中，为人们展示了一幅非同寻常的汉族文化、社会、经济及宗教发展的完整画卷。

平遥旧称古陶，明朝初年，为防御外族南扰，始建城墙，洪武三年（1370）在旧墙垣基础上重筑扩修，并全面包砖。以后景泰、正德、嘉靖、隆庆和万历各代进行过十次的补修和修茸，更新城楼，增设敌台。康熙四十三年（1704）因皇帝西巡路经平遥，而筑了四面大城楼，使城池更加壮观。平遥城墙总周长 6163 米，墙高约 12 米，把面积约 2.25 平方千米的平遥县城一隔为两个风格迥异的世界。城墙以内街道、铺面、市楼保留明清形制，城墙以外称新城。这是一座古代与现代建筑各成一体、交相辉映，令人遐思不已的佳地。2009 年，平遥古城被世界纪录协会评为中国现存最完整的古代县城。2015 年 7 月 13 日，平遥古城成为国家 5A 级旅游景点。

(二)绵山

山西介休绵山风景名胜区，是国家 5A 级旅游景区，山西省重点风景名胜区，中国清明节(寒食节)发源地，中国寒食清明文化研究中心，中国寒食清明文化博物馆。绵山是太岳山的一条支脉，又名介山，由春秋时介子推而得名。绵山风景名胜区跨介休、灵石、沁源三市县地界，最高海拔 2560 米。

绵山风景名胜区的仿古建筑群风格多样，成为景区中最靓丽的风景线，其中宗教建筑有殿庙、宫观，园林建筑有亭、台、楼、阁、轩、廊、榭、牌楼，古留遗迹建筑有古营门、城池、营寨等。主要景点有龙头寺、抱腹寺、空王殿、千佛殿、介推祠、石佛殿等。

(三)乔家大院

乔家大院位于山西省祁县乔家堡村。它又名在中堂，曾为国家 5A 级旅游景区，国家级文物保护单位，是一座具有北方汉族传统民居建筑风格的古宅(图 8-1)。

图 8-1　乔家大院

乔家大院始建于 1756 年，屋主曾是被称为"亮财主"的清朝末年著名晋商乔致庸。全院占地面积 10642 平方米，呈双"喜"字造型，共有 6 座大院、20 进小院、313 间房屋。1985 年，祁县人民政府利用乔家大院馆址设立了祁县民俗博物馆，翌年对外开放。

乔家大院以建筑格局的精巧、民俗文化的传承、晋商精神的魅力，凸显大院特色，

《大红灯笼高高挂》《昌晋源票号》《赵四小姐与张学良》《乔家大院》《亮剑》《诚忠堂》等40多部影视剧曾在此拍摄。乔家大院为国家级重点文物保护单位、国家二级博物馆，曾被评为国家优秀文博单位、山西省十佳旅游景点、山西十大文化品牌等。

（四）王家大院

王家大院是清代民居建筑的集大成者，由历史上灵石县四大家族之一的太原王氏后裔——静升王家于清康熙、雍正、乾隆、嘉庆年间先后建成。王家大院被人们称誉为"天上取样人间造，雕艺精湛世上绝"，以其规模宏大、气势壮观、装饰精微、构思巧妙，散发出华夏民族传统文化的气质神韵，现以"中国民居艺术馆"对海内外游客开放（图8-2）。

图8-2　王家大院大门

图8-3　王家大院红门堡建筑群

王家大院的建筑格局，继承了中国西周时形成的前堂后寝的庭院风格，既提供了对外交往的足够空间，又满足了内在私密氛围的要求，做到了尊卑贵贱有等、上下长幼有序、内外男女有别，且起居功能一应俱全，充分体现了官宦门第的威严和宗法礼制的规整。

王家大院的红门堡建筑群(图 8-3)，是堡，又似城，依山而建。从低到高分四层院落排列，左右对称，中间一条主干道，形成一个很规整的"王"字造型，同时隐含"龙"的造型。堡内 88 座院落各具特色，无一雷同。王家大院的建筑凝结着自然质朴、清新典雅、明丽简洁的乡土气息，有着"贵精而不贵丽"的建筑特征。

(五)张壁古堡

张壁古堡，国家 4A 级景区，第六批全国重点文物保护单位之一，是中国现有较为完好的一座融军事、居住、生产、星象、宗教活动为一体，罕见的古代袖珍城堡。它集中了夏商古文化遗址、北朝地道、金代墓葬、元代戏台、明清民居等许多文物古迹，特别是北朝地道、可汗庙、琉璃碑等为全国罕见。张壁古堡整个村子遵循中国古代传统星象和堪舆理念建造，地面布局与天上的二十八星宿相对应，因此，张壁古堡还被称为"中国星象第一村"。

张壁古堡先后荣膺"中国十大魅力名镇""中国历史文化名村""国家级重点文物保护单位""全国旅游特色景观名镇名村""传统古村落""山西十大新锐景区"等桂冠。

张壁古堡是个袖珍小城，面积只有 0.12 平方千米，却有着丰富多元的文化遗存。从十六国时期始，古堡大致经历了坞壁、军镇和设防性村落等几个阶段，在长达 1600 多年的历史长河中，逐渐形成了"地上明堡、地下暗道"的独特军事防御体系、儒释道相辅相融的宗教文化、神奇的星象堪舆文化、灿烂的农耕民俗文化等。

| 小资料 | 张壁古堡的奇与特 |

● 袖珍城堡

坞壁组织是一个时代的产物，它是在特殊历史大背景下出现的一种地方豪强和民众防御体系。这种体系集中出现在十六国时期，在当时的河南、河北、山西分布尤多，多数专家推定张壁古堡就是那时建立的坞壁之一，是功能单一的军事堡垒。

张壁古堡顺塬势建造，南高北低。北面，有三条深沟向下延伸；南面，有三条向外的通道；西面为窑湾沟，峭壁陡坡，深达数十丈；东面则有沟堑阻隔，可谓"易守难攻，退进有路"。古堡建有南北两座堡门，北堡门为砖砌，南堡门为石砌，古朴的民居，几座琉璃覆顶、金碧辉煌的庙宇点缀其中。抱柳的古槐和罕见的琉璃碑也为古堡增色不少。古堡的与众不同，还在于这里的所有路口都是丁字，没有十字。其主次街道分明，主街与东边三巷、西面四巷构成了"丁"字形的结构。东三巷民居多为农家小院，西四巷建筑错落有致，街巷格局严整，过去多为富户居住，门楣考究，砖、木、石雕精美。

此外，张壁古堡还保留着隋唐时期盛行的传统里坊格局，沿村中的红顺街两侧，依地形走势，在主街与几条小巷的丁字巷口，游人仍可看到保存至今的巷门，它们是各个"里坊"唯一的出口。关闭巷门后，各个里坊就成为相对封闭的堡中之堡，里坊之间既可各自为政，又可相互呼应，是一套完好的内部防御体系。

- 星象奇村

天上奎星，人间张壁。张壁古堡外形轮廓与天上的奎星酷似，暗喻古堡曾为军防重地的显赫历史。堡内营建遵循中国古代星象和堪舆的基本原则，地面建筑和地道中，现存与二十八星宿相对应的标志物如水井、戏台、七星槐、天眼、将军窑等30余处，堡间至今还保留着正月二十八"祭星"的习俗。

- 民俗古堡

被称为"秧歌窝子"的古堡，小小村落竟有三座戏台。可罕庙戏台专门用来表演介休特有的地方小剧种——干调秧歌。干调秧歌演出不用伴奏，但凭自身嗓音，风格豪放，作戏细腻，又多即兴表演，形式活泼，充满乡土气息，为当地百姓所喜闻乐见。

张壁所处的黄土高原丘陵地带，常年干旱少雨，历史上一直有祈雨的习俗。"空王佛，下大雨，下了大雨救万民……"祈雨歌流传至今，雕梁画栋的祈雨楼，不知多少次见证了那些悲怆而虔诚的场景。

- 影视古堡

2013年张壁古堡旅游景区成为北京电影学院教学实践创作基地。张壁古堡古老的建筑、街巷、院落等吸引了一大批影视剧组在景区取景拍摄。截至目前，在张壁古堡景区取景拍摄的影视剧有《豆娘》《红军东征》《杀虎口》《1942》《刀客家族的女人》《于成龙》《尖刀班》《平遥人》等20余部。

资料来源：百度百科"张壁古堡"，https://baike.baidu.com/item/%E5%BC%A0%E5%A3%81%E5%8F%A4%E5%A0%A1/170902，访问日期为2021年4月15日。

（六）昔阳县大寨村

大寨村是山西省昔阳县的一个小山村。大寨村的自然条件十分恶劣，是个穷山村，中华人民共和国成立后，在陈永贵、郭凤莲的领导下，大寨人决心组织起来改变山村落后的面貌。从 1953 年开始，治山治水，在"七沟八梁一面坡"上用了十年的工夫，修成了亩产千斤的高产、稳产海绵田。可是，1963 年，大寨遭受了一场毁灭性的洪涝灾害，山流、地冲、房倒、窑塌，群众生活十分困难，十年心血付之东流。在陈永贵同志的带领下，大寨人又掀起了自力更生、艰苦奋斗，重建家园的热潮。2016 年 12 月，大寨村被住房城乡建设部等部门列入第四批中国传统村落名录。2019 年 7 月 28 日，大寨村入选第一批全国乡村旅游重点村名单。2019 年 12 月 25 日，国家林业和草原局评价认定大寨镇大寨村为国家森林乡村。

(七)麻田八路军总部纪念馆

麻田八路军总部纪念馆坐落在距山西省晋中市左权县城南 45 千米麻田镇上麻田村西南部。主要景点为八路军总部旧址，坐北朝南，一进四合式院落，砖木结构瓦房 30 余间(北楼 5 间)。纪念馆总占地面积 9.6 万平方米，展陈面积 6500 平方米，素有太行山上"小江南"之称和"小延安"的美誉。1980 年成立并正式对外开放。

抗日战争时期这里是华北政治、军事、经济、文化中心。八路军总部、中共中央北方局等党、政、军首脑机关曾在此驻扎。彭德怀、刘伯承、邓小平、左权、杨尚昆、罗瑞卿等老一辈无产阶级革命家曾在此战斗、生活达五年之久，他们在此书写了争取民族独立和人民解放的华丽篇章。这里保存着许多珍贵的抗战时期建筑和革命文物，是中国重要的革命纪念地之一。

此纪念馆是山西省红色旅游景点中展陈面积最大、文物实物最多、内容最全面、展示手段最先进的专题纪念馆，年接待游客近百万人次。

二、特色旅游资源

(一)国家级非物质文化遗产

晋中市历史悠久，文化厚重，有着非常璀璨的非物质文化资源。截至 2019 年，晋中市共有国家级非物质文化遗产项目 16 项，分别为和顺牛郎织女传说、傩舞·寿阳爱社、左权小花戏、祁太秧歌、晋中晋剧、祁县心意拳、太谷形意拳、平遥纱阁戏人、平遥推光漆器髹饰技艺、冠云平遥牛肉传统加工技艺、太谷龟龄集传统制作技艺、平遥道虎壁王氏中医妇科、太谷定坤丹制作技艺、太谷安宫牛黄丸制作技艺、介休寒食清明习俗、民间社火·榆次南庄无根架火。

1. 左权小花戏

左权小花戏是产生于山西省左权县，流布于左权县及其附近的榆社、和顺部分地区的一种汉族歌舞小戏。其风格为：一步三颠膝要颤，上下起伏似波澜；轻盈灵巧扭摆甩，拧身转体臂划圆；欢抖彩扇如蝶舞，神韵要随意境迁。

左权小花戏即"文社火"，当起源于明初或宋、元间，形成于清代，在清末盛行于辽县境内。抗战时期，"文社火"的称谓逐步由"小花戏"取代，辽县易名左权县后，"小花戏"称为"左权小花戏"，左权县也因此被评为"全国民间艺术之乡"。

2014年11月11日，"左权小花戏"成功申报为第四批国家级非物质文化遗产。

2. 平遥推光漆器髹饰技艺

平遥推光漆器髹饰技艺是山西省平遥县地方传统手工技艺，2006年5月经国务院批准列入第一批国家级非物质文化遗产名录。

推光漆器是一种工艺性质的高级大漆器具，是我国四大名漆器之一（另外三种是北京的金漆、福建的脱胎漆器、扬州的点螺漆器），以手掌推光和描金技艺著称（图8-4）。以此种技艺制作的漆器远在唐代开元年间已闻名遐迩，明清两代由于晋商的崛起，更是有了长足的进步。其外观古朴雅致、闪光发亮，绘饰金碧辉煌，手感细腻滑润，环保无毒抗虫蛀，耐热防潮，经久耐用，诚为漆器中之精品。

平遥推光漆器产品销往30多个国家，有些精品为人民大会堂和中国美术馆所珍藏。

图 8-4　平遥推光漆器

3. 冠云平遥牛肉传统加工技艺

吃冠云牛肉，赏平遥古城。风味独特、久负盛名的平遥牛肉早在明清时代就已远销亚洲各国。史载清末，慈禧太后途经平遥，享用平遥牛肉后，闻其香而提其神，品其味而解其困，故将其定为皇宫贡品。平遥牛肉鲜嫩酥烂、瘦而不柴，通常切成薄片来吃，入口即化。中华人民共和国成立后，1956 年在全国食品名产展览会上，平遥牛肉被评为"全国名产"，随着著名歌唱家郭兰英的一曲《夸土产》，更是驰名华夏，香飘海内外。

4. 和顺牛郎织女传说

牛郎织女的故事在我国广为流传，山东沂源、河南南阳、河北邢台、陕西西安、山西和顺等争做故事起源地。经过专家学者的反复论证，2006 年中国民间文艺家协会命名山西省和顺县为"中国牛郎织女文化之乡"，山西省政府也将和顺县的牛郎织女传说列入全省第一批非物质文化遗产名录。"牛郎织女"的爱情故事就源于和顺县境内南天池、牛郎峪村一带。素有太行屋脊之称的和顺县，地域辽阔，风光秀丽，东部山区松烟镇境内以天河梁为中心，方圆 20 千米的版图上，牛郎峪、沐浴池、喜鹊山、相思背、磨子峪、南天门、天马池等一系列与"牛郎织女"相对应的地名和当地老百姓的口口相传，印证着"牛郎织女"美丽的爱情故事。

5. 民间社火·榆次南庄无根架火

民间社火是晋中元宵节活动的主要项目。社火种类繁多，内容丰富，形式多样，有高跷、旱船、腰鼓、秧歌等。榆社的霸王鞭，左权的小花戏，和顺的丰台秧歌，昔阳的拉话，寿阳的爱社，平遥、榆社的铁棍，太谷的绞活龙，祁县的扑蝴蝶、钻钱眼，平遥的方言快板，介休的踩街秧歌，灵石的十八罗汉等，都各具地方色彩。

南庄架火是山西省榆次南庄地区特有的传统手工技艺。它始于明朝，距今已有 600 多年的历史。明清时期晋商繁荣，江苏吕氏兄弟迁入南庄，把南方的刺绣、彩绘和园林技艺带到了已存在的南庄传统社火中。南庄架火之所以称作"无根"，是因为其架火中无通天柱加以固定，而只以四条绳索拉紧四角，从底端一层层往上顶架，最后将绳拴牢。南庄无根架火主体框架采用高粱秆，外部造型以纸为原料，经剪、刻、雕、画等工艺制作而成，架火上各式各样的纸花非常漂亮。南庄无根架火以其造型别致、风格独特、工艺精湛、绚丽多彩而载入史册，成为山西省古老的民间文化艺术瑰宝。

(二)晋中名人

1. 介子推

介子推(？—前 636)，本名推，后世又称介之推、介推，春秋时晋文公重耳侍臣。晋献公在位，听信谗言，猜忌诸子。太子申生自杀，公子重耳出逃。介子推为其从臣之一，随重耳流亡于外，危困饥饿之际，皆采薇而食，"公子不能咽，推割股以进"，即"割股啖君"，足见其忠。历尽千辛万苦，随公子重耳流亡长达十九年。

另据史书记载，介子推隐居绵上。晋文公亲率随从去见，屡屡躲避，遂下令放火逼其出山。介子推母子俩抱着一棵大树被活活烧死。晋文公为悼念介子推，令人于清明节前二日不得烧火做饭，进行冷餐。"寒食节"风俗自此而始，流传全国；并将被烧的树干做成木屐，常对之感叹，"悲乎足下"，"足下"之称由此而来。

2. 廉颇

廉颇（前327—前243），战国末期赵国名将。据新考证，一说出生地为平遥县廉村。另据旧方志记载，榆社县廉村有廉颇墓。周赧王三十二年（前283），率军攻齐，取昔阳（今河北晋州西北），因功封为上卿。曾自居功大，不服蔺相如位居其上，后感其顾全大局，负荆请罪，结成生死之交，合力抗秦。周赧王三十九年（前276）十二月，攻取魏之幾（今大名东南），次年，又攻魏之防陵（今河南安阳西南）、安阳（今安阳西南）。周赧王五十四年（前261），率军驻长平（今山西高平西北）抗秦，虽初战失利，但很快摸清秦军弱点，转而采取坚壁避战的方针，欲拖垮远道而来的秦军。次年，赵王中秦离间计而以赵括取代为将，赵军随即因错误的作战指导而惨败。赵孝成王十五年（前251），受封尉文之地，号信平君，摄行相国职。同年，率军八万大败四十万燕军于鄗（今河北高邑东南），杀其将栗腹，遂与赵将乐乘进围燕都，逼其割五城求和，后又助魏攻燕。赵王困于秦之攻伐，欲复用廉颇，然其使者受权臣郭开贿赂而毁之。廉颇终不被赵复用。后又至楚为将，郁郁不得志，卒于寿春（今安徽寿县）。

3. 王维

王维（？—761），字摩诘，祖籍祁县。唐代著名田园派诗人、文人派画家、音乐家。王维作为一个诗人，以优秀诗篇为盛唐诗坛大增光辉。其遗存的400多首作品中，可依其经历和思想发展分为两个时期：前期诗歌富于进取精神，讽刺贵戚宦官，谴责纨绔子弟，反映边塞生活，抒写游侠意气，情调慷慨激昂，充满浪漫主义豪情；后期诗歌，因仕途险恶、崇奉佛教，而以描写田园山水景物、表达闲情逸致、宣扬隐士生活和佛教禅理为主。所画山水田园诗，数量多，艺术成就高，最能代表其艺术风格。除诗外，还兼通乐理，精绘画，自称"宿世谬词客，前身应画师"。所画泼墨山水松石，"山谷郁盘，云水飞动，意出尘外，怪生笔端"；所画平远之景，"云势石色，绘工以为天机所到，学者不及也"（《唐朝名画录》）。他认为画技与作诗同，"意在笔先"，重在创造意境，以萧疏清淡为特色。时画坛盛行李思训父子的古典画派，追求典丽的画院气息，王维则师法吴道子又加以变化，以水墨画对抗之。后世董源、米芾、倪瓒、黄公望、董其昌等大师皆其画风继承人。董其昌更奉王维为"文人画南宗之祖"。宋代苏轼评说："味摩诘之诗，诗中有画；观摩诘之画，画中有诗。"著述有《辋川集》《王右丞集》《王摩诘文集》等传世。

4. 白居易

白居易(772—846)，字乐天，晚年自号香山居士。祖籍太原阳邑(今晋中太谷区)，白建之后裔。白居易的思想杂糅儒、道、释。四十二岁贬江州前，以儒家为主导，积极入世，有"兼善天下"之志；此后，以道、释为主导，"知足""信命"，求适意，"独善其身"成为其生活信条。后半生做官信奉两条原则：不做京官(不介入朝廷党争)；无为而治(半官半隐)。最终皈依佛门。其前半生的文学主张很著名。《与元九书》云："文章合为时而著，歌诗合为事而作。"《寄唐生》诗云："唯歌生民病，愿得天子知。"另外，也主张文学要吟咏性情，愉悦心意。第一次编《白氏长庆集》时，他把自己的作品分为四类：讽喻诗(如《新乐府》《秦中吟》等)、闲适诗、感伤诗(如《长恨歌》《琵琶行》等)、杂律诗。前三类皆古体，近体皆入第四类。

5. 阎维文

阎维文(1957—　)，出生于山西省平遥县，毕业于中国音乐学院，中国男高音歌唱家，中国人民解放军总政歌舞团一级演员，正军级待遇。为中国共产党第十五次代表大会代表，第十届全国人大代表。

1984 年参加第一届青年电视歌手大奖赛，同年推出歌曲《小白杨》。1988 年参加第三届青年电视歌手大奖赛，获得专业组民族唱法一等奖。1990 年获得"全国影视十佳歌手"荣誉。2004 年发行的民歌系列首张专辑《西域情歌》获得第二届"中国唱片金碟奖"。2009 年推出《祖国在我心中》系列专辑。2016 年参加中央电视台春节联欢晚会，演唱歌曲《过雪山草地》，同年 6 月获得"优秀共产党员"称号。

(三)风味名吃

1. 苦荞面凉粉

苦荞面凉粉是晋中东部山区各县的夏季名食。制法是将苦荞面和水按 1∶5 的比例拌成稀汤后放入锅中边煮边搅，直至发精发亮即熟。然后再倒入盆内凉冷并切成块状或条状，加上香油、醋、酱油、蒜泥、芝麻、芥辣等配成的调料，即可食用。其特点是酸、甜、苦、辣、香五味俱全，同时还有打凉去火、降血压、降血脂、降血糖以及清胃健脾等食疗功能。

2. 左权浆水汤抿尖

这是左权县传统名吃，是一种面食，制法是先将豆腐、山药切成细条、细丝，经拌有花椒、葱丝、姜丝、辣椒的油锅小炒后，再倒入沤制酸菜的浆水煮沸，做成浆水汤；

然后用豆面、白面的混合面或是其他杂面做成抿尖(也称抿圪蚪),呈小节扭曲状。食用时面少汤多,因而是清汤利水,酸辣可口,并易消化。

3. 和顺酸菜掺面粥

这是和顺县风味小吃。制法是把莜面掺入半熟的小米稀粥内,煮熟成糊状,然后浇上腌制的芥菜酸菜。其特点是精软清香,酸辣可口,深受老年人喜欢。

4. 大把拉面

这是晋中传统名吃。制作方法是先用水将白面拌成块垒状,然后用碱水逐次翻揉成较软的大面团,待稍醒后,切出3斤、5斤甚至10斤重的一块,先颤后拉,来回打折,直至细如粉丝之后才下锅煮熟,浇上各种菜肴或臊子即可食用。著名民歌艺人郭兰英在《夸土产》中就有"榆次、太谷、祁县城,拉面、削面香喷喷"的赞词。

5. 云竹干面饼

这是榆社县传统食品。制作方法是先将白面加少量盐、碱用开水泼起揉匀,在分剂擀皮时再把用香油和白面炒制的擦酥卷入中间,重新擀成圆饼灼烤即成。特点是酥而绵软,清香可口。如从饼子边缘划开口子,可见中间层次,将熟牛肉塞入中间,叫牛肉塞饼子。

6. 寿阳豆腐干

这是寿阳县特产,以本县优质大豆为原料,用卤水配上各种佐料点制成后,再用白糖熬成焦饴上色。其特点是口感细腻、味感清香,并且是高蛋白、低脂肪、高维生素、低胆固醇的健康食品。1993年,寿阳豆腐干荣获山西省首届农产品博览会银奖。1997年全国第三届农业博览会上,"寿波香干王"牌豆腐干被评为消费者最喜爱的产品;1998年,又在北京中国国际食品博览会上获联合国粮农组织颁发的"国际名优产品"奖。

7. 寿阳油柿子

寿阳油柿子是明代以来寿阳县传统名食,是一种油炸面食,也是山西特产之一,因色泽焦黄而又形似柿子而得名。制作方法是用上等白面、酵面、糖饴、碱面兑入温水搅拌揉匀后,再分剂捏成柿形,或中间摁洞,或中间穿孔,然后放入胡麻、菜籽油中慢火炸成焦黄色后便可捞出包装销售。其特点是外面酥脆,里面软嫩,甘甜可口,油而不腻。1959年油柿子在全国科普会展出,被定为重点推广食品。

8. 块垒

虽然晋中各县都食用块垒,但以灵石块垒最为独特。其种类有菜块垒、肉块垒及米块垒、面块垒之分。其中，菜块垒又有槐花、榆钱钱、扫帚帚、苜蓿和山药蛋、茴子白、红白萝卜、豆角、白菜、酸菜块垒等。制法是将所拌蔬菜用刀剁碎或擦成丝状，或者是将肉切成肉丁，加鸡蛋、粉面过油之后，再加适量的水和佐料搅拌均匀，上笼蒸熟即可食，如加葱蒜用油炒后，味道更佳。其特点是面菜连体，松软芳香，味道多变，老少皆宜。清光绪二十六年(1900)，慈禧与光绪逃往西安路经灵石，在两渡镇官宦何府吃块垒与和子饭，胃口大开，临行时叮嘱李莲英记住用料和制作方法。

9. 灌馅糖

这是介休市的传统食品，明末清初已畅销国内市场，是山西十大名产之一。制作时间是从立冬开始，到第二年元宵节为止。制作方法是先将大麦、黄米熬成的糖稀拉成蜂窝状，再将绵白糖、核桃仁、蜂蜜、桂花、青红丝制作的糖馅包入，最后用芝麻裹住表皮，并切成 1.5 寸的小节，即可进行包装出售。其特点是香酥甜脆，营养丰富，具有润肺化痰、健脑补肾、养血催乳等功效。

第九章
太行经典　长治久安

———————————✷———————————

八百里太行巍峨壮美、气势磅礴，孕育了伟大的太行精神。从板山、黄崖山、广志山、四方山、仙堂山、百谷山，到天脊山、紫团山、天台山、老爷山、羊头山、发鸠山，一座座秀美挺拔的大山，犹如一串串珍珠镶嵌在太行山巅，成为八百里太行最壮美的风景。从神龙峡、通天峡到红豆峡、八泉峡，一道道深不可测的峡谷，伴着一条条河流九曲盘旋，奔涌直下，构成了太行山刀削斧劈、气势恢宏的山水画卷。从曹操、李隆基到苏东坡、王安石等一批批政治大家、文人墨客，在寄情山水的同时，也赋予了长治市更多的文化色彩和文化遗存，使"上党从来天下脊""太行天下脊，黄河出昆仑""太行深似海，波涛壮天地。山峡十九转，奇峰当面立"等一首首吟诵太行的诗句成为对长治市人间美景的精彩描述和生动诠释。这就是长治，一个承载着美丽山水、浓缩了太行美景、积淀着深厚文化的古老城市，堪称太行山上最美的现代都市。

第一节　长治概况

长治，古称上党、潞州、潞安府等。"长治"原为潞安府府治所在县名，得名于明嘉靖八年，取长治久安之意。

长治地处晋东南，晋冀豫三省交界处，全境位于由太行山、太岳山环绕而成的上党盆地中。其平均海拔 1000 米，处太行山之巅，有"与天为党"之说，故史称"上党"，宋代大文豪苏东坡曾在这里留下"上党从来天下脊"的美丽诗句。长治市的经纬度位置为北纬 35°49′~37°07′，东经 111°59′~113°44′，东倚太行山，与河北、河南两省为邻，西屏太岳山，与临汾市接壤，南部与晋城市毗邻，北部与晋中市交界。其东西长 150 千米，南北宽 140 千米，总面积为 13955 平方千米，占全山西省总面积的 8.9%。2018 年 11 月行政区划调整后，其市辖区面积为 2631.3 平方千米。

2018 年，围绕省域副中心城市建设，长治市完成"1+3"行政区划调整，形成 4 个市辖区发展格局。11月23日，长治市实施行政区划调整，撤销长治市城区、郊区，合并设立长治市潞州区，以原城区和郊区行政区域为潞州区行政区域；撤销长治县，设立长治市上党区，以原长治县行政区域为上党区行政区域；撤销潞城市，设立长治市潞城区，以原潞城市行政区域为潞城区行政区域；撤销屯留县，设立长治市屯留区，以原屯留县行政区域为屯留区行政区域。行政区划调整后，长治市下辖4区、8县，1个国家级开发区。

(一)华夏文明重要发祥地

长治是华夏文明的发祥地之一。据考古发现，早在一万年前，就有人类在此地繁衍生息。中华民族始祖炎帝神农氏就是在这里尝百草、得五谷、教化于民，实现了人类从游牧到定居、从渔猎到农耕的伟大转折，揭开了华夏农业文明的序幕。周显王二十一年(前348)韩在此首置上党郡，秦王政二十六年(前221)秦一统六国分天下为三十六郡，上党郡为其一，市区内留存有古上党郡署大门上党门和国内现存规模最大、中轴线长408米的城隍庙——潞安府城隍庙。

(二)神话之乡

长治是中国神话的故乡。精卫填海、女娲补天、羿射九日等众多史前神话传说，都于此发端。

(三)红色之地

抗日战争时期，八路军总部和中共中央北方局长期驻扎和战斗在这里。解放战争时期，这里又是闻名中外的"上党战役"之主战场。邓小平、刘少奇、朱德、彭德怀、刘伯承等老一辈无产阶级革命家都在这里留下了光辉足迹。这里，八路军纪念馆、王家峪八路军总部、"百团大战"砖壁指挥部和黄崖洞革命纪念地沿线被国家确定为30条红色旅游精品线路之一。

(四)丰富的自然资源

长治自然资源得天独厚。现已探明的矿藏有煤、铁、硅、大理石等40余种，具有开采价值的有20多种。其中煤炭资源最为丰富，探明储量274亿吨。全市水资源储量22.9亿立方米，是华北地区相对富水区。农林资源丰富，全市森林覆盖率达到26.8%，有四处国家级森林公园。

(五)"黄金人居带"的优越气候条件

长治市地处被誉为"黄金人居带"的北纬36度至37度之间，属典型的暖温带半湿润大陆性季风气候。长治冬无严寒、夏无酷暑，被誉为"北方的南方，南方的北方"和"夏季的无扇之城"。

第二节 长治重点旅游名胜与特色旅游资源

一、重点旅游名胜

(一)太行山大峡谷

太行山大峡谷地处晋豫两省交界处，位于长治市东南部，南太行的东麓，占地面积225平方千米，林草覆盖率74.9%。

主峡东西全长35千米，其西端距壶关县城30千米。景区经过多年来的开发建设，逐渐形成了由五指峡、王莽峡、龙泉峡三大峡谷为主线串联的400多处景观。主要景点有八泉峡、红豆峡、青龙峡、黑龙潭和紫团山等。景区内有享誉全国的紫团参、红豆杉等300余种珍稀植物，以及金钱豹、黑鹳、金雕等130多种国家保护动物，构成了以雄、奇、险、秀为特色的太行山大峡谷自然风光。

太行山大峡谷是国家5A级景区、国家地质公园、国家森林公园，入选"中国最美峡谷"。

(二)八路军太行纪念馆

八路军太行纪念馆位于武乡县城，1988年开馆，由邓小平同志亲笔题写馆名，2005年改陈扩建(图9-1)。它是全国唯一一座反映八路军抗战历史的大型综合纪念馆，是全国爱国主义教育示范基地、全国红色旅游经典景区、国家一级博物馆、全国党风廉政教育基地。

太行精神是在国家和民族处于危亡的关键时刻，中国共产党领导太行儿女展现的不怕牺牲、不畏艰险的革命英雄主义精神，是在极其艰苦的条件下展现的百折不挠、艰苦奋斗的精神，是为民族解放展现的万众一心、敢于胜利的精神，是为人民利益展现的英勇奋斗、无私奉献的精神。太行精神是在国家和民族处于危亡的关键时刻，在抗日战争的烽火硝烟中，用鲜血和生命铸就的民族之魂。

图 9-1 八路军太行纪念馆

(三)黎城黄崖洞革命纪念地

黄崖洞革命纪念地位于黎城北部 45 千米东崖底镇上赤峪村西黄崖山,面积 50 多平方千米,海拔在 1500 米至 2000 米之间。这里山势嵯峨、群峰突兀,一泓洞水、破崖而出,构成一条迂回曲折、峭壁对峙、沟壑纵横的带状深谷。因居中的悬崖上有个距谷地约 30 米、可容百人的天然大石洞,故名黄崖洞。黄崖洞曾作八路军兵工厂的仓储之用。

图 9-2 黄崖洞保卫战殉国烈士纪念塔

洞因厂而名，厂因洞而存。60多年前，这里曾上演了一幕幕杀敌制胜、烽烟四起的活剧，其中最为著名的战役便是黄崖洞保卫战。黄崖洞保卫战是我国近代抗日战争中以少胜多的著名战役之一，当时负责保卫黄崖洞的八路军总部特务团被授予"黄崖洞保卫战英雄团"光荣称号。"黄崖洞下有黄崖，桃花寨上无桃花。英雄魂魄千古在，战鼓催开胜利花……"这首当地周边传唱的山歌，就在诉说这段历史。

1942年9月，为纪念在保卫战中牺牲的革命烈士，在水窑山中修建了一座烈士公墓并建起一座7米高的纪念碑，碑文上刻着43位烈士的英名和原八路军总部特务团团长欧致富撰写的碑文。1971年又修建了"黄崖洞保卫战殉国烈士纪念塔"（图9-2）。1985年对黄崖洞进行大规模的修整，修复了兵工厂厂房，新建了牌楼、纪念塔、展览馆、镇倭塔等建筑。牌楼正中是邓小平亲笔题写的"黄崖洞"三个遒劲的金色大字。

（四）灵空山自然保护区

灵空山自然保护区位于沁源县五龙川乡的北山村，1993年山西省人民政府批准建立，总面积1334万平方米，其中核心区面积595万余平方米。此自然保护区境内山势险峻，沟谷交错，森林茂密，整个地形东、北、西三面高，南面低，呈簸箕状。该区属暖温带季风气候，森林组成是以油松为主的植被类型，间有杨桦林和栎类，灌木有胡枝子、榛子、沙棘、黄刺玫、锦鸡儿等，森林覆盖率为91%，立木总蓄积量9万多立方米。野生动物资源有国家一、二级重点保护对象金钱豹、大鸨、猛禽等。常见的非保护动物有山猪、狍子、野鸡、野兔等。保护区距沁源县城40千米，千山一碧、苍翠欲滴，更有鸟语花香、潺潺流水。保护区除起伏山峦、茫茫林海外，还有掩映在奇松荟萃中的圣寿寺院，依山傍水，因势构建，小巧玲珑，别具风趣，为美好的自然景观增添了异彩。寺院外围还有峦桥、仙桥、茅庵、东钟楼等建筑与寺院相互应合，配置得当，浑然一体。还有许多奇山怪石和参天古树：有如切如削的百丈"舍身崖"，两峰夹峙的"一线天"；更令人惊叹的，是生长在山石崖畔的珍稀松、杉，株株挺拔劲健，莽然穿云，粗者数人合抱，细者胸径也在40~50厘米，像誉称油松之王的"九杆旗"，一茎出土，派生九枝，枝枝挺直，耸立于寺院之顶。油松中，还有争并穿云、互不相让的"二仙传道"，鹤立鸡群、独树一帜的"三大王"，风度潇洒、超然凝重的"一佛二菩萨"，以及"一炉香""泉水松""招手松"等，树龄均在500年左右。

（五）仙堂山

仙堂山位于山西省襄垣县县城东北25千米处，居上党古韩八景之冠，早以它的独特风格载入《中国名胜辞典》。它既是我国东晋时期的佛教圣地，更是一个迷人醉客的风景区。有诗云："谁说襄垣无胜景，东行五十有奇峰。山中林隐仙堂寺，绝顶空悬娲皇宫。"

仙堂山不仅青山叠翠，奇峰峥嵘，且自然岩洞之多，殊为罕见，诸如观音洞、朱砂洞、黑龙洞、铙钹洞、白龙洞、滴谷洞、狐仙洞、纺花洞、蜜蜂洞等。这些岩洞有的深邃莫测，有的钟乳嶙峋，有的子母相连，有的赤如朱砂，形态各异，神奇壮观。尤其是别有洞天的黑龙洞，岩顶怪石形如彩云，洞钟乳状若游龙，喷泉四射，叮当有声。

(六)太行龙洞

太行龙洞位于太行、太岳两大山脉之间的武乡县境内，在自然地理上属典型的高原丘陵区。据地质学家考证，太行龙洞主要形成于 5.7 亿年前的白云岩中。虽然地处北方，但却具有典型的南方溶洞特征。考察过的溶洞共有三层，总长为 314 米，第一、二层溶洞各有三个大厅，高约 30 米，第三层溶洞长约 24 米，分两厅两洞，厅的高度为 25~30 米，洞的高度为 3~4.5 米。溶洞内大厅宽大宏伟，空气清新，洞内各种造型奇特的钙华景观摩天接地，攀缘四壁，晶莹洁白，流光溢彩。第一层洞内粗大的石柱全国少见，绿色的石花坡景色奇特，2 号厅的"公主观瀑"造型绝伦。第二层洞如水晶宫，洞顶处处是由石钟乳镶成的吸顶银灯，洞的中间"菇丛塔林"造型壮观、形态各异，"群英荟萃"是由石柱、石钟乳、石笋组成的壁中仙境。第三层洞中的"护洞金狮"神态逼真，"迎宾花塔"对称竖立于 2 号洞口，恭迎游客；"石笋蜡烛"像正在燃烧的黄色蜡烛，燃烧自己，照亮了太行龙洞，身上布满燃烧流下的蜡痕；"百乳争艳"是由密集钟乳石群构成的景观，气势壮观；"钙华花丛"是 2 号大厅地面的壮观景象，大片黄色石花丛中涌出黄白色钙华沉积，其颜色协调、景色独特。还有众多石塔、石帘、石幔、鹅管、钟乳大瀑布等景观，极具考察价值及观赏价值。

二、特色旅游资源

(一)长治民俗

1. 特殊习俗

在长治各县中，黎城县和襄垣县有一种特殊的习俗，就是黎城人和襄垣人互称"亲家"。不管是黎城人见襄垣人，还是襄垣人见黎城人，不分男女老少，不分生人、熟人，都是开口便"骂"，并动手打闹。黎城人开口就叫襄垣人是"小舅子""小妻侄"，襄垣人则叫黎城人是"小外甥"，但从来都是"骂"不翻脸、"打"不记仇，一提"亲家"二字，马上和好，甚至互相间可以吃饭不算账、住宿不付钱，就如一家人一样。如遇与其他地方的人争斗，还可一致对外，互相袒护。这种习俗至今仍有保留。

屯留县不产茶，但屯留人特爱喝茶，而且是专喝很浓的大叶茶。许多屯留人几乎是嗜茶成癖，买茶叶时一般是论斤买，用篓装。屯留人还很讲究茶道。沏茶时要先用大铁壶把水烧开，再把大把茶叶装入瓷壶内，用沸水冲沏，壶满水停，滴水不漏。倒茶时，第一次冲好的茶水只倒至茶杯的三分之一，冲第二遍、第三遍时再逐次加至满杯。这样沏的茶初尝苦涩，但茶味香甜清爽。

屯留人以茶待客的方式尤为特殊。客人饮茶时，主人要不断为客人添加，客人端起茶杯哪怕只是呷了一小口，茶杯一放下，主人就会马上给添满。即使是客人一再表示不喝了，主人也会认为是在讲客气，还会不断地添水，使客人总是一杯茶喝不完。如果你懂得那里的"规矩"，只要将杯中剩的茶水往地上稍稍泼一点，主人就认为你真喝够了，不再继续给你添茶，叫作"倒了茶羹不再喝"。

2. 生产习俗

农业生产是长治境内最主要的生产活动，因而农事风俗便是最普遍的生产风俗。此外，局部性的生产风俗还有小煤窑风俗和铁业风俗。中华人民共和国成立后，这里主要农事风俗相继废除，铁业风俗随着铁业生产的衰落基本消亡。只有小煤窑风俗还继续存在。

（1）农事风俗。

①祈雨。

旧时，祈雨在农事风俗中最为突出。长治境内十年九旱，民间有"年年防旱"的说法。多旱的气候对农业生产危害极大，一家一户的小农经济无力与自然抗衡，旧时的人们只好祈求神灵，从而形成了祈雨的风俗。

祈雨的方法因旱情而别，主要形式有三种：烧香、跪香和踩旱。

烧香是最基本的祈雨形式。当出现旱情时，群众自行到有关神庙如玉皇庙、昭泽王庙等一一焚香祈祷。若再三烧香不见落雨，说明旱情比较严重，则要举行跪香。跪香以村为单位，由村社召集若干群众在一定神庙举行，早晚两次。每次燃一把香别在香炉里，进香者跪地默祷，一直到香火燃完为止。一般连续三天，若仍无雨或无透雨，则以踩旱的形式祈雨。所谓踩旱，就是赤足抬着神像沿村巡游，让神灵观察旱象，显灵降雨。过去，神庙里的神像一般分两种：一种叫坐殿神，另一种叫行神。坐殿神都是泥塑的大型神像，不能移动；行神是小型的木偶神像，可以搬动。踩旱用的是行神。这种行仪也由村社举办。踩旱时，全村遍插柳条。参加仪式的人必须光背膀，戴柳冠，组成一定的队形。正午举行踩旱，抬着行神，敲锣打鼓，转村巡游，一般也是连续三天。踩旱后，若仍未解除旱象，那就是特大旱灾。特大旱灾，举行最隆重的祈雨仪式。这样的祈雨仪式由一定村镇联合举办，还必须通过府县衙署。历史上，长治境内流行的这类祈雨仪式有"二十四神朝玉皇"。每当举行这类盛大仪式，总要轰动全境，波及邻县。

②祭谷、祭马蹄。

逢农历七月十五，农家制面羊到谷田设祭，祈祝丰收，叫祭谷。畜养牲畜之家，制面鸡一对，面羊一只，于畜棚设供祭马神。祭毕，将面鸡、面羊喂牲口，还要专择精饲料犒劳牲畜。民谚云："打一千，骂一万，七月十五吃饱饭。"

③打场。

打场，是指将收割的麦子、稻子、高粱等在禾场上脱粒。旧时，打场的忌讳很多。例如：忌讳坐碾场的石磙；扫场只能往里扫，不能往外扫；粮食集堆，只能说"上堆"；从场上收粮，只能从粮堆的南面开始装袋；装运粮食的过程不得随便问话，如"能打多少？""装完了没有？"等。这些习俗，后来基本破除。

④谢土。

秋收之后，立冬之前，农家在宅院设供焚香祭祀土地，是谓谢土，意在感谢土地赐给好收成。富家还要延请僧道行法事，或请僧人铺坛诵经。

（2）小煤窑风俗。

长治是煤炭之乡，煤炭开采历史久远。旧时，小煤窑作业条件十分低劣，安全没有保障，人们对于井下劳动的恐惧感相当严重。当地流行的民谚说："下南州，煽败火，走投无路滚窑窝。""攀住花车令，照住枉死城。"因此，形成了产煤区特有的民俗。

①敬老君。

产煤区群众把老君作为至尊来供奉。居室、井口均设有老君神位，村里建有老君庙。平时逢农历初一、十五，用一斤猪肉小祭。一年还有四大祭日，分别在农历二月十五、五月初一、八月十五和腊月二十三。大祭时，举行较为隆重的仪式：除室内设供外，还要结伙在老君庙及井口燃香添供，鸣鞭放炮，并搭台唱戏，举办娱乐活动。同时，还要像过节一样改善饮食。窑工敬老君，主要是为了祈求平安。旧时，窑工第一次下井，必须先在井口给老君神进香、磕头，并以干草烧火烘烤，表示驱除鬼祟，然后方可下井。过去的窑主也敬老君，但目的与窑工不同。他们认为老君是"火里求财"，所以窑主敬老君主要是为了生财。

②敬窑鼠。

由于长期井下劳动，窑工们总结了一条重要经验，这就是循着窑鼠打洞的方向，掘进采煤比较安全。因为有鼠洞的方向一般不会出现顶板塌落或漏水等危险。所以，把窑鼠敬若神明。忌讳直呼其名，而要称作"窑猴"和"窑家"，绝对禁止伤害它们，有时还专门把小米饭带到井下喂窑鼠。

③禁忌。

小煤窑的禁忌很多。例如：生人不得随便下井；窑工打破一只碗，当天便不得下井做工；井下伤亡的人，不准用筐上井。井下的称谓也有讲究，如水沟只能叫"江壕"，矸石只能叫"夹石"，顶板塌落只能说"落下来"，打伤人只能说"打着了"，等等。

（二）国家级非物质文化遗产

长治是一座历史文化积淀深厚的古城。目前，全市累计公布的国家级、省级、市级、县级非物质文化遗产项目分别达 16 个、104 个、347 个、764 个，国家级、省级、市级、县级非物质文化遗产代表性传承人分别有 15 人、124 人、379 人、527 人，省级、市级非遗基地分别有 2 个、55 个，全市基本建成较为健全的国、省、市、县四级非物质文化遗产体系。长治的 16 个国家级非物质文化遗产项目分别为唢呐艺术·长子上党八音会、壶关上党乐户班社、长治上党梆子、襄武秧歌、壶关秧歌、上党落子、长治潞安大鼓、襄垣鼓书、沁县沁州三弦书、长子鼓书、长治上党堆锦、黎城黎侯虎、建筑彩绘·襄垣炕围画、长子响铜乐器制作技艺、潞城民间社火、平顺独辕四景车赛会。

1. 唢呐艺术·长子上党八音会

上党八音会是山西省东南部长治、晋城一带流传的一种民间器乐形式，在长子县也非常流行。它起源于唐代，在宋代获得较大发展，至明清盛极一时。上党民间的八音会班社主要使用鼓、锣、镲、笙、笛、哨、管、胡八种乐器，以此而得名。它主要用于迎神赛社、婚丧嫁娶、节日庆典等民俗活动。

上党八音会以打击乐为主，演奏吹打并重。其吹奏分"文吹""武吹"两种。文吹是普通的吹奏，内容多为民间小调、戏曲唱段和戏文（包括不同行当念白）等；武吹则主要展现包含杂技因素的各种绝活，对吹奏技艺有很高的要求。打击乐是八音会中最为火爆、热烈、出彩的部分，演奏者随乐曲情绪或坐或站或跳，以轻击、连击、重擂、击边、刮鼓钉、鼓槌耍花互击等技巧打出各种鼓乐音色，锣、镲等打击乐器则上下翻动，发出嘹亮的响声。整个演奏热烈奔放、高亢嘹亮、婉转悠扬，显示出鲜明的晋东南风格。上党八音会有《打地鼓》《劝金杯》《大赐福》《迎神鼓》等多种曲牌，主要曲目有《霸王鞭》《大十番》《小十番》《节节高》《一串铃》《戏牡丹》《大观灯》《十样景》《老花腔》等百余种。

2. 壶关上党乐户班社

上党乐户班社是上党地区民间器乐演奏的一种形式，主要流布在山西省东南部，包括长治和晋城两市所辖的 19 个县区。在不同历史时期，上党乐户班社从事过多种演奏活动，既为宫廷、王府、地方官署和军旅服务，又在民间祭仪、婚丧礼俗等活动中表演。上党乐户班社的演奏具有鲜明的礼仪性、民俗性和地域性特征，集中体现了上党地区的赛社与乐户文化。

上党乐户班社所用乐器分为吹奏、打击、拉弹三大类别，包括唢呐、笙、鼓、锣、钹、巨琴、板胡、三弦、月琴等。其演奏乐曲遵规守礼，礼乐并举，按辞章动乐，依曲调和音。乐户班社曲目丰富，《太平鼓》《朝天子》《迎仙客》《大赐福》《小八板》等曲牌和上党梆子、上党落子、壶关秧歌、襄武秧歌、河南豫剧、河北涉县落子等戏曲音乐都是其演奏的主要内容。

上党乐户班社的传承者主要是生活在这一区域内的乐户后裔。在艺人们长期的音乐实践中形成了较为系统的演奏方式、宫调理论和乐律学说，在音乐史、戏曲史、民俗学等领域都具有重要的研究价值。

3. 长治上党梆子

上党梆子是山西省四大梆子剧种之一，流行于山西东南部古上党郡地区。它形成于明末清初，清代道光末年被官方称为"本地土戏"。1934 年赴太原演出，改称"上党宫调"，当地群众则称为"大戏"。1954 年山西省首届戏曲观摩演出大会始定名为"上党梆子"。

上党梆子以演唱梆子腔为主，兼唱昆曲、皮黄、罗戏、卷戏，俗称"昆、梆、罗、卷、黄"（其中的罗戏、卷戏已很少演出）。上党梆子行当齐全，以生、净、青衣、武小生应工的戏最多，小生、小旦、小丑戏不占重要地位。各种行当的基本表演程式称为"三把"，运用起来头昂胸挺、腕柔臂圆，显示出稳健有力、强烈明快的表演风格。上党梆子剧目丰富，传统演出剧目达到 700 余个。

4. 长治上党堆锦

上党堆锦俗称"长治堆花"，是山西省上党地区（今长治市）特有的一种传统手工艺。唐中宗神龙三年（707），时受封为临淄王的李隆基就任潞州（今长治市）别驾，将宫廷中以丝绸为材料的堆绢工艺带到上党地区，其后流入民间，经千余年的实践探索，逐渐形成精巧的上党堆锦工艺。20 世纪以来，当地出现了一批优秀的堆锦艺人。20 世纪 70 年代初，弓氏苦心钻研，在继承传统的基础上改革创新，使堆锦技艺得到进一步的发展。现在的上党堆锦在保持绸缎艺术特有的雍容华贵之美的前提下，呈现出具有时代特点的新面貌，其产品既有中国画的笔墨韵味，又有油画的塑造效果，同时还产生出一种浮雕式的立体感。通过精选材料和进行工艺处理，上党堆锦可以不生蛀、不褪色，这使它可以更为长久地保存于世，传之于后。

5. 黎城黎侯虎

黎侯虎是流行于山西省黎城县黎侯镇、停河铺乡一带的民间老虎布艺，因黎城古称"黎侯"，故名"黎侯虎"。黎城县西关村西周古墓出土的文物表明，早在商周时期，黎城人即以虎为崇拜对象，虎形器在当时的社会生活中占有重要地位。作为崇虎信仰相沿成俗的表征，黎城民间使用木雕石刻、草编纸剪的虎形器物或图案已是普遍现象，其中形态样式最为丰富、地域文化特色和民俗艺术价值最为突出的当数世代传承的黎侯虎。黎侯虎有大、中、小多种规格，制作时先以染色的棉布缝纫成虎形，再用贴布、彩绘、挂穗等手法进行装饰。以高度概括手法塑造而成的黎侯虎造型生动，昂首直立，威风凛凛，以艺术的直观方式寄托了民众扶正祛邪、万事如意的美好祈愿。受传统文化浸润的黎侯虎乡土气息浓郁、地域特色鲜明，不仅具有很高的审美价值，而且具有丰富的民俗内涵，为民俗学和山西地方历史文化的研究提供了重要参考。

(三)长治名人

1. 微子

《论语·微子篇》载：微子，名启，一曰开，因其封国名微，爵位为子，故称微子。商王帝乙之长子，纣王庶兄，也称卿士。微子为人厚道且有才干，在朝中很有威望。商朝末年，纣王无道，淫乱于政，微子多次亲谏纣王，劝其关心朝政。纣王认为自己"有命在天"，竟不采纳。朝中百官欲废辛立启，纣王闻听此事，便把微子赶出都城朝歌，贬他到今潞城东微子镇做诸侯国国君。

微子到封地后，采取仁德政策，与当地百姓一起垦荒造田，栽桑植木，放牧牛羊，兴建家园。数年间便使微子国五谷丰登，六畜兴旺，并发展了青铜冶炼、陶瓷烧制业。民间夜不闭户，道不拾遗，人民安居乐业。微子因治理有方，得到了万民称颂，和比干、箕子被孔子称为"三仁"。后来，微子成为周朝宋国的始祖。

唐元和六年(811)，人们在微子岭修建三仁祠，供奉微子、比干、箕子，此后历朝维修不辍，并于每年农历七月十九日举办"三仁"庙会。抗日战争中三仁祠被日军拆毁。2003年，本地农民王秀珍出资在原基础上重修了三仁祠。

2. 法显

法显(334—420)，俗姓龚，东晋襄垣县龚家庄人。东晋时代著名的旅行家、翻译家、地理学家，佛教高僧。他是中国僧人中最早去印度取经者，比唐僧(玄奘)西域取经早200多年。法显有兄弟四人，其中三人都于幼年夭折，父母担心他也会夭折，3岁时剃度为沙弥。父母死后，他决心出家，20岁时受比丘尼大戒。法显"志行明洁，仪轨整肃"，因感慨经律严重缺乏，立志前往印度寻求。

法显在译经的同时，把沿途所见写成《历游天竺记传》，即《佛国记》，也称《法显传》，记述了沿途各国政治、经济、思想、文化概况。它不仅是研究各国的地方史、佛教史的珍贵原始材料，也是中国与南洋及太平洋海上交通最早的历史记录。

3. 李隆基

李隆基(685—760)，即唐玄宗，祖籍唐陇西成纪(今甘肃秦安西北)，一说陇西狄道(今甘肃临洮)。李隆基为唐睿宗第三子，其母为昭成皇后窦氏。李隆基生性英武，多才多艺，喜好骑射，擅长八分书，精通音律、历象之学。唐中宗景龙元年(707)四月，李隆基时年 22 岁，以临淄王的封爵、卫尉少卿的四品官级来到潞州（今长治）兼任潞州别驾，至景龙三年(709)十月卸任回长安，在潞州住了两年半。他在潞州期间，倡政布德，修有"德风亭"，取意于孟子的"君子之德风，小人之德草，草上之风必偃"；建"圣瑞阁"，以倡招贤纳谏、献瑞效忠之风。他雄才大略，博学多才，礼待下士，招贤纳才，常与名士、幕僚在一起吟诗赋词，讨论国事，并纳潞州赵女为妃（即赵丽妃）。

4. 申纪兰

申纪兰(1929—2020)，女，汉族，中共党员，山西平顺人，第一届至第十三届全国人大代表。

申纪兰积极维护新中国妇女劳动权利，倡导并推动"男女同工同酬"写入宪法。改革开放以来，申纪兰勇于改革，大胆创新，为发展农业和农村集体经济，推动老区经济建设和老区人民脱贫攻坚作出巨大贡献，荣获"全国劳动模范""全国优秀共产党员""全国脱贫攻坚'奋进奖'""改革先锋"等称号。2019 年获得"共和国勋章"。

首届全国道德模范评选活动中，对申纪兰等道德模范有这样的致敬辞："是你们，几年、十几年、几十年如一日，服务人民、尽心尽力、安贫乐道；在自己平凡的岗位上，将责任心、使命感化作了坚守的动力，为社会的发展奠定牢固的根基——向你们致敬！"

(四)名吃特产

1. 潞酒

潞酒，因产于潞州而得名，据古籍记载，已有 1200 多年的历史。《山西通志》中有"酒之美者""汾潞之火酒盛行于世"的记述，可见潞酒与汾酒在我国古代已驰名四海。

"一壶潞酒半里香，入口绵绵永难忘。"潞酒以其透明清香、绵软味长而著称。到了宋朝徽宗年间，潞酒已行销于太行山一带，潞州很自然成了潞酒生产的集散中心。北上过东阳关到冀，南下经天井关到豫，东过小南天到鲁，西行出翼城到晋南，曾有"潞酒一过小南天，香飘万里醉半山"的赞诗。可见潞酒在晋、冀、鲁、豫等省享有很高的声誉。同时潞酒还源源不断地运往京都汴梁（今天封）。到了明末清初，潞酒甚至远销于四川涪州（今涪陵区）。故民谚曰："上党潞酒，天下少有。"

现在长治潞酒生产的主要品牌有潞酒、潞州香、潞州醇、二贤庄古酒等，口感独特，装潢考究，是酒中之佳品，也是馈赠之佳品。

2. 沁州黄

"沁州黄"原名"爬山糙"，是 300 多年前沁州檀山寺几位和尚培育出来的小米品种。当时在清朝做保和殿大学士的吴琠，听说家乡的"爬山糙"，亲自到檀山寺品尝一顿，方知果然名不虚传。为此，他便将"爬山糙"更名为"沁州黄"进贡给康熙皇帝。康熙很爱吃，御笔一挥，列为贡品。这样"沁州黄"便以年年进贡皇帝而闻名天下。

"沁州黄"得益于独特的气候土质，谷香味浓，植物脂肪含量高达4.22%，比普通小米高12.5%，可溶性糖类的含量达到1.6%，也是普通小米无法比的，且粗纤维量低，蛋白质含量高于大米、白面等，并含有丰富的矿物质和多种维生素。它与山东省金乡县的金米、章立县的龙山米，河北省蔚县的桃花米，并称为我国的四大名贵小米。

3. 党参

党参以其故乡在上党盆地而得名。上党人参灭绝后，人们用党参代用，因而党参药用历史不长。党参之名首载于吴仪洛所著的《本草丛新》。该书刊行于乾隆二十二年（1757）。乾隆三十五年（1770）编修《潞安府志》，在"物产卷"部分列到"党参"时，特别注明"古有人参……今所出惟党参"，并说"党参甘平，补中益气，止渴生津"。党参含糖多，味醇质优，以补中益气的特有药用价值闻名于世。长治市党参品种很多，分布在平顺、壶关、长子、潞城、黎城、武乡等县，不仅在全国销量很大，而且在亚洲其他各国也享有很高的声誉。

4. 上党铜器

上党铜器制造业有着悠久的历史，包括餐饮用品、乐器及工艺品等。北京故宫东西长廊，三五成行，排列整齐的直径为1米多的鎏金铜缸是精美绝伦的国宝，它就是由潞城铜匠冶炼铸造的。潞城铜器之所以有名，与其独特的风格、精湛的工艺是分不开的，其特色一是选料精、工艺细，二是造型古朴、色调富丽、雕花精湛，既美观又实用，具有浓郁的民族特色。其工艺品图案基本上是流传于民间的神话故事、历史传说和吉祥如意的图符，如八仙壶、龙凤壶、仿蒙古镶嵌奶壶等，逼真地再现了不同时代的艺术风格。

长子县的铜乐器制造业已有600多年历史，是全国同行业八大产地之一。产品有铜锣、铜钹等40多种，所产乐器音质纯正，音域宽广，多为民族、民间乐队使用，多年来一直受到国内一些著名音乐团体的厚爱，并远销东南亚各国。

5. 上党三宝（核桃、花椒、柿子）

核桃是世界著名的四大干果之一。核桃仁是富含蛋白质和脂肪的美味食品，又可榨油，其含油量一般在70%左右，高的可达80%，被称为"油料之王"。长治境内种植经济林木历史悠久，早在东汉、三国时代，就从小亚细亚引进核桃，并开始成片种植。长治核桃主要分布在平顺、黎城两县。平顺很早就有种植核桃的习惯，核桃树遍及全县，尤以东寺头、虹梯关、西沟、龙镇等乡镇和浊漳河两岸最多，其系列产品是该县重要的出口物资。黎城境内干果以核桃、花椒为主，其中核桃产量最大。

平顺是全国最早栽培花椒的地区。据有关资料记载，早在唐代，花椒树就在这里安了家。平顺土性适宜，气候温和，无霜期较短，适合花椒生长，全县 15 个乡镇盛产花椒，约占全省花椒总产量的三分之一以上，其中又以浊漳河、虹霓河两岸及中五井乡一带为主产区。该县花椒品种很多，有大红椒、大绿椒、小红椒、狗椒、白沙椒等。大红椒最好，优点是产量大、耐寒、味香、出油率高，有"十里香"之美誉，畅销全国，远销欧美、东南亚。中五井乡留村，堪称花椒的第二故乡，桑林虎带领群众创造出"花椒平埋压苗栽植"技术，使全县阳坡花椒造林成活率由过去的 60% 提高到 95% 以上，引进推广了花椒新良种"大红袍"，1993 年获山西省农业食品博览会金奖，1994 年又获全国名特优新林业产品博览会花椒唯一金奖。平顺花椒皮厚，颜色纯正，香味扑鼻，是一种上等食用调料。

上党的柿子，分方柿、牛心柿、磨盘柿、圆柿、旱柿等多个品种，在长期的生产实践中，这里的人们掌握了一套加工柿子的方法，最值得称道的是黎城的柿饼，无皮无核，用棍子穿成一串，霜白似雪，肉色金黄，甜软适口，是节日的美食佳品。

6. 馅饼

馅饼也叫"菜合的""小整饼"，是晋东南城乡百姓过节待客的佳品，也是家庭改善生活的美馔。从时间上推测，馅饼在长治落户已有 700 余年历史。700 余年来馅饼在长治一带历经改良，成为形如小铜锣、两面金黄色、透亮馅可见的饼，其面皮如纸薄、肉似珍珠丁、蔬菜翡翠亮，吃时蘸蒜汁，油润可口香，久食不厌烦，食后永难忘。改革开放后，长治华东小区汪来香女士做的馅饼在父辈的传授下，在配料上加以改进。用优质面、四季水，煮粉条、要剁碎，臀尖肉、韭菜配，撒香料、拌入味，皮儿薄、馅儿肥，色泽黄、软而脆，食客们称它为"馅饼王"。2003 年汪来香的馅饼参加中国·太原国际面食节比赛，荣获了金奖。还有壶关县北关郭素梅烙制的"素馅饼"，皮薄馅厚，色泽黄，柔软味醇，口感香，被长治名吃研究会评为"上党名吃"。

7. 三和面与和子饭

三和面与和子饭是山西长治地区百姓最喜欢吃的饭食。三和面是用白面、豆面、小粉面混合做成的，也称"三合面""杂和面"。"和子饭"也称"调和饭"，晋城人叫米棋，是将菜、面、米、汤混在一起做成的食物。抗日战争和解放战争时期，八路军战士和人民政府的干部，进村下乡吃派饭，中午常吃三和面，晚上常喝和子饭。1984 年著名作家马烽和孙谦专程来到他们青年时代工作、学习过的壶关县紫团山进行访问，县领导安顿树掌镇政府为两位老作家准备好午饭，马老说："我们这次来视察工作，一不吃招待饭，二不住宾馆，要睡'土炕'，吃'土饭'，中午三和面，晚上喝碗小米和子饭，要煮些大黄豆，地瓜蛋，萝卜缨，老豆角，老南瓜。这饭喝着熨帖。"大家一听都笑了。县领导说："那是过去，现在生活条件好了，还能让二老吃三和面、喝和子饭?"马老笑着又说："怎么不能? 当初我们吃三和面、喝和子饭味道很好，几十年都没有忘了那种滋味呀。"孙老乐哈哈地说："我和老马来自老百姓，写的是老百姓，为的是老百姓，不能忘了老百姓，我们虽然老了也不能搞特殊。再说三和面有豆香味，又耐饥; 和子饭营养价值高，吃了好消化。"原国家主席杨尚昆在 20 世纪 80 年代来长治视察工作时，还让黎城县宾馆给他做抗战年代他吃过的那种"和子饭""苦苦菜"。

小资料

三和面与和子饭的美丽故事

　　古时，长治市城南有一座五龙山，山上有座五龙庙。山下住着一户贫苦百姓，老两口领着三个儿子开荒种地，一年除交了租子仅可糊口。三个儿子长大成人后，都娶媳妇成了家。虽然各自支锅另下米，但他们没有忘记父母的养育之恩，就和在一口锅里吃饭一样，互敬互送，个个争着孝敬老人。父子之间、婆媳之间、兄弟之间、妯娌之间，从未发生过口角。一天，婆婆把三个儿媳妇叫到跟前说："明天是四月十九，五龙山有庙会，你们三对小夫妻跟上赶赶会，烧烧香，求五龙神灵保佑咱们全家平平安安过好日子，保佑你们每家给我生一个胖孙孙。走时你们各家给我拿出点面粉，明天中午我们老两口自己做着吃。"

　　第二天一大早大媳妇送的是白面粉，二媳妇送的是豆面粉，三媳妇送的是小粉面。媳妇们走后，中午老婆婆把三种面粉合在一处擀成薄面片，折叠起来切成韭叶条，煮熟后浇上豆芽、豆腐、酸菜臊子，老两口就吃起来。老汉问老婆："今天中午做的是什么面条，这么好吃?"老婆说："是三个儿媳妇送来的三种面粉，我把它们合在一块，让你吃吃这稀罕的'三和面条'吧。"老汉高兴地说："真好! 真好! 儿子听话，媳妇孝顺，全家和睦，以后逢年过节，办喜事待客，就吃'三和面条'吧。"晚上媳妇们回到家，进门就先问婆婆中午吃的什么饭，婆婆说："我把你们三家送来的面粉合起来吃了一顿'三和面'，盆里还剩着三小把细面条，你们各自取上一把熬上小米稀饭，煮上些大豆、山药蛋、老南瓜、干豆角、红萝卜、红薯，滚好后下入面条，放上点酸菜，烹入葱花、蒜片，加入精盐、香醋喝上顿'和子饭'吧。"就这样"三和面条""和子饭"出世了。天长日久，这种吃法在上党各县流传开了。"三和面""和子饭"不仅是农家的美馔，也是上党人民勤劳、和睦、憨厚、朴实的象征。

　　资料来源: 长治党史地方志网，http://www.dfzbgs.changzhi.gov.cn/zzgk/sdxc/201312/t20131217_639310.html，访问日期为 2021 年 4 月 20 日。

8. 驴肉甩饼

"潞城甩饼天下扬，卷上腊肉味更香。""甩饼"是上党地区独有的一种民间小吃，因起源于潞城，故又称"潞城甩饼"。明《潞州志》、清《潞安府志》都有"立春、迎春、鞭春及春盘、春饼"的记载。甩饼就是立春时春饼的一个品种，若要卷上肉制品，即叫"春卷"，或叫"卷白馍"。在潞城一带民间多用驴油制饼，吃甩饼时再卷上腊驴肉，油汪汪，香喷喷，不软不硬，回味无穷。

甩饼在晋东南、长治市餐饮比赛活动中多次荣获桂冠。2003年潞城市建国甩饼店王建国的甩饼参加中国·太原国际面食节比赛，荣获国际金奖。同年，长治市阳光大酒店在江西南昌参加第十三届中国厨师节美食展览会上表演的"甩饼"荣获"中国名点"奖。2009年长治市郊区马厂郭明生的甩饼荣获国际攀岩节名吃金奖，山西八城市烹饪技艺交流最佳风味小吃奖。

小资料 **长治各县区土特产汇览**

潞州区：潞酒、长治堆花、腊驴肉、酥火烧、团子、鸳鸯拔子、三合面、凉粉、棋子面、丸子汤、和子饭、麻花、麻糖、水煎包、扒鸡

上党区：潞麻、荫城铁器、中国草墙纸、火烧、腊肉、凉粉、长治扫帚、猪汤泼火烧

襄垣县：黑酱、挂面、西港豆腐、米醋、荤汤素饺、拉面

武乡县：大黄梨、酥梨、山药蛋、陶瓷、枣糕、干饼、代州香小米、擦蝌蚪

黎城县：大青羊、黎城三宝(核桃、柿饼、枣)、党参、三角火烧、水煎包、梨侯虎、剪纸

平顺县：甘泉白酒、党参、花椒(大红袍)、核桃、八股油条

壶关县：紫团参、辛寨老陈醋、清流瓷器、大安梨、羊汤、晋庄谷

长子县：潞麻、青椒、铜乐器、炒饼、猪头肉、粉条、豆火烧

屯留县：陈姚二岭小米、罗庄大葱、五里庄丝、织挂毯、山药蛋、草灰煎饼、大叶茶、老军庄牛肉、油炸糕

沁源县：蘑菇、金针(黄花菜)、蕨菜、木耳、法中黄梨、核桃、黄芩、柴胡、连翘、南瓜、山药蛋、烤饹饹

沁县：沁县"三宝"(鸡蛋、瓜子、沁州黄)、干馍、豆瓣酱、刀拨面、荞面、莜面、软米糕

第十章
太行山水情　沁河古堡韵

---
*

　　晋城历史悠久，旅游资源丰富，自然风光瑰诡，文物古迹遍地，特别是太行风光和太行古堡闻名天下。沁河流域分布的 117 座大型明清古堡，是全国最大的明清古建筑群，此外还有 220 个中国历史文化名村(镇)和中国传统村落；阳城县的蟒河、沁水县的历山被定为国家级自然保护区；玉皇庙"二十八宿"雕塑是元代文化的宝贵遗产，青莲寺罗汉殿的"五百罗汉名号碑"是举世罕见的珍品。云锦太行，百里画廊，"晋善·晋美·晋城"正吸引着全世界游客的目光……

第一节　晋城概况

　　晋城古称建兴、泽州、泽州府，位于山西省东南部，晋豫两省交界处，自古为兵家必争之地，素有"河东屏翰、中原咽喉、三晋门户"的美誉。晋城市东枕太行，南临中原，西望黄河，北通幽燕。晋城市下辖城区、泽州县、高平市、阳城县、陵川县和沁水县六县(市、区)，总面积 9490 平方千米，占全省总面积的 6%。晋城市平均海拔 800 米左右，森林覆盖率高达 40.3%，年均降水量 678 毫米，年均气温 12℃左右，夏季平均气温 23℃左右，人均水资源 640 立方米，人均水资源量为山西省第一。

　　晋城市是国际花园城市、国家卫生城市、国家园林城市、国家森林城市、中国优秀旅游城市、中国魅力城市。这里是山西最绿的城市，养生的宝地。

(一)文化胜地

　　晋城市是华夏文化发祥地之一，早在两万年前，这里便留下高都遗址、塔水河、下川等人类遗址。这里是女娲补天、愚公移山、禹凿石门、商汤筹雨等神话的发源地，高僧慧远、天文学家刘羲叟、古代诸宫调的发明者孔三传、明代政治家王国光、清代名臣陈廷敬等名人故里。全市现有文物总量 6767 处，属国家重点文物保护单位 66 处，包括冶底岱庙、青莲寺、崇寿寺、海会寺、柳氏民居以及湘峪古堡等众多名胜古迹。约

8000 年前，伏羲部落在阳城县析城山活动，最新考古发现这里就是传说中的"昆仑丘"；约 5000 年前，神农炎帝在这里尝百草、种禾黍；约 2500 年前，孔子北游晋国，在这里留下"孔子回车"的典故；约 1500 年前，程颢在这里建书院，教授程派理学，明清两代产生 267 位进士；约 300 年前，康熙皇帝的老师陈廷敬在这里的宅地皇城相府，被誉为"中国北方第一文化巨族"之宅；约 70 年前，5000 名干部组建长江支队整建制南下接管政权。晋城悠久的历史文化，留下了丰富的文物古迹。唐代建筑全国有 5 座，晋城有 1 座(青莲寺)；元代民居全国有 12 座，晋城有 9 座；大型壁画山西有 2 幅，晋城有 1 幅(高平开化寺壁画)；全国辽宋时期的文物有一半在晋城。

(二)晋城名片

(1)冶炼之都。晋城市古为冶炼之都，有"九头十八匠"之称。是战国"阳阿古剑"产地，境内泽州铁器曾名扬海内。

(2)中国最北的丝绸产地。晋城市拥有 5 万亩的野生桑树林，织造的潞绸是中国三大丝绸之一，四百年来行销华夏，占到全国高档丝绸市场份额的 30%～40%，同时远销海外，英国皇室、西班牙皇室每年都从晋城购买潞绸产品。

(3)全国第一的古堡群。沁河流域分布的 117 座大型明清古堡，是全国最大的明清古建筑群，其中陈廷敬故居——皇城相府就是最知名的代表；另外还有 15 万座完整明清古建筑。

(4)全国第一的煤层气。晋城市探明煤层气储量占全国 1/3，产量占全国 68%，日产 900 万立方米。晋城市目前正全力建设"一枢纽三基地一中心"(全国输气管道重要枢纽；全国煤层气生产示范基地、煤层气装备制造业基地、中部地区和京津冀地区储气调峰基地；全国煤层气交易中心)。

(5)全国第一的低硫煤和煤化工。这里出产的"兰花炭"，品质高，低硫无味；热值高，每公斤达到 8000 大卡；价格高，块煤每吨约 1200 元；产量高，产量占全国 40%～50%，2019 年产量达 1 亿吨。

(6)高端铸造业全省第一。手工业时代，这里发展出大阳钢针、阳阿宝剑、泽州铁壶三大代表产业。其铸造业发展到今天，铸管占全国市场 1/4，每年有约 450 万吨铸造业产品，出口到 30 多个国家。

(三)晋城发展

(1)营商环境进入全国第一方阵。工程建设项目审批时限，国家为 120 天，山西省为 97 天，晋城已压至 70 天。2019 年，全国 292 个地级以上城市政商关系排名中，晋城获得进步最快的城市第 6 名。

（2）公共交通进入全国第一方阵。在全国率先开通跨省城际公交的基础上，进一步实现了公交车电动全覆盖，出租车新能源动力全覆盖，城乡公交一体化全覆盖。2020年，晋城在全国率先实现"1元钱乘坐公交"市域全覆盖。

（3）城市绿化进入全省第一方阵。晋城300米见绿、500米见园，建有54个游园绿地和城市公园。这里有396平方千米环城生态圈，270千米城市绿道，城市绿化覆盖率45.8%，城市绿地率43.2%，人均公园绿地面积15.5平方米。

（4）城市水质进入全省第一方阵。晋城打通沁河、丹河两大水系，建成五条生态河道，建设七大环湖景观。引来沁河水，调度地表水，关闭地下水，善用处理水。市区出口断面达地表三类水质标准。中水、河水联合运用，市区12条河流全部消灭黑臭水体，实现"清水复流"。

第二节　晋城重点旅游名胜与特色旅游资源

晋城地处太行山、王屋山、中条山三山的交界处，又是华北平原和黄土高原的分水岭，由此形成了极为罕见的自然地理景观。雄峻的太行绝顶风光，茂密的原始森林，奇特的岩溶洞穴，清澈的河湖飞瀑，令人神往。这里有北方最大的溶洞群白云洞、华北最大的生态旅游目的地王莽岭、世界围棋起源纪念地棋子山、举世闻名的锡崖沟挂壁公路和高平长平古战场等。登顶王莽岭，观太行山峰，叠嶂起伏，云雾如烟，奔涌如潮，犹似泼墨山水画卷。皇城相府，科甲鼎盛，人才辈出，堪称北方的文化巨族之宅。地灵，人杰，在晋城得到了最好的诠释。

一、重点旅游名胜

（一）皇城相府

皇城相府为国家5A级景区，又称午亭山村，总面积3.6万平方米，是清文渊阁大学士兼吏部尚书加三级、《康熙字典》总阅官、康熙皇帝35年经筵讲师陈廷敬的故居，位于晋城市阳城县北留镇。其建筑依山就势，随形生变，官宅民居，鳞次栉比，是一组别具特色的明清城堡式官宅建筑群（图10-1）。央视大型历史连续剧《康熙王朝》《契丹英后》都曾在这里取景。

"绿树村边合，青山郭外斜。"巍然城堡，雉堞林立；旧院古宅，错落典雅。绮丽的自然风光同返璞的人文景致交相辉映，构成了皇城独具魅力的风采。

图 10-1　皇城相府

小资料　　　　　陈氏家族——中国北方第一文化巨族

　　陈廷敬(1638—1712)，字子端，号说岩，晚号午亭。清顺治十五年(1658)中进士，由翰林院庶吉士、日进起居注官、侍讲学士、侍读学士、内阁学士、礼部侍郎、工部尚书、户部尚书、刑部尚书、吏部尚书，直至康熙四十二年(1703)，拜文渊阁大学士。为《佩文韵府》《康熙字典》的总阅官。康熙皇帝对他极为器重，曾多次赐诗、赐联、题字。致仕时，康熙帝在花甲之年，为他御书"午亭山村"匾额和"春归乔木浓荫茂，秋到黄花晚节香"的匾联，以示为对其功德的褒奖。康熙五十一年(1712)四月，陈廷敬病逝，享年74岁，康熙特命皇三子诚亲王胤祉率满汉文武大臣前往祭奠，御赐挽诗，其中有"世传诗赋重，国典玉衡平"之句，以示辞别。然后遣官护丧，归葬故里。

　　陈氏家族在明清两代，科甲鼎盛，人才辈出。从明孝宗到清乾隆的约260年中，共出现了41位贡生，19位举人，并有9人中进士，6人入翰林，享有"德积一门九进士，恩荣三世六翰林"之美誉。在此期间，38人走上仕途，奔赴大半个中国为官，并且多人政绩显赫，百姓称颂，致仕去官时民为立祠。在康熙年间，其家族居官者多达16人，出现了父子翰林、兄弟翰林的盛况，堪称北方的文化巨族。

　　资料来源：搜狗百科"陈廷敬"，https://baike.sogou.com/v148622.htm? fromTitle ＝%E9%99%88%E5%BB%B7%E6%95%AC，访问日期为2021年4月20日。

(二)阳城蟒河景区

蟒河景区位于晋城市阳城县南33千米的桑林乡，面积58平方千米，境内有猕猴、大鲵(娃娃鱼)、麝、金猫、金雕、金钱豹、大黑蝴蝶,以及山白树、领春木、青檀、兰草、山萸树、红豆杉等珍稀动植物,是保护猕猴和亚热带植被为主的国家级自然保护区。景区内冬暖夏凉,气候温和,年平均气温14℃,森林覆盖率在80%以上,有"山西动植物资源宝库"之美誉。特别是保护区内的猕猴,属我国自然地理分布的最北限。景区内全长10千米的地面钙化景观,被地质学者称为中国东部唯一的钙化型峡谷奇观。

蟒河景区共有动物近300种,种子植物近900种。被列为国家一级保护动物的有黑鹳、金雕、金钱豹,国家二级保护动物有猕猴。被列为国家一级保护植物的有红豆杉、无喙兰,国家二级保护植物有山白树、连香树,其中红豆杉属北方极少见的亚热带树种。药用价值极高的山萸萸在蟒河分布最广,历史悠久,因此蟒河又称"山萸之乡"。

(三)泽州珏山青莲寺景区

珏山又名角山,位于晋城市区东南13千米处的丹河南岸。其主峰海拔973米。珏山风景素以险峻、雄奇驰名,古有"晋魏河山第一奇"之美称,"珏山吐月"为晋城四大名胜之一。珏山是佛道名山,传齐隋泰斗慧远大和尚在此始建青莲寺,密、禅、净土,各宗皆精,名僧辈出,时称佛都。现存宋建唐塑,列为国宝;道观飞峙峰头,林木葱葱,山岚缭绕,寻天门而上,恍若仙游,素誉"北国武当"。2009年10月,珏山景区入选"中国百佳避暑名山"。

青莲寺初名硖石寺,位于晋城市区东南17千米的泽州县硖石山腰。青莲寺分为古、新两部分,依傍丹河畔山势展开。古青莲寺在下,新青莲寺居上。古青莲寺创建于北齐天保年间(550—559),唐代咸通八年(867)重修并赐名青莲寺。古寺东侧有明代建造的砖砌藏式佛塔,西侧建有唐代建造的惠峰石塔。

在此青莲寺,东观孚山,巨嶂横列,气势磅礴;南望珏山,双峰插天,秀丽挺拔。山脚丹水荡漾,像一条玉带从东北向西南飘然而去;回首硖石诸峰,峭壁伟岸,似鬼斧神工砍削而成。好一幅美景!

(四)陵川王莽岭景区

王莽岭景区,位于晋城市陵川县东南部的古郊乡境内,因西汉王莽赶刘秀到此地安营扎寨而得名。景区包括王莽岭、锡崖沟、昆山、刘秀城四个景系,由晋城市兰花集团2003年开始经营开发。总面积150多平方千米,最高海拔1700余米,是南太行的最高峰,风光秀丽,景色诱人。这里的云海、日出、奇峰、松涛、挂壁公路、红岩大峡谷、立体瀑布,形成了八百里太行最著名的自然景观,素有"清凉圣境""避暑天堂""世外桃源""太行至尊"之美誉。毛泽东生前秘书李锐畅游景区后称赞道:"不登王莽岭,岂识太行山。天下奇峰聚,何须五岳攀。"王莽岭景区,是国家地质公园、国家4A级景区、国家级全民健身户外活动基地、国家农业旅游示范点和国家精品红色旅游示范点。

(五)沁水柳氏民居

柳氏民居，位于晋城市沁水县城西南 25 千米处历山脚下的土沃乡西文兴村，为省级重点文物保护单位。

明永乐四年(1406)，柳宗元后裔耕读发家，于文兴村修一进十三院的文人府邸，总占地面积 2 万平方米。其建筑工艺高超，建筑风格独特，融明清建筑艺术精华为一体，集南北建筑风格于一身，同时异常巧妙地将皇宫建筑工艺运用到民间，真实记载了百世书香文人做官的历史，深刻地揭示了明代"官而商"到清代"商而官"社会发展的本质，实为中华古民居建筑艺术之绝品。

柳氏民居建筑共分三部分。村东端为外府区，包括柳氏祠堂、虞帝庙、文庙、纸帛楼、天子殿、圣庙、柴房和左、右过亭等；村北端为内府区，包括府内环形小街、小戏台、司马第、中宪第、武德第、承德第、因秀楼、地道口、赏景亭、观河亭、后花园、府门楼等；中间区为内外府相接处，主要是文昌阁、校场、府外门楼和两个高大壮观的石牌坊构成的内街。

二、特色旅游资源

(一)国家级非物质文化遗产

截至 2020 年 4 月，晋城市国家级非物质文化遗产有 18 项，分别为晋城白马拖缰传说、沁水舜的传说、陵川烂柯山的传说、阳城广禅侯故事、晋城上党八音会、沁水土沃老花鼓、上党梆子、泽州秧歌、城区上党二簧、泽州四弦书、阳城焙面面塑、高平绣活、阳城生铁冶铸技艺、高平潞绸织造技艺、高平武氏正骨疗法、泽州中秋习俗、阳城皇城村重阳习俗、沁水柳氏清明祭祖。

1. 白马拖缰传说

"白马拖缰"传说的发源地是白马寺山和白马禅寺。相传古时有一少年，寒冬上山砍柴，归来遇一老者索柴取暖，少年慨然予之。老者赠少年一纸马，称此乃神马，如有所求，只念咒语即可照办。少年黑夜返村，突然狂风大作，大雪纷飞，邻舍皆叹无法进山砍柴。少年依法念咒，纸马突变白马，上山驮炭而归，众皆惊奇。一地主得知，勾结歹徒深夜盗马，被白马踢翻在地。少年从睡梦中惊醒，跃上马背，与白马一道腾空而去，马铃被财主扯落，散了一地，变成了摇之即响的马铃石，白马缰绳拖过的一条山梁至今寸草不生。后人在此山建寺，名白马寺，此山原名司马山，后更名为白马寺山。当地人称此故事为"白马拖缰"。

经深入挖掘和整理，此传说形成了一个系列，主要分为三种类型：(1)神话传说类。有《白马少年》《盗马贼的传说》《白马将军的传说》等。（2）佛教传说类。有《白马寺山石佛窟的传说》《白马寺山"铁鸡蛋"的传说》等。（3）历史传说类。有《长平之战之白马脱缰的故事》《白马神巧助周世宗的传说》等。这些传说故事均以"白马舍生取义"为主线，以地方习俗、宗教崇拜、历史典故、自然景观等为主要创作背景和灵感源泉，情节生动，内容丰富，瑰丽多姿而又朴实自然，深受佛教文化的影响，富有强烈的民间色彩和地方特色。

"白马拖缰"的传说故事散发着佛教文化真善美的光辉。百折不挠、忠诚善良、舍己为人、积极进取的"白马精神"，是构建和谐社会进程中不可或缺的精神力量。如今的白马寺山已成为晋城市的重要旅游资源，中国著名佛教学者赵朴初曾为寺院题名。当年被白马缰绳拖倒的草，至今仍是斜长一溜，散落的铜铃变成了响铃之石，成为白马寺山的两个奇观，是晋城市"四大名胜"之一。

2. 高平刺绣

高平刺绣是高平市民间传统工艺之一，分为丝线绣和布贴拉绣两大类，多取花卉、瓜果、吉祥鸟、瑞兽等自然物为题材，用这些形象组成喜祥的图案。此外还选择戏剧中的人物和情节作为刺绣题材。高平刺绣在色彩运用上的最大特点是色彩鲜艳，对比强烈，一般采用黑、蓝、红或者鱼肚白为衬底，上面用艳丽明快的颜色绣出图案，明朗而耀眼，强烈而不刺目。在漫长的创作实践中，其刺绣工艺根据作品用途、表现内容以及塑造形象不同，形成了多种多样的刺绣针法，有平针绣、打籽绣、披金绣等。

3. 阳城生铁冶铸技艺

阳城犁镜①铸造，据历史记载已有 1000 多年的生产历史，明清之际已甚兴盛，最盛时有犁炉近百座，年产 70 万片。清光绪《阳城乡土志》载："犁面则远商驻买于本境，每年二十万有奇。"

据传，阳城犁镜的生产是由原先五家独行形成，制作模型是阳城上芹村李氏的独行，修造犁炉升火用的大风匣是晋城南村李氏的独行，制炉铸镜（包括设计、盘炉、修炉）是河南济源东许村炉工的独行，铸造犁镜特用的矿石和木炭是阳城南部山区的独行，出售产品是河南怀庆府的独行，五家独行各藏绝技，都不外传，直到清朝后期，才打破了这种独行独占工艺的生产格局。阳城掌握了全套生产技能，成了名副其实的产销地，从铁范制作、犁炉修筑、炉料制备到鼓风熔炼、炉前控制、浇注精整等整套工艺完备、精湛，其技艺传授、行业习俗、工具设备、行业运行乃至作坊布局，无不具有浓厚的乡土气息，蕴藏着丰富的人文内涵。

---

①　犁镜为犁的重要组成部分。

4. 高平武氏正骨疗法

“武氏正骨法”是一门传统中医骨伤科疗法，源于清末，迄今已有百年历史。其奠基人武根定于1886—1957年在沁水县某八音寺牧羊时，拜一老和尚为师，学得正骨技术和“唾骨正骨法”。1945年，他被聘为“高平县三区医生研究所”成员。1957年去世后，其第二代传人武承谋继承祖传，于1969年6月在马村镇掌握村创立“马村镇掌握村卫生所骨科”，2000年12月更名为“高平市武承谋骨伤专科医院”。

武氏正骨形成了自己独特的正骨技术和学术专长。武氏正骨总纲为“一次整复，多次矫正，持续牵引，定期调整”。其特色为“武氏正骨手法整复，牵引加小夹板固定为主；内服三期中药为辅；武氏推拿按摩舒筋手法恢复后期功能善后”。武氏独特的正骨手法心诀为：“摸之心要准，按之手如戥，拽之力要当，捏之手要稳，转之宜松(灵)巧，合之功要真。”武氏正骨根据骨伤患者的具体情况，采用的正骨整复手法有“问号法”“提拉法”“颈膝牵引法”“坐位牵引法”以及“双拇指按压法”等。内服中药“武氏接骨方”已经武承谋老先生近五十年的临床应用，用于骨折中期，尤有疗效。

5. 泽州中秋习俗

泽州珏山自古就是祭月赏月的极佳场所。青莲寺宋元符元年(1098)石柱题记载：泽州通判段约同晋城令耿敏、县尉黄叔敖等“步月临流，传觞赋诗”。金代状元李俊民在中秋珏山赏月时留下“山吐三更月，松摇万壑风”的诗句。金代泽州刺史许安仁留有“今宵掷笔台边月，来照幽人物外游”。

泽州中秋节期间的主要活动：一是祭月、拜月，也被当地人称为拜“月婆婆”；二是看望外祖母；三是赏月、吟诗颂月；四是庙会。活动一般持续三天。农历八月十三，发面、温柿子、备果品；八月十四，蒸(或烤)月饼；八月十五，白天看望外婆、送月饼，参加庙会活动，晚上祭月、拜月。

(二)晋城名人

1. 陈廷敬

陈廷敬(1638—1712)，本名陈敬，字子端，号说岩、午亭，泽州府阳城县中道庄(今晋城市阳城县北留镇皇城村)人。清代宰相、学者。

顺治十五年(1658)，考中进士，选为庶吉士，授秘书院检讨，曾经教导康熙帝。康熙十四年(1675)，擢内阁学士、经筵讲官、礼部侍郎，历任左都御史、工户二部尚书。康熙四十二年(1703)，拜文渊阁大学士、吏部尚书，担任《康熙字典》总修官。康熙五十一年(1712)四月，病逝，时年75岁，谥号文贞。

陈廷敬工于诗文，器识高远，文辞渊雅，著有《午亭文编》五十卷，收录于《四库全书》，其中诗歌二十卷，还有《午亭山人第二集》三卷等作品传世。陈廷敬在家乡所建的皇城相府，保留至今。

2. 赵树理

赵树理(1906—1970)，原名赵树礼，晋城市沁水县尉迟村人。现代著名小说作家，出生于贫苦农民家庭。1937 年加入中国共产党。历任中国文联常务委员、中国作家协会理事、中国曲艺协会主席，曾任《曲艺》《人民文学》编委，中国共产党第八次代表大会代表，全国人民代表大会第一、二、三届代表。

"山药蛋派"的开创者赵树理，以其巨大的文学成就被称为现代小说的"铁笔""圣手"，在现代文学史上占有一席重要地位。其作品因具有新鲜朴素的民族形式，生动活泼的群众语言，清新浓郁的乡土气息，而受到广大读者的喜爱。这个流派还包括马烽、西戎、束为、孙谦、胡正等一批小说家。在 20 世纪 50 年代后期，他们结成了一个作家群体，创作出众多带有"山药蛋味"的优秀作品。如赵树理的《小二黑结婚》《李有才板话》《三里湾》《李家庄的变迁》《登记》，马烽的《三年早知道》《我的第一个上级》，西戎的《盖马棚》《姑娘的秘密》，孙谦的《伤疤的故事》，胡正的《两个巧媳妇》等。

3. 范守善

范守善，1947 年生于晋城，是材料物理和化学专家，中国科学院院士，第三世界科学院院士。1970 年毕业于清华大学，1973—1975 年在清华大学固体物理研究班专修，1981 年在清华大学获理学硕士学位。为清华大学物理系教授，曾任凝聚态物理研究所所长、清华大学材料科学与工程研究院副院长。

他长期从事新型功能材料的制备与物性研究。其研究成果如下：在碳纳米管的控制合成和生长机理研究方面制备出碳纳米管阵列、连续碳纳米管线，并用于构筑宏观尺度的碳纳米管结构；利用碳同位素标记的方法揭示了碳纳米管的生长机理；发展出了几种制备一维半导体纳米线及其阵列的新方法，制备出一系列化合物半导体纳米线；利用脉冲激光沉积制备出一系列氧化物、氮化物和高温超导薄膜材料；从实验上观测到磁通线穿透高温铜氧化物超导体的路径，这一结果对研究高温超导机理和提高临界电流有重要意义。

(三)风味名吃

1. 卷薄馍

卷薄馍是一种美味可口的粮菜搭配食品，是一道乡土感十足的地方传统美食，早在晋代时就有，不过当时并不叫卷薄馍，而叫"春盘"（图10-2）。中国人有春日吃春饼的习惯，卷薄馍也就从春饼演变而来，在晋城十分流行。其金黄的外表、鲜嫩的馅心、扑鼻的香味，对人的诱惑力很强。

图 10-2　卷薄馍

2. 晋城过油肉

过油肉是山西传统名菜之一，至今在全国享有盛誉，被人们称为"三晋第一味"。而在山西过油肉中，晋城过油肉独树一帜，其制法、风味另有特色。

过油肉制法，始于北齐奥肉。《齐民要术》中记录有这一名菜的初始技法，即将猪肉切片后置于存有肉、脂油和盐的釜中，缓火慢煮后，再入油瓮腌渍，食时捞出，水煮再熟，拌以韭菜吃。到了唐代，奥肉制法分为煲制、过油两种技法。此后，肉过油而食，成为历代宫廷菜式，到了明代，更是御膳第一美味。明代酒席宴前，第一道菜必令先上过油肉。明洪武年间，朱元璋封其三子朱㭎为晋王，过油肉这一名菜又重回山西，也成为山西代表菜肴之一。清代时，努尔哈赤和慈禧太后都喜欢吃这道菜。努尔哈赤称过油肉为"黄金肉"，慈禧太后掌权后，过油肉成为清宫廷普遍食用的一道宫廷菜。

小资料　　　　　　　　晋城过油肉与山西过油肉

过油肉自明代以来一直是晋城的代表菜之一，数百年来各县大小饭店都以过油肉为看家菜招揽天下食客，甚至筵席上也用这道菜显示地方风味。山西过油肉片大，晋城过油肉片小；山西过油肉为干食，晋城过油肉为汤食；山西过油肉一般不用蒜薹、豆角之类辅料，晋城过油肉则非放蒜薹或豆角不成。外地人在晋城点过油肉时，一定得讲清要山西过油肉还是晋城过油肉，否则很容易混淆。

制作晋城过油肉，勾芡很重要。不仅是过油肉，在晋城其他菜肴中也很重视勾芡。勾芡是否适当，对菜肴的口味影响很大。勾芡大多用于熘、滑、炒等烹调技法。这些烹调方法共同特点是：旺火速成。用这种方法烹调的菜肴，基本上不带汤，但由于烹调时加入了某些酱汁调料的原料本身出水，使菜肴看上去汤汁增多了。勾芡使汁液的浓稠度增加了，并附于原料的表面，从而达到菜肴光泽、滑润、柔嫩和鲜美的风味。晋城菜肴中的汤食较多，厨师们在长期的实践中积累了丰富的勾芡经验。晋城过油肉区别于山西过油肉，巧妙的勾芡是其重要环节之一。

资料来源：https://www.sohu.com/a/121904737_570340，访问日期为 2021 年 4 月 20 日。

3. 酸菜黑圪条

在过去生活很困难的年代，人们没钱买白面，为了在贫困中吃出幸福的味道，就拿高粱面做面条，又因晋城酸菜腌得好，用酸菜作卤配以黑圪条，撒上香菜、芝麻，也可加入辣椒。酸菜黑圪条口味酸香辣俱全，高粱面特有香味胜过精米白面，使人越吃越爱，越吃越香(图 10-3)。

图 10-3 酸菜黑圪条

酸菜黑圪条的面条最好是手擀面，除高粱面和白面，也可以稍放一些豆面。酸菜要用蒜炝锅后炒熟，放一些豆腐、豆芽，粉条，做成打卤的酸菜。煮好的面条浇上酸菜，别急，没有放芝麻盐的酸菜黑圪条是不能上桌的。把芝麻放锅里炒，炒熟了用蒜臼子碾成末，加上盐就是芝麻盐了，撒在面里，香气扑鼻。

4. 馔面

在泽州县大阳镇有一种流传很久的上品面食——馔面，深受当地百姓的喜爱（图10-4）。相传馔面源于周朝，原本是宫廷美食，后流传到民间，成为百姓人家办喜事，用来招待客人必不可少的一种主食。

馔面的制作工艺比较复杂，配料讲究。制作好的馔面色泽光亮透明，风味独特，口感光滑如玉，吃一口回味无穷。

图 10-4　馔面

制作馔面最重要的一步是和面，面粉选高筋粉为好。首先将碱面、食盐和水按一定的比例勾兑，把面粉倒入水中，加入适量的豆面，用手将面打均匀。第二步是压面。将打好的面放在案板上，用一根长 2.5 米的钢管有节奏地弹压，这样弹压出来的面更劲道。第三步是擀面。擀面的时候手法要到位，面要多换位置，这样擀出的面饼才薄厚均匀，擀好的面对着阳光看是透明的，且没有破损，这才称为上品。第四步是切面。切面靠的是功夫，将擀好的面皮叠成长条，就开始切了，这样的面需要切 280 刀，切出面条如韭菜叶宽，每根长度都在 80 厘米以上。切好的面条放在专用的食盒内捂严实，不能透风。

浇馔面的菜是"花菜"，"花菜"是用豆角、蒜薹、海带、油豆腐、胡萝卜等材料切丝过水后调制而成的。把准备好的面条下到沸腾的水里，煮熟的面条在凉水中过两遍，捞出来放在碗里，面在碗里要搁浅一点，浇上用鸡肉、胡椒等调料熬制的高汤，再浇上"花菜"，一碗地道的馔面就可以享用了。

5. 高平十大碗

高平十大碗，也叫高平水席。水席是我国古老的名筵之一，因道道菜离不开汤水，吃一道换一道，像流水一般，且件件是汤菜各半，故得其名。有人说，高平十大碗是现存世最早、最系统的中华美食，它展示了高平人民的烹饪技艺和聪明智慧。

高平十大碗共十道菜：水白肉、核桃肉、红烧肉、小酥肉、肠子汤、芥末粉皮汤、丸子汤、天和蛋、软米饭、扁豆汤。

如果你是第一次吃高平十大碗，在吃的过程中当你看到有人给你上了一碗白水，千万别着急去喝，因为上这一碗白水，往往意味着高平十大碗里的三道甜食即将出场。这时候人们会将自己用过的筷子、汤勺放入这碗水中，清洗掉前几道菜中的咸味，以免在吃甜食的时候品尝不到原汁原味的甜味。

高平十大碗常用的烹饪方式为炸、蒸、氽、煮。当水白肉、小酥肉、核桃肉以及红烧肉的肉类食材在蒸制完成后，基本上是用蛋皮、青菜、葱花、香油等材料再浇上自制的高汤制作完成。

十大碗的味道种类较多，吃一顿十大碗，酸甜苦辣咸五味俱全，每道菜的汤都有自己独特的味道，而最刺激的莫过于粉皮芥末汤了。先将新鲜的粉皮下开水中氽一下，然后再用豆腐皮、蛋皮、青菜、葱花加上高汤入锅调制成汤汁，直接浇在氽好的粉皮上面，最后再加上自制的芥末汁，一碗辛辣刺激的粉皮芥末汤便完成了。喝粉皮芥末汤的时候，人们往往会被芥末呛得眼泪直流，由于这种刺激，人们往往对这道汤印象深刻。

高平十大碗作为高平最具地方特色的美食，在高平流传了上千年。每一个土生土长的高平人都会对高平十大碗有着各自不同的记忆。随着生活水平的提高，高平十大碗已经不再是以前人们只能在婚庆喜事上吃到的美食。

6. 阳城煎饼

在阳城县，煎饼又称"发家煎饼"。阳城县有个古老的风俗，住新房时，要摊三天煎饼。亲戚朋友、邻里街坊都要来吃上几个，相传来吃"发家煎饼"的人越多，主人家就会越兴旺发达。

制作煎饼的主料是小米，小米营养价值很高。第一步，先将小米用热水浸泡1小时，再磨成米粥，用传统石磨加工而成的煎饼粥，有着浓郁的米香，而现在这种加工方式已经不多见了。磨好的米粥放在适宜的温度下"发"6~8小时。第二步就是煎，当地人俗称"摊"。摊煎饼前，要先将鏊加热。煎饼鏊是制作煎饼时一种独有的煎制工具，圆形，中间凸起，配有盖子。加热的鏊淋上米粥，立即盖上盖子，鏊内的煎饼均匀受热。煎饼熟了，颜色金黄，可以闻到一股清香。各人的口味不同，摊煎饼时或打入鸡蛋，或撒上葱花，或放些红糖，于是就衍生出三种煎饼：鸡蛋煎饼、葱花煎饼、红糖煎饼(图 10-5)。

图 10-5　阳城煎饼

7. 阳城火锅

阳城人逢喜事请客喜欢用火锅，如同摆酒席一样隆重(图 10-6)。制作火锅的食材主要有蔬菜、毛头丸、粉条、肉丸、肉类、鸡蛋等。蔬菜根据时令选择，可以是冬瓜、大白菜、胡萝卜等；毛头丸是自家做的，用粉条、玉米淀粉和葱姜蒜末搅拌均匀后捏成团，上蒸笼蒸熟。

图 10-6　阳城火锅

在火锅底层铺上经过煸炒的蔬菜、一层毛头丸、一层粉条、一层肉丸,最后加上一层排骨或者是回锅肉、鸡块,再把鸡蛋摆成花型,一个形状美观的火锅准备就绪。把装好的火锅放在火炉上,浇上用骨头熬制的汤,大火烧熟、炖烂,便可以上桌了。一家人围坐在一起,吃着热气腾腾的火锅,谈着家长里短,其乐融融。

8. 润城枣糕

润城镇位于阳城县城东 7 千米处,又称"小城",是历史文化名镇。润城枣糕——这种形状如花的馒头,制作过程十分讲究(图 10-7)。麦子要在适宜的温度下浸泡 1~2 天,长出小嫩芽,再晾干磨成面粉,用这种面粉制作的馍才会有淡淡的麦芽香和丝丝的甜味儿。做馍时,要用适量的面粉发酵,调制成酵,再加入面粉,充分搅拌,反复揉捏。将和好的面团揉成长条状,用圆形的木棍在中间压一道沟,两边压上花纹,取两颗红枣放在面的一头,然后将面卷起来,一个枣花馍就制作成形了。在 36~40℃ 的温度下醒 40 分钟,再放入蒸箱蒸熟,形态美观、入口香甜的枣花馍就做成了,润城人将它称为"枣糕"。

图 10-7 润城枣糕

第十一章
尧都临汾　中华老家

————————————————— ＊ —————————————————

　　一句口口相传的民谣"问我家乡在何处，山西洪洞大槐树"，让人们知道了临汾曾是大多数中国人的故乡；一句嘹声吟唱的京戏"苏三离了洪洞县，将身来在大街前"，让人们知道了这耳熟能详的故事发生在山西临汾。临汾，不仅是中国最古老的城市，也是华夏儿女魂牵梦绕的寻根之所；枝繁叶茂的大槐树，是背井离乡的人回忆故里时心心念念的牵挂；排山倒海的壶口瀑布，寄托着华夏儿女对祖国深厚的眷恋。临汾，你不可错过。

第一节　临汾概况

　　《帝王世纪》称"尧都平阳"，即今临汾。临汾市位于山西省西南部，东倚太岳，与长治、晋城为邻；西临黄河，与陕西省隔河相望；北起韩信岭，与晋中、吕梁毗连；南与运城市接壤。地理坐标为北纬 35°23′~36°57′，东经 110°22′~112°34′，南北最大纵距 170 多千米，东西最大横距约 200 千米，总面积 2 万多平方千米，占全省的 13%。临汾"东临雷霍，西控河汾，南通秦蜀，北达幽并"，地理位置重要，自古为兵家必争之地。如今其地处太原、郑州、西安三个省会城市连接中点，区位优势突出，交通通信便捷。

　　临汾历史悠久(临汾历史大事件见表 11-1)，是华夏民族的重要发祥地之一和黄河文明的摇篮，有"华夏第一都"之称；该市是华北地区重要的粮棉生产基地，盛产小麦、棉花等，素有"棉麦之乡"和"膏腴之地"的美誉；该市已形成多元产业体系，是山西省新型能源和工业基地建设的重要组成部分；该市自然资源丰富，是中国三大优质主焦煤基地之一；该市非物质文化种类繁多，有蒲州梆子、威风锣鼓等多种民间艺术形式，被誉为"剪纸之乡""锣鼓之乡"等。

表 11-1 临汾历史大事件

事件名称	事件概述
丁村人	1954 年，在襄汾县城南丁村一带的古代汾河砂砾层中，发现了 3 枚十二三岁儿童的牙齿化石，2000 余件丁村人打造的石器，以及与丁村人同时生存的 28 种哺乳动物的化石。专家断定，丁村人的体质形态比北京人进步，时代晚于北京猿人而早于新人，介于北京猿人和黄种人之间的中间环节，具有与现代人相似的性质
枣园稼穑	1991 年 5 月，在枣园村发现了这一遗址，面积约 2 万平方米，出土遗物以生活用陶器为主，加上少量生产工具，如收割禾穗的石刀、脱壳去皮的石磨棒，以及在陶器上留下的谷粒遗痕。枣园稼穑是山西最早的新石器时代遗存，折射了人类先民最早的农业生产实践活动
唐尧建国	据史籍记载，尧"封于唐"，"游于陶"，又称陶唐氏，"尧治平阳，统天下四方"。1978 年，在襄汾陶寺遗址发现了一处占地约 4 万平方米，包括若干氏族葬区的墓地。从葬制、葬具、殉葬品显示出的差别表明，当时已步入文明社会阶段
叔虞封唐	翼城与曲沃之间有一唐国，史籍记载是唐尧后裔的封国，史称旧唐国。公元前 11 世纪，周武王率领诸侯，誓师牧野，一举灭商而占有天下。周成王的弟弟唐叔虞被封在古代唐国之地，成为镇抚北方狄戎、藩屏周室的重地
晋文公称霸	公元前 636 年，晋献公之子重耳在十多个国家流亡 19 年之后，终于在秦国帮助下，被晋军迎至曲沃即位，即为晋文公。文公执政仅 8 年，但他所奠定的基业，确立了晋国的霸主地位，使晋国成为春秋时代称霸时间最长的国家
三家分晋	公元前 435 年，韩、赵、魏三家合谋，只以绛、曲沃两城为幽公俸食，余地全部归于三家。公元前 403 年，周王室正式承认韩、赵、魏为诸侯，与晋侯并列。韩都平阳(即临汾)，赵都中牟(即鹤壁)，魏都安邑(即运城)
明代移民	为使人口均衡，巩固王朝统治，明洪武年间，朱元璋采取了移民政策。洪洞县是平阳府人口大县，是晋南交通要道，明政府便把移民局设在洪洞县城北贾村驿旁的广济寺，在这里集中移民，编排队伍，发放川资。广济寺大门前的汉植大槐树，就成了各地移民荟萃、开拔外迁的集散之地，洪洞大槐树也由此走进历史的记忆，成了记录沧桑移民历史的物象化石。洪洞大槐树移民是中国古代范围最广、规模最大、历时最长的一次官方移民

(一)华夏第一都

临汾古称平阳，平阳是尧时代的帝都，素有"华夏第一都"之美称。尧是我国原始社会末期的一个古帝，据说是帝喾之子，黄帝之五世孙，姓伊祁，号放勋，古唐国人(今山西临汾尧都区)。《尚书》中记载尧都平阳，划定九州，初建中国，钦定历法，广凿水井，推动农耕，兴办教育。《尚书·尧典》记载了尧的治世之道，"克明俊德，以亲九族"，"尧戒""纳谏""禅让"，被华夏子孙尊为"民师帝范，文明始祖"。孔子称赞"惟天为大，惟尧则之"，司马迁称赞"其仁如天，其知如神，就之如日，望之如云"。"尧天舜日"被后人喻为理想中的太平盛世。

(二)棉麦之乡

临汾素有"棉麦之乡"的美称,自然条件优越,农业基础好,拥有创意农业、循环农业、农事体验等要素基础。2019年,临汾市襄汾县成为全国首批10个国家田园综合体项目之一。《襄汾县田园综合体建设试点工作初步规划》显示,规划在汾河以东,北起襄汾县与尧都区交界、南至县城建成区,以燕村荷花园为核心,涉及2个乡镇、9个村,面积1万余亩的区域开展试点工作,全力打造具有襄汾特色的近郊创意休闲农业田园综合体。

(三)方便之城

2008年,临汾市委在全山西省率先提出打造"方便之城"的先进民生理念,全面启动了标准化公厕工程,掀起了一场轰轰烈烈的"公厕革命",实现了"一厕一设计,一厕一景观",使公共厕所成为城市文明建设的一道独特风景线,以此荣获"中国人居环境范例奖",成为北方第一个获此殊荣的城市。2013年,第九届"迪拜国际改善居住环境最佳范例奖"颁奖大会在迪拜隆重举行,临汾公厕建设主要推动者、时任临汾市住建局局长宿青平应邀出席,捧回中国唯一"全球十佳"的国际大奖。

第二节 临汾重点旅游名胜与特色旅游资源

一、重点旅游名胜

(一)洪洞大槐树

洪洞大槐树寻根祭祖园是国家5A级旅游景区、山西省重点文物保护单位,也是全球华人寻根祭祖的圣地,几个世纪以来,这里一直被当作"家",称作"祖",看作"根"。景区占地3.5平方千米,由"移民古迹区""祭祖活动区""民俗游览区""汾河生态区""根祖文化广场"五大主题板块组成,共60余处文化景点,是全国以"寻根"和"祭祖"为主题的唯一民祭圣地,被誉为"根祖圣地、华人老家"。

"问我祖先在何处?山西洪洞大槐树。祖先故居叫什么?大槐树下老鹳窝。"据文献记载,从明洪武三年至永乐十五年,近50年的时间里在山西洪洞大槐树下发生了18次大规模的官方移民活动,百万民众从大槐树下迁往京、冀、豫、鲁、皖、苏等18个省、500多个县市。经过600年的辗转迁徙、繁衍生息,而今全球凡有华人的地方就有洪洞大槐树移民的后裔。从 1991 年起该景区每年清明节前后都会举办以清明节为主祭日的"洪洞大槐树文化节"，每届文化节都有数以万计的大槐树移民后裔云集于大槐树老家，共祭移民先祖，共话同根亲情。

洪洞大槐树寻根祭祖园先后获得国家 5A 级旅游景区、全国文明单位、全国青年文明号、国家级服务业标准化示范项目、全国中小学生研学实践教育基地、全国模范职工之家、全国巾帼文明岗、全国厂务公开民主管理先进单位、全国档案工作优秀集体等百余项国家级、省级荣誉。其独具特色的大槐树祭祖习俗，于 2008 年被国务院列入国家级非物质文化遗产名录。

(二) 壶口瀑布

临汾市黄河壶口瀑布位于吉县城西 45 千米，距临汾市 165 千米处的晋陕峡谷黄河河床中，号称"黄河奇观"，是中国的第二大瀑布，也是世界上最大的黄色瀑布，是伟大中华民族的象征，因其气势雄浑而享誉中外。滔滔黄河水在流经吉县龙王山附近时，由 300 米乍缩为 50 米，飞流直下，猛跌深槽，如壶注水状，故曰"壶口"。骇浪翻滚，惊涛拍岸，云雾排空，其雄壮之势，无与伦比。与此瀑布相关的景观还有"千米龙槽""水里冒烟""长虹卧波""旱地行船"等。壶口景色，四时各异：严冬则冰封河面，顿失滔滔；春来则凌汛咆哮，如雷贯耳；盛夏则大洪盈岸，蔚为壮观；秋季则洋洋洒洒，彩虹通天。站在河边观瀑，游人莫不唱起"风在吼，马在叫，黄河在咆哮"这威武雄壮的歌。

以壶口瀑布为中心的风景区，集黄河峡谷、黄土高原、古塬村寨为一体，展现了黄河流域壮美的自然景观和丰富多彩的历史文化积淀。其 1988 年被确定为国家重点风景名胜区，1991 年被评为"中国旅游胜地四十佳"之一，2002 年晋升为国家地质公园。

(三) 云丘山景区

云丘山位于山西省临汾市乡宁县，地处吕梁山与汾渭地堑交汇处，总面积 210 平方千米，主开发景区面积为 35 平方千米，最高峰玉皇顶海拔 1629 米。云丘山拥有丰富的自然资源、人文景观和文化遗产，是晋南地区少有的集旅游观光、休闲娱乐、度假养生、民俗体验、文化交流等功能于一体的综合性旅游度假景区。

晋南是华夏文明的发源地，云丘山是中国乡土文化的地理标志。云丘山完整保存有11 座千年古村落，是罕见的晋南窑洞建筑古村镇群落。目前已开发运营的是塔尔坡古村和康家坪古村。其中塔尔坡(原名"榻耳坡")古村有 2500 多年的历史，因老子李耳曾下榻于此而得名，凭借其悠久的历史和深厚的文化底蕴入选《中国传统村落保护名录》。当地村民至今还延承着先民的生殖崇拜、婚育、社祭、祈福等乡土文化习俗，始于唐代的"中和节"更是作为国家级非物质文化遗产传续至今。云丘山作为传统的祈福圣地，每逢中和节，方圆百里的百姓都会来云丘山烧香祈福，求来一年的福气、一年的幸福和平安。

　　而建于明清时期、有着数百年历史的康家坪古村，则改造成为富有浓郁晋南特色的窑洞主题民宿，与来自台湾的大隐建筑规划设计团队合作，将"以生活为本"的理念贯彻到民宿的整体设计之中，给原有的窑洞赋予了新的生命。

（四）霍州七里峪景区

　　七里峪风景区位于临汾市辖区内中镇霍山的北部腹地，东接沁源县的灵空山，北连灵石县的石膏山和介休市绵山，距市区 16 千米，是太岳山国家森林公园的重要组成部分，旅游总面积 15 万亩。该景区内，山清水秀、怪石林立，洞深谷奇、气象万千。景区内五龙壑、滴水崖瀑布、双乳峰、南天门、石人沟、石崖奇松、华北天然落叶松保护区、八仙洞等景点各具特色，天然草坡连片接天，原始森林遮天蔽日。

（五）古县牡丹文化旅游区

　　古县位于临汾市东北部，太岳山南麓。古县牡丹文化旅游区是一处以"天下第一牡丹"即三合村千年神牡丹为主看点，以石壁河流域美丽的自然风光和多处别具风格的人文景观为辅看点的景区。

图 11-1　古县三合村牡丹

　　牡丹为百花之王，而三合村古牡丹为王中之魁（图 11-1）。传说植于唐代，已历 1300 余年。其株高 2 米有余，冠幅约 5 米，丛围约 15 米，花开 400 余朵，皆全国之最。谷雨节后，花令即至，但见云锦布地，富丽堂皇，花姿绰约，芳香四溢。其花娇艳端丽，斑白如玉，中含金蕊，底染红酥，有观者状其形："向者如迎，背者如诀，回者如语，含者如咽，俯者如愁，仰者如悦。"

此景区总面积约 54 平方千米，从"天下第一牡丹"牌楼到牛儿岭狩猎场，旅游线路长达 18 千米，包含 26 个景点，山水林自然纯净，亭楼阁佳景荟萃。狭长的山沟谷地中，清澈若镜的人工湖泊散布其间，山偎水，水绕山，身临其中，如诗如画。走进今日牡丹景区，隔三里一小景，距五里一大景，空气清新，鸟语花香，是一处远离城市喧嚣的生态旅游景区。

附临汾市历史文化旅游资源一览表(表 11-2)。

表 11-2   临汾市历史文化旅游资源一览表

全国重点文物保护单位	晋国遗址、丁村民宅、陶寺遗址、天马遗址、牛王庙戏台、霍州州署大堂、千佛庵
	柿子滩遗址、大悲院、洪洞玉皇庙、柏山东岳庙、霍州窑址、老君洞、乡宁寿圣寺、汾城古建筑群
	东羊后土庙、霍州观音庙、四圣宫、普净寺、王曲东岳庙、南撖东岳庙、乔泽庙戏台
	尧陵、铁佛寺、师家沟古建筑群、娲皇庙、小西天(千佛庵)
山西省文物保护单位	高堆遗址、金城堡遗址、尧庙、下靳遗址、仙洞沟碧岩寺、彭真故居、祝圣寺、霍州鼓楼、韩壁遗址
	追封吉天英碑、挂甲山摩崖造像、大墓塬墓地、克难坡、狄城遗址、安坪遗址、千佛洞(隰县)
	麻衣寺砖塔、郎寨塔、翠微山遗址、芝麻滩遗址、清微观、文庙大成殿、桥北遗址、热留关帝庙
	隰县鼓楼、丁村遗址、陶寺遗址、丁村民宅、寺头遗址、赵康古城遗址、晋襄公墓、沙女遗址
	南大柴遗址、大张遗址、关帝楼、普净寺、汾城古建筑群、永和文庙大成殿、千佛洞、真武祠
	南石遗址、裕公和尚道行碑、翼城枣园新石器遗址、苇沟北寿城遗址、河云遗址、四牌坊、故城遗址
	曲沃古城遗址、里村西沟遗址、方城遗址、四牌楼、薛家大院、东许遗址、望绛墓地、薛关遗址
	明代监狱、永凝堡遗址、坊堆遗址、上村遗址、侯村遗址、明代移民遗址、碧霞圣母宫、泰云寺
	师村遗址、上张遗址、洪洞关帝庙、净石宫、马牧华严寺、女娲陵、商山庙、腰东汉墓群

续表

其他风景区	麻衣寺、历山舜王坪、尧山森林公园、荀子文化园、金代砖墓、真人祠、永和关、龙子祠
	延庆观、海东摩崖、姑射山、五鹿山、皇天后土庙、水神庙、马头关、蔺相如故里、元代戏台
	平阳鼓楼、大云寺、剪桐封国、四十里山、龙澍峪、观日亭、结义庙、景明旅游区

二、特色旅游资源

(一)国家级非物质文化遗产

临汾市国家级非物质文化遗产项目见表11-3。

表11-3　　　　　　　　　　　　临汾市国家级非物质文化遗产项目

申请批次	项　　目
第一批	晋南威风锣鼓、天塔狮舞、翼城花鼓、蒲州梆子
第二批	平阳木版年画、大槐树祭祖习俗、洪洞走亲习俗、洪洞道情
第三批	翼城琴书、曲沃琴书、通背缠拳、尉村跑鼓车、曲沃碗碗腔、任庄扇鼓傩戏、晋南眉户、麒麟采八宝、晋作家具制作技艺
第四批	酿醋技艺(小米醋酿造技艺)、皮纸制作技艺(平阳麻笺制作技艺)、庙会(蒲县朝山会)

1. 晋南威风锣鼓

晋南威风锣鼓是诞生和流行于山西临汾一带的民间传统打击乐,在临汾市的霍州市、洪洞县、汾西县等地流传最广,第一批入选国家级非物质文化遗产名录。由于它鼓声如雷、钹音清脆、锣鸣镗镗、击奏多姿、威武雄壮,故称"威风锣鼓",每逢过节、喜庆丰收、集会游行,便会出现在民间。

威风锣鼓是古老的汉族民间艺术形式,这种锣鼓演奏形式开始于尧、舜时代,距今已有4000多年的历史。威风锣鼓古朴典雅、纯正健美,蕴藏着强烈的艺术魅力和感染力,是中国鼓乐的经典,具有形态、音响、乐曲、表演四方面的美学特征。在历史的发展中，吸取不同时代鼓乐艺术的精华，终于发展成为我们今天看到的气势磅礴、慷慨激昂、粗犷豪放、威武雄壮的"天下第一鼓"。

2. 大槐树祭祖习俗

明朝洪武至永乐年间在洪洞大槐树下发生的移民大迁徙，历时 50 年，迁民 18 次，是中国历史上规模最大、时间最长、范围最广的官方大移民，由此成就了洪洞"天下故乡、华人老家"的美誉。几百年来，回乡祭祖的大槐树后裔络绎不绝。

1991 年 4 月，洪洞县委、县政府举办了首次洪洞大槐树寻根祭祖节，此后每年都会举办祭祖大典，通常以清明节当天为主祭日。仪式内容主要包括：迎请神主；敬香通神；敬献三牲五谷；敬献时鲜面点；敬献福酒；三献礼之后，移民后裔代表向移民先祖敬致祝文；表演队伍向移民先祖敬献乐舞、鼓祭；在饮福受祚环节，主祭人向陪祭人员及参与游客分发献点，赐饮福酒，代表先祖神灵护佑群生；最后所有人员列队，鞠躬辞神，感谢古槐庇佑，感谢先祖功德。

2008 年 6 月，大槐树祭祖习俗经国务院批准列入第二批国家级非物质文化遗产名录。

3. 翼城花鼓

遍及临汾市翼城县各地的"翼城花鼓"，以其节奏欢快、情绪热烈、动作奔放、幽默风趣，给人们带来无尽乐趣。翼城以"花鼓之乡"而闻名遐迩。翼城花鼓的艺术风格可概括为：气势逼人似猛虎，神态逗人像顽猴，灵巧多变姿态美，铿锵有力快节奏。它不仅受到广大群众的喜爱，而且多次参加国内文化艺术大赛荣获金奖，得到艺术家们的高度评价。2006 年 6 月，翼城花鼓被列入首批国家级非物质文化遗产项目名录。2008年 12 月，翼城被文化部命名为"花鼓之乡"。

根据表演者挎鼓位置的不同，翼城花鼓有高鼓、中鼓、低鼓之别。将鼓右高左低系于紧贴下巴处的称高鼓，将鼓稍斜挎于胸前的称中鼓，低鼓的位置则在腰部。现在的翼城花鼓表演一般最少挂三面鼓，三鼓是一个头鼓、一个肩鼓、一个胸鼓；七鼓是一个头鼓、一个胸鼓、一个肩鼓、两个腰鼓和两个腿鼓，名为"满天星斗"；九鼓是在七鼓的基础上再加两个小脚鼓。打多鼓使用的是用牛筋或麻绳制成的软绳。因为鼓手身上系挂的鼓多，不便于大幅度移动位置，所以多在原地表演，观众可以看见艺人双手在身体的上、下、左、右、前、后快速地飞舞缠绕。花鼓的另一种打法是将鼓斜挎于腰侧，鼓槌的持法打法类似腰鼓，手腕手臂动作神速。翼城花鼓的唱腔多为当地民歌唱腔，一般由花鼓手领唱，众人齐和，不用乐队伴奏，定调由领唱者掌握，且唱时不舞、舞时不唱，演唱内容与舞蹈可以没有密切联系。

4. 平阳雕版

金元时期，平阳(临汾古称)是北方的一大文化都市，地位仅次于大都(北京)。自唐代发明雕版印刷术后，由于平阳盛产雕版印刷的白麻纸、墨锭、枣木而很快接受了这一先进技术，官民雕印作坊林立。中央政府在此设立经籍所，委派书籍官，专门管理官民经营的书坊工铺，逐渐形成家置书楼、人蓄书库的盛况。其雕版印刷之兴旺，可以与燕京相比，出现了以张存惠为代表的一大批刻书家。平阳雕版主要编集经史、道教经卷、民间文艺和农医杂书。最著名的有《平水韵》，风行全国，成为后来历代诗人作诗押韵的依据，被称作《诗韵》，有"平水诗韵行天下"之说。其所刻印经藏《赵城金藏》、唱本《刘知远诸宫调》(为传世最早的诸宫调)、医书《铜人针灸图经》、大型版画《四美图》(为中国最早的木版年画)都十分有名。平阳所印书册，常标以"平水新刊"，因此被称为"平水版"。

(二)临汾名人

1. 尧

尧(约前 2447—前 2307)，姓伊祁，名放勋，古唐国(今山西临汾尧都区)人。中国上古时期部落联盟首领，"五帝"之一。尧为帝喾之子，母为陈锋氏。十三岁封于陶(山东菏泽市定陶区)。十五岁辅佐兄长帝挚，改封于唐地，号为陶唐氏。二十岁，尧代挚为天子，定都平阳。尧立七十年得舜。二十年后，尧老，舜代替尧执政，尧让位二十八年后死去，葬于谷林(山东省菏泽市鄄城县境内)。

传说他命羲和测定推求历法，制定四时成岁，为百姓颁授农耕时令，测定出了春分、夏至、秋分、冬至。尧设置谏言之鼓，让天下百姓尽其言；立诽谤之木，让天下百姓攻击他的过错。可以说，尧是中国历史上"以德治国"的明君典范。

2. 卫青

卫青(？—前 106)，字仲卿，河东郡平阳县(今山西临汾)人，是汉武帝时期抗击匈奴的主要将领，霍去病的舅舅，二者并称"帝国双璧"。卫青开启了汉对匈战争的新篇章，七战七捷，无一败绩，为历代兵家所敬仰。

元光二年(前 133)，汉武帝决定改变西汉初期与匈奴和亲的政策，靠"文景之治"积累的财富和兵力，对匈奴发动了大规模的反击。卫青从公元前 129 年被封车骑将军开始，共有七次领兵打击匈奴，立下了赫赫战功。按《史记》记载，其所得封邑总共有16700 户。

虽然卫青战功显赫，权倾朝野，但从不结党。他和霍去病不同，对士卒体恤较多，能与将士同甘苦，威信很高。最后卫青病死于公元前106年，汉武帝为纪念他的彪炳战功，嘉其陪葬茂陵。

3. 霍去病

霍去病(前140—前117)，河东郡平阳县(今山西临汾)人。汉武帝时期名将，汉族，杰出的军事家，汉代名将卫青的外甥。好骑射，善于长途奔袭。

元朔六年(前123)，霍去病被汉武帝任为骠姚校尉，随卫青击匈奴于漠南(今蒙古高原大沙漠以南)，以八百人歼两千余人，受封冠军侯。又于元狩二年(前121)被封为骠骑将军，于春、夏两次率兵出击占据河西(今河西走廊及湟水流域)地区的匈奴部，歼四万余人。同年秋，奉命迎接率众降汉的匈奴浑邪王，在部分降众变乱的紧急关头，率部驰入匈奴军中，斩杀变乱者，稳定了局势，浑邪王得以率四万余众归汉。从此，汉朝控制了河西地区，打通了西域道路。元狩四年(前119)春，与卫青各率五万骑过大漠(今蒙古高原大沙漠)进击匈奴。霍去病击败左贤王部后，乘胜追击，深入两千余里，歼七万余人。后升任大司马，与卫青同掌兵权。他用兵灵活，注重方略，不拘古法，勇猛果断，每战皆胜，深得武帝信任，留下了"匈奴未灭，何以家为"的千古名句。元狩六年(前117)病卒，年仅24岁。

4. 荀子

荀子(约前313—前238)，名况，字卿，华夏族(汉族)，战国末期赵国人。著名思想家、文学家、政治家，时人尊称"荀卿"。西汉时因避汉宣帝刘询讳，因"荀"与"孙"二字古音相通，故又称"孙卿"。曾三次出任齐国稷下学宫的祭酒，后为楚兰陵(位于今山东兰陵县)令。关于荀子的出生地，说法不一，但有很多学者认为在临汾安泽县。

荀子对儒家思想有所发展，在人性问题上，提倡性恶论，主张人性有恶，否认天赋的道德观念，强调后天环境和教育对人的影响。其学说常被后人拿来跟孟子的性善论比较。荀子对重新整理儒家典籍也有相当显著的贡献。

5. 卫子夫

卫子夫(？—前91)，河东郡平阳县(今山西临汾)人，名不详，字子夫。子夫本是袭封平阳侯曹时府中的歌女，服侍曹时的夫人平阳公主。汉武帝即位后，他的第一位皇后也就是武帝幼年时戏言要藏于金屋的阿娇无子，所以平阳公主就把邻近大户女子收买来，养在家中，准备让汉武帝选取为妃。适逢汉武帝在霸上祭扫后来到平阳侯家中，平阳公主就将这些美女装饰打扮起来，供汉武帝选择。但汉武帝看后，觉得都不满意。在武帝与平阳公主一起饮酒的时候，又让歌女起舞助兴，汉武帝便看中了卫子夫。随后，汉武帝起坐更衣，卫子夫便来服侍，得到初幸。这样，平阳公主送子夫入了宫。入宫一年多来，卫子夫却再没有得到汉武帝的宠幸，正好汉武帝释放一批宫女，卫子夫才又见到他，并哭泣着请求放她出宫。汉武帝怜惜她，便把她留下来，同时，又把她的兄长卫长君、弟弟卫青召入宫中为侍中。到汉武帝元朔元年（前128），卫子夫生了一男，遂被立为皇后。

（三）风味特产

1. 牛肉丸子面

在临汾的大街小巷，最多见的美食就是牛肉丸子面了（图11-2）。牛肉丸子面始创于20世纪70年代，由临汾回族人白荣祥先生首创。丸子面以特制的牛肉丸子以及特制面条，混合特有的香料和中草药，再配以牛大骨熬成的高汤，口味独特，香醇，在当地很受欢迎，属于平价小吃。很多临汾人从外地回来，第一时间就来吃牛肉丸子面。

图11-2　牛肉丸子面

它的做法看上去很简单。面条是提前蒸好的。一口大锅里，装着用大量的辣椒配合牛骨等煮的老汤，老汤浓厚香醇，是牛肉丸子面的最大卖点。汤里还炖着丸子，可以看到上面厚厚的一层辣椒油，吃的时候用滚烫的汤一次又一次地把面条浇透浇热，再盛上丸子，放几片牛肉和星点香菜就可以吃了。

2. 浮山烧卖

烧卖是晋南地区传统名食，形如石榴，洁白晶莹，馅多皮薄，清香可口。早在乾隆三年，浮山县北井里村王氏，就在北京前门外的鲜鱼口开了个浮山烧卖馆，并制作炸三角和其他各种名菜。

　　某年除夕之夜，乾隆从通州私访归来，到浮山烧卖馆吃烧卖。乾隆食后赞不绝口，回宫后亲笔写了"都一处"三个大字，命人制成牌匾送往浮山烧卖馆。从此浮山烧卖馆名声大振，身价倍增。

3. 曲沃羊汤

　　曲沃羊汤兴自北魏。据县志记载，北魏拓跋氏食羊肉，弃置羊头、内脏及骨架，县人惋惜拣洗熬制成杂羹，味香美，上市出售，备受青睐，遂成县内风味名吃，迄今已有1500多年历史。

　　曲沃羊汤是白汤出锅、咸口上桌（图11-3），如何出锅上桌相当讲究。用上一年或当年风干两月以上的干葱竖切成丝，取少许置于碗中。泼一勺热汤，勺子反扣葱丝，将汤倾入锅中，谓之"烫葱"——去葱之辛辣留其清香。用勺子轻点盐碗，盛半勺热汤将盐融化至碗中，谓之"化盐"——去盐之苦涩留其咸滑。放盐多少全凭厨师依天气凉热及食客要求而定，取舍以克计量。要做到咸淡适口、童叟皆宜，没三五年经验实难为之，其要诀更是只可意会、难以言传。曲沃羊汤的特点是鲜、热，色、香、味俱佳，兼备驱寒健胃、补钙活血和滋肾等功效。

图 11-3　曲沃羊汤

4. 翼城生炒面

　　生炒面是临汾市翼城县独有的风味小吃，制法类似焖面，但又不同于焖面。生炒面油大而不腻口，面润而不干硬，做工精细，别具风味。正宗的生炒面相传是翼城县张氏发明，距今 300 年，名扬三晋。翼城县隆化镇当地祖传的生炒面有"北京的烤鸭，翼城的面"的美誉。

附临汾市地理标志农产品(表 11-4)。

表 11-4　　　　　　　　　　　　　临汾市地理标志农产品

2013 年第二批	赵康辣椒
2012 年第四批	贺家庄鲜桃
2012 年第五批	隰县梨、洪洞莲藕
2011 年第一批	乡宁翅果
2011 年第六批	蒲县马铃薯、蒲县核桃、南林交莲藕
2010 年第七批	襄陵莲藕、大宁西瓜、大宁红皮小米、永和条枣
2009 年第六批	隆化小米、古县核桃、吉县苹果、官滩枣

第十二章
关公故里　大运之城

---- * ----

　　运城在上古时期是尧、舜、禹活动的中心区域，文献记载"尧都平阳(今临汾)、舜都蒲坂(今永济)、禹都安邑(今夏县)"，有"尧初都蒲坂，后迁平阳"之说。从尧、舜、禹开始，运城便是帝王的建都之地，是当时的"万国之中"，即"中国"。从"帝王所都为之中"、京师为"万国之中"的角度来看，运城是古代最早被称作"中国"的地方。①

第一节　运城概况

　　运城，古称"河东"，位于山西省西南部，地处晋陕豫黄河"金三角"地区，与河南省三门峡市、陕西省渭南市隔河相望，是中华民族和中华文明的重要发祥地之一，是武圣关公的故里。春秋时统属晋国，晋献公于公元前 669 年定都于绛(今绛县)。韩、赵、魏三家分晋后，运城属魏，当时，魏国的都城在安邑(今夏县禹王城一带)。秦始皇统一中国，设三十六郡，运城属河东郡，治所安邑。以后两千多年，建置频繁，但一直沿用"河东"这一称谓。

　　运城历史悠久，是人类第一次用火的地方，是人类最早食用盐、开始冶炼和农耕文明的地方，是华人祖先最早聚集生活的地方，素有"五千年文明看运城"的说法。世界上最早的具有高等灵长类动物特征的曙猿化石——世纪曙猿在运城垣曲的发现，把类人猿出现的时间向前推进了 1000 多万年，证明了运城是人类远祖的起源地。② 运城芮城县的西侯度遗址为中国境内已知的最古老的一处旧石器时代遗址，距今约 180 万年，是最早的人类用火证据。③ 运城在春秋时称"盐邑"，战国时叫"盐氏"，汉代改称"司盐

---

① 《多位专家开会研讨：何处可算最早的"古中国"?》，中新网，2015 年 1 月 20 日。

② 《人类远祖起源于中国》，《人民日报》2000 年 4 月 11 日。

③ 《中国人类用火最早地申请成为北京奥运圣火采集点》，http://www.chinanews.com/news/2006/2006-01-20/8/680759.shtml，2019 年 12 月 2 日。

城""盐监城",宋元时被名为"凤凰城""运司城""运城",世人称为"盐务专城"——因盐运而设城,中国仅此一处。

运城市下辖 1 区、2 市、10 县,即盐湖区、永济市、河津市、绛县、夏县、新绛县、稷山县、芮城县、临猗县、万荣县、闻喜县、垣曲县、平陆县,以及 133 个乡镇(街道办事处)、3338 个行政村。其境内总面积约 14000 平方千米,常住人口约为 537 万。辖区地理坐标:东经 110°15′~112°04′,北纬 34°35′~35°49′。

(一)河东福地,区位优越

运城地处晋陕豫黄河"金三角"中心地带,是黄河由北向南、调头向东的最后一个大拐弯处,有着 380 千米的黄河岸线,黄河由此转弯,一路向东奔向大海。这里距西安和洛阳各 200 千米,距省城太原 380 千米,承东启西、贯通南北、辐射中原,是华北、西北、中原地区的接合部,是国家"一带一路"倡议的重要节点。利用这一区位优势,2012 年 5 月,由运城牵头申报的晋陕豫黄河金三角承接产业转移示范区成功获批,是全国唯一一个跨省域的承接产业转移示范区,包括陕西渭南、河南三门峡、山西运城和临汾三省四市,总面积 5.8 万平方千米,人口 1700 万,产业优势互补,基础设施相连。2014 年 4 月,国务院公布《关于晋陕豫黄河金三角区域合作规划的批复》,使该区域发展上升为国家战略。同时该区域还被国家纳入关中平原城市群。这里承接环渤海经济圈,毗邻关天经济区,同时具备山西转型综合改革试验区、中原经济区的政策叠加优势,在机制体制、项目布局、人才引进、资金扶持等方面可以得到国家更多的政策支持。

(二)文化厚重,资源丰富

运城是中华民族五千年文明的重要发祥地之一。20 世纪 90 年代,中美科学家在垣曲县境内发现的"世纪曙猿"化石,距今约 4000 万年,把人类的起源向前推进了 1000 多万年(中美两国科学家联合在 2000 年 3 月 16 日出版的英国权威科学期刊——《自然》杂志上发表研究论文,认为"世纪曙猿"是迄今为止地球上发现最早的、包括人类在内的高等灵长类动物的祖先,约生活在距今 4500 万年至 4000 万年之间的中始新世)。芮城县风陵渡镇的西侯渡文化遗址,是迄今为止考古界发现的人类用火的最早实证,距今约 180 万年,是旧石器时代著名的文化遗存。

万荣县的后土祠,是为了祭祀人类始祖——母系氏族时代的首领女娲而建的。关于春最早的记载,是轩辕黄帝"扫地为坛于汾阴"以祭后土。从汉文帝开始建祠,官方的祭祀活动一直延续到宋代,曾经有 40 多位皇帝来运城祭过后土,其中,汉武帝六次来运城,在这里留下了千古绝唱《秋风辞》。

运城盐池对华夏文明的发展发挥过举足轻重的作用。盐的开发利用,加上火的使用,大大提高了人类的生存质量,加快了人类文明演进的步伐。古老的运城盐池已有

4000 多年的开发历史,面积约 132 平方千米。传说中"黄帝战蚩尤"的"涿鹿大战"就发生在运城,战争的原因就是为争夺运城的盐池。运城盐湖区至今有蚩尤村。据说,在唐宋时期,运城盐池的盐税曾占到国库收入的 1/8 到 1/6。

蜀汉名将关羽,汉代河东郡解县(今运城市)人。他之所以逐渐被神化,"由侯而王,由王而帝,由帝而圣,由圣而天",成为威震九天、无所不能的神灵,是由于其忠义、仁勇、诚信的品格为世人所敬仰,他的道德风范适应了人们的社会文化心理需求。在运城这块古老的土地上发生和演绎了许多动人的历史故事和传说,黄帝战蚩尤、舜耕历山、禹凿龙门、嫘祖养蚕等流传久远。舜都蒲坂(永济)、禹都安邑(盐湖区)及中国奴隶制社会第一个王朝——"夏"建都,均在运城。文学家柳宗元,《滕王阁序》的作者王勃,戏剧家关汉卿,史学家、一代名相司马光,古代四大美女之一的杨玉环等数以百计的历史名人都是运城人。这里的三晋望族裴氏、王氏、薛氏、柳氏更是门庭显赫,尤以闻喜县裴氏影响最大,史称"将相接武,公侯一门",其宗祠所在地礼元镇裴柏村号称"中华宰相村"。

有人称赞说,运城是一个有情有义的地方。有情,这里是《西厢记》张生和崔莺莺的爱情故事的发生地;有义,这里是武圣关公的故乡。这里有旅游景点 1600 余处,国家级文物保护单位 102 处、省级文物保护单位 67 处,驰名中外的有武庙之祖——关帝庙,中国四大历史名楼之一——鹳雀楼,艺术宫殿——永乐宫,《西厢记》故事发生地——普救寺,祭祖圣地——舜帝陵,中华瑰宝——黄河大铁牛,国内独此一家的盐湖黑泥浴,豪门望族——闻喜裴氏宰相村,等等。

(三)气候优越,物产丰饶

这里地势平坦、土壤肥沃,目前已形成粮、果、菜、畜等主导产业和循环产业链条,拥有 7 个国家级出口食品农产品质量安全示范区,粮食年产量稳定在 30 亿公斤以上,水果年产量超过 60 亿公斤。其苹果、油桃等优质水果出口美国、澳大利亚、秘鲁等 60 多个国家和地区。

(四)矿产丰富,工业雄厚

运城地区地质构造复杂,矿产资源丰富,经地质勘探列入山西省矿产储量表的有煤、铁、金、银、铜、铝、锌、铅、钴、钼、芒硝、岩盐、白钠镁矾、卤水、熔剂灰岩、灰岩、黏土、磷、长石、玻璃石、英砂岩、重晶石等 21 种。其中,具有开采价值的矿产资源为铜、铅、镁(镁盐、白云岩)、芒硝、石灰岩、大理石、硅石等。

铜矿是运城第一大矿业支柱,储量占全省总储量的 93.99%,分布于垣曲县和闻喜县的接壤地区。这里石灰石资源也很丰富,主要分布在河津市龙门山—西硙口—魏家院一带,矿体平均厚度 1.5~30 米,宜露天开采。

（五）环境美好，城市宜居

这里是典型的山水平原城市，年平均气温 13.3℃，降水量 510.7 毫米，日照 2188.8 小时，无霜期 188~238 天。全市林地面积 969.6 万亩，森林覆盖率 29.1%、名列全省第二，环境承载空间较大。立足盐湖、南山独特的山水优势和关公文化优势，运城正在打造"河东盐池自然景观"与"关帝庙人文景观"合二为一的龙头景区。

运城市城市荣誉见表 12-1。

表 12-1 　　　　　　　　　　　　　**运城市城市荣誉一览表**

中国楹联文化城市	中国十大魅力城市	中国金融生态城市
全国双拥模范城	全国无偿献血先进市	跨国公司最佳投资城市
国家商标战略实施示范城市	中国中部十大最佳投资城市	全国全民健身活动先进单位

第二节　运城重点旅游名胜与特色旅游资源

一、重点旅游名胜

运城地区历史悠久，山川壮丽，风景名胜遍布各地，文物古迹星罗棋布，旅游资源十分丰富。其境内有历山、孤峰山、五老峰、龙门天险、王官峪瀑布等自然景观；也有闻名华夏的古文化遗址和古建筑，如南海峪岩洞遗址、西候渡遗址、禹王城遗址、司马光祖墓、关帝庙、永乐宫、普救寺等。它们都具有极高的游览价值和艺术欣赏价值。

（一）普救寺

普救寺位于山西省西南永济市蒲州古城东 3 千米的峨眉塬头上（图 12-1），这里地势高敞、视野宽阔，寺院坐北朝南，居高临下，依塬而建，总占地约 9.3 万余平方米。普救寺始建于隋唐，距今已有 1000 多年历史，是我国古典戏剧名著《西厢记》爱情故事的发生地。1965 年被确定为山西省文物保护单位，1985 年由山西省旅游局投资 435 万元进行了全面修复，1990 年对外开放，2002 年被评为国家 4A 级旅游景区。

《西厢记》的问世，使得这个"普天下佛寺无过"的普救寺名声大噪，寺内的舍利塔也被更名为"莺莺塔"而闻名遐迩。而美丽动人的爱情故事，千百年来一直撼动着人们的心灵，使它成为游览胜地。

屹立在寺中的莺莺塔，不仅形制古朴、蔚为壮观，而且以奇特的结构，明显的回音

图 12-1 普救寺

效应著称于世。游人在塔侧以石叩击，塔上会发出清脆悦耳的蛤蟆叫声，令人连连称奇。在方志中称之为"普救蟾声"，为古时永济八景之一。

(二)鹳雀楼

鹳雀楼，又名鹳鹊楼，因时有鹳雀栖其上而得名，位于晋秦豫三省交界的山西永济蒲州古城西郊外的黄河岸畔(图 12-2)。唐代诗人王之涣的一首《登鹳雀楼》——"白日依山尽，黄河入海流。欲穷千里目，更上一层楼"，使其名扬天下、声播四海，为黄河流域的标志性建筑。

图 12-2 鹳雀楼

此楼始建于北周时期，大约在公元 557—581 年，由北周大将军宇文护建造，为一座军事戍楼，历唐经宋存世 700 余年，于元朝初年毁于战火，直到 1997 年得以第一次重修，于 2002 年 9 月正式对游人开放。

(三)神潭大峡谷

神潭大峡谷原名水谷，是在距今 5.7 亿年的寒武纪时期，由地壳运动而形成的一个大裂谷。它位于永济市南中条山内。

峡谷内水资源极其丰富，泉水清澈川流不息，飞瀑轰鸣不绝于耳，神潭莫测稀世难寻，以两瀑三泉一百零八潭为代表。峡谷内地质构造复杂多样，地形地貌独特壮美，主峰"九州疙瘩"海拔 1778.3 米，突兀于群山之中，九个峰顶常年浮于云海之上，亦真亦幻，自古被喻为"九州太平"。奇峰、怪石、翠海、叠瀑等组合成神妙、奇幻、幽美的自然风光，被誉为"中条奇峡、梦幻水乡"。

整个景区山势巍峨，溪流山泉遍布，自然植被独特，万亩天然松柏郁郁葱葱，林木密布，山花烂漫。有野生植物 700 余种，野生珍稀动物 30 余种，是难得的动植物宝库，是中条山森林公园的缩影。

2009 年以来，山西溪域旅游开发有限公司累计投资 2 亿余元，按照国家 5A 级风景名胜区标准对峡谷进行了精心打造，2013 年 6 月 14 日被评为省级地质公园。现已成为永济市旅游集散地，运城市十大旅游名片之一，国家 4A 级景区。走进神潭大峡谷，仿佛走进一幅美丽的山水画，令人流连忘返。

(四)盐湖景区

运城盐湖与美国犹他州澳格丁盐湖、俄罗斯西伯利亚库楚克盐湖并称为"世界三大硫酸钠型内陆盐湖"，是华人祖先开发最早的盐湖。据《河东盐法备览》记载，5000 多年前就在运城盐湖发现并食用盐，这是中华民族利用山泽之利的一个伟大创举。

运城盐湖东西长，南北窄，四周高，中间低，形似"古元宝"状。南倚中条，北靠峨眉，东临夏县，西接解州，总面积 132 平方千米。虞舜曾在盐湖之畔的卧云岗，手抚五弦琴，唱吟中国历史上最古老的歌谣《南风歌》："南风之薰兮，可以解吾民之愠兮；南风之时兮，可以阜吾民之财兮。"运城盐湖被田汉先生赞为"千古中条一池雪"。

(五)解州关帝庙旅游区

运城市解州关帝庙是全国重点文物保护单位，国家 4A 级旅游景区。在世界 160 多个国家和地区的华人居住地都建有关帝庙，在数以万计的关帝庙中，解州关帝祖庙始建最早、规模最大、档次最高、保存最全，被誉为"关庙之祖""武庙之冠"，是关公文化的发源地和集散地。解州关帝庙创建于陈末隋初(589)，宋元到明清，随着社会各界对关公美化、圣化和神化的浪潮不断高涨，又对解州关帝庙进行了多次大规模的修复、重建和扩建，基本恢复了历史原貌。目前关帝庙由结义园、祖庙和关帝御花园组成，是一处中轴对称、前朝后寝的大型明清古建筑群。景区荣获"山西十大旅游品牌单位""山西省十佳优秀旅游景区""中华旅游文化贡献单位"等。

庙内春秋楼又名麟经阁，是寝宫的主体建筑，也是庙内最高建筑，通高 23.4 米。据志书载，该楼初建于明万历初，现存结构为清同治九年（1870）重建之物。该楼面阔七间，进深六间，二层三滴水，歇山琉璃楼顶；中部三间辟隔扇门，梢间砌墙环楼封护；中檐与下檐柱头额枋镂雕飞龙、孔雀、牡丹、寿星、羽神等图案，华丽美观，雕工精湛；三层檐下皆施华丽的层层斗拱，下檐斗拱五踩双昂形制，龙首含珠耍头，甚为精致华美。楼内东西两侧，各有楼梯 36 级，可供上下。第二层上，有木制隔扇 108 面，图案古朴，工艺奇特。更有"三绝"——关帝夜读春秋塑像、八卦藻井、木刻《春秋》全文，皆是关帝庙精华之作。

（六）芮城县永乐宫旅游区

艺术宫殿永乐宫，原来是一处道观，始建于元代，是为奉祀中国古代道教"八洞神仙"之一的吕洞宾而建，距今已有 600 多年。原名"大纯阳万寿宫"，因原建在芮城县永乐镇，被称为永乐宫。宫殿规模宏伟，布局疏朗，殿阁巍峨，气势壮观，为国内现存最大的元代建筑群。分布在宫内三清殿、龙虎殿、纯阳殿和重阳殿的 1000 平方米（包括拱眼壁画）精美壁画，题材丰富，笔法高超，其艺术水平堪与敦煌壁画相媲美，为我国绘画史上的杰作，是世界美术史上一颗瑰丽的明珠。

永乐宫现为全国重点文物保护单位，国家 4A 级旅游景区。

二、特色旅游资源

（一）国家级非物质文化遗产

截至 2020 年 4 月，运城市共有国家级非物质文化遗产项目 25 项，分别为董永传说、绛县尧的传说、万荣笑话、新绛绛州鼓乐、万荣软槌锣鼓、稷山高跷走兽、万荣花鼓、稷山高台花鼓、运城蒲州梆子、临猗锣鼓杂戏、运城眉户、芮城线腔、闻喜花馍、新绛面塑、芮城永乐桃木雕刻、稷山金银细工制作技艺、新绛绛州剔犀技艺、稷山螺钿漆器髹饰技艺、新绛澄泥砚制作技艺、稷山传统面点制作技艺、平陆窑洞营造技艺、新绛点舌丸制作技艺、运城关公信俗、万荣抬阁、中和节·永济背冰。

1. 万荣笑话

万荣笑话是流传于山西的民间文学形式之一，万荣人以幽默、诙谐的性格演绎着对生活的理解与热爱，创造了为人所津津乐道的万荣笑话。

　　明末清初以来，万荣民间创造、传播了众多的笑话，且不断加以丰富、完善。万荣笑话最大的特点是一个"挣"字，笑话中的主人公都有一股"挣劲"，表现为爱舌辩、讲偏理或处事执拗、倔强、争强好胜。诙谐、认死理、不服输、犟到底等构成了万荣笑话的突出特点，如《七个痴虫光知道吃》《门保险没不了》《前面不下雨》《咱下工了》《扔夜壶》《财主请高才》等。万荣笑话是一种典型的草根文学，是民众生活智慧的集中展示，是我国民间文学宝库中的珍贵遗产。

小资料　　　　　　　　　　　　**万荣笑话集锦**

菜市场

　　有个嘴特甜的卖菜人，见了谁都叫得很亲热。这天小万老婆来市场，卖菜人老远就喊："嫂子，看我这韭菜多鲜呀，捎一捆回去给我哥和咱侄儿包饺子吧!"小万老婆于是提上一捆韭菜就走，卖菜人喊道："嫂子，还没给钱呐。"小万老婆说："你哥一会儿从这路过，你跟他要吧。"卖菜人说："可我不认识我哥呀。"过路人都笑道："你连你哥都不认识，你哄谁呢!"

山里人坐轿

　　山里坡陡路窄，闺女出嫁都是骑驴。有个姑娘找了个平川对象，结婚这天，婆家抬来一顶花轿。四个抬轿的是一伙调皮鬼，想开一下山里姑娘的玩笑，把轿底板抽掉了。姑娘上轿后，只得在里面随着走。抬轿的越走越快，后来索性跑了起来，姑娘在轿里面直跑得气喘吁吁，满头大汗。第二天回门，女伙伴问她："坐轿是个啥滋味?""和学生上操一样，先走后跑。步子要紧跟上，不然可就把脚后跟磕破了。"

买镜子

　　有个年轻人，头一次到镇上赶集，买回来一面小镜子。全家人还从来没见过这个玩意儿，都稀罕得很。他妻子先拿起镜子一看，见里面有个女人，便哭着对婆婆说："妈，你娃变心了，到镇上另寻下一个。你看，在这里头躲着哪!"婆接过镜子一看，见里面有个老太婆，便指着儿子嚷道："这娃真是，要再娶，就娶个年轻的，怎么能娶个老太婆呢?"他爹不相信，夺过镜子一看，见里面是个老头子，也大为冒火："这娃憨啦，年龄大小都是小事，怎么娶了个老汉，连男女都分不清!"

---

2. 新绛绛州鼓乐

绛州鼓乐，亦称绛州大鼓，泛指新绛县流行的锣鼓乐、吹打乐，因新绛县昔称绛州而得名。

绛州鼓乐凝聚和沉淀了黄河儿女千百年的传统文化，粗犷浑厚，慷慨激越，炽烈洒脱，刚劲奔放。它凭借了鼓板锣钹、管弦丝竹，特别是发挥了鼓的每个部位的最佳音响，运用花敲干打，以丰富多变的音乐语汇，将人、兽、物的形象诉诸观众的视听，并可演绎一个完整故事，被誉为山西鼓乐艺术"三大绝"的首绝、中国鼓乐艺术中的"国之瑰宝"。

2003 年 2 月，新绛县绛州鼓乐被联合国教科文组织列入首批人类口头和非物质遗产代表名录。

3. 闻喜花馍

山西省的面食闻名全国，而闻喜花馍也在其中占了一席之地。闻喜花馍是运城市闻喜县的传统面点，是手艺人们用灵巧的双手将面捏成飞禽走兽、花果虫鱼等各种富有大自然灵气的生物而制成，因此具有极大的观赏价值。

而闻喜花馍不仅具有观赏价值，还具有祭祀、祈福等历史价值。古人会在拜神、祈雨等场合祭上花馍，代表人们忠诚的信仰，由它的别称"礼馍"就可见一斑了。

如今，花馍历经数千年的发展，已经衍生出了"花糕""花馍""吉祥物""盘顶"四个系列 200 多个品种。2010 年花馍在上海世博会展出，2012 年在闻喜县举办首届春节花馍文化节，2000 多种花馍吸引了 5 万余名民众参观。如今花馍远销港、澳、台及世界各国，使得越来越多的国家和地区感受到闻喜花馍的魅力。

4. 新绛澄泥砚制作技艺

澄泥砚，与端砚、歙砚、洮砚齐名为中国"四大名砚"，主要产于山西省新绛县，是四大名砚中唯一的泥砚。2008 年，澄泥砚制作技艺入选我国第二批国家级非物质文化遗产。

澄泥砚以沉淀千年黄河渍泥为原料，经特殊炉火烧炼而成，质坚耐磨，观若碧玉，抚若玉肌，储墨不涸，积墨不腐，历寒不冰，呵气可研，不伤笔，不损毫，倍受历代帝王、文人雅士所推崇，唐宋皆为贡品。武则天、苏东坡、米芾、朱元璋均有所钟，并著文记之；乾隆皇帝盛赞其抚如石，呵生津。其功效可与石砚媲美，此砚中一绝。

澄泥砚以朱砂红、鳝鱼黄、蟹壳青、豆绿砂、檀香紫为上乘颜色，尤以朱砂红、鳝鱼黄最为名贵。澄泥砚的砚体形有圆、椭圆、半圆、正方、长方、随意形的。雕式有号、耳瓶、二龟坐浪、海兽哮月、八怪斗水、仿古石渠阁瓦等立体砚。平面雕刻有山水人物、草树花卉、走兽飞禽，又有犀牛望月、台山白塔、嫦娥奔月等。

5. 运城蒲州梆子

蒲州梆子于明末清初形成于晋、陕、豫交界地带的蒲州，主要流行于山西南部及陕西、河南、甘肃、青海等省的部分地区。它是我国古老的梆子腔剧种之一，初期民间称为乱弹或梆子腔，清代中叶称山陕梆子，民国初年称蒲州梆子，20 世纪 30 年代起简称蒲剧。蒲州梆子剧目众多，现在已知剧目有 1400 多个，其中《窦娥冤》《薛刚反朝》《麟骨床》《杀驿》《挂画》等影响较大。

蒲州梆子唱腔以梆子腔为主，另有昆曲、吹腔及民歌小调等。梆子腔属板腔体，有 7 种基本板式，另有唢呐曲牌和丝弦曲牌 300 多支。蒲州梆子的声腔特征是腔高板急、起伏跌宕，长于抒发慷慨激越的情绪。在演唱过程中演员大小嗓兼用，往往出现十度以上或两个八度的跳跃，行腔高亢奔放，富于激情。伴奏乐队有文、武场之分，文场乐器以板胡为主，辅以笛、二股弦、三弦、二胡等；武场乐器采用鼓板、枣梆、马锣、铙钹等，锣鼓经十分丰富。

蒲州梆子分须生、老生、小生、正旦、小旦、老旦、大花脸、二花脸、三花脸等角色行当，其表演艺术有悠久的历史和深厚的传统，最鲜明的特点是火爆奔放，刚健大方，舒展明快，含蓄细腻，注重做工，擅用特技表现人物，有不少难度较高、观赏性极强的表演技巧，仅特技绝活就有 30 余种，其帽翅功、髯口功、翎子功、梢子功、鞭子功、椅子功、扇子功、耍纸幡、彩功等表演特技在全国享有盛名。

(二)历史名人

1. 舜

舜，名重华，因其祖先曾封于虞(今永济市虞乡镇)，历史上又称为虞舜。

他生活在山西的南部地区，是原始社会后期一个叫舜的部落联盟首领。他曾做过一番轰轰烈烈的事业，但最令人感动的却是他忠厚善良的品德。舜幼年丧母，深受继母和异母兄弟的歧视和侮辱，尽管如此，舜对父亲和继母仍很孝顺，同异母兄弟也能和睦相处。其宽厚的胸魄得到尧的赏识，娶妻尧的女儿娥皇、女英，后一步登天。舜当了天子后，到南方巡视，中途病故。

舜帝是道德文化的鼻祖，舜文化是道德文化。《史记》载："天下明德，皆自虞舜始。"

舜帝文化精神之魂可称为"德为先，重教化"，舜文化是由野蛮走向文明的历史转折时期的中华文化。以农耕文化为内涵的炎帝文化，以政体文化为内涵的黄帝文化，以道德文化为内涵的舜文化，共同构成了中华文化的三座里程碑。

2. 禹

大禹，姓姒，亦称大禹、夏禹，是夏朝第一位皇帝，上古治水英雄。

远古时期，天地茫茫，宇宙洪荒，人民饱受海浸水淹之苦。尧帝开始起用禹的父亲鲧治理洪水。鲧治水逢洪筑坝，遇水建堤，采用"堙"的办法，九年而水不息。当时尧的助手舜行视鲧治水无功，将他诛杀在羽山。

舜命鲧的儿子禹继续治水。他从冀州开始，踏遍九州进行实地考察，决定采用因势疏导洪水的办法。

当时的绍兴地区也受到洪水的祸害，被称为荒服之地。大禹治水到了这块荒蛮之地，凿山疏流，将水引入东海，使这片浅海沼泽之地重新成为平原，人民得以从事垦殖为生。大禹曾在绍兴娶涂山氏为妻。新婚才四天，禹便离家治水去了。他婚后离家十三年，传说曾经三次路过家门而不进去。其"三过家门而不入"和吃苦耐劳、克己奉公的忘我精神被传为千古佳话，成为中华民族精神的重要组成部分。

3. 嫘祖

嫘祖，夏县尉郭乡西阴村人。《史记·五帝纪》记载：黄帝居轩辕之丘，而娶于西陵之女，是为嫘祖，嫘祖为黄帝正妃。西陵即今夏县尉郭乡西阴村。

当时西阴一带是一片浓郁的桑林，人们还不会织布、做衣，夏缠树叶，冬披兽皮。嫘祖想解决人们的穿衣问题，开始用草皮，继而用树皮捻线，后来发现桑树上的野生蚕吐丝又细又结实，便开始在家养蚕。她把蚕茧煮熟后套在木棍上，用手撕着捻线，后来称作丝(撕)线。嫘祖又受到蜘蛛网的启发，就把丝织成锦帛，后来称绸。又从河里的梭鱼得到启示，做成缠丝的工具，后人叫梭子。从此人们便开始穿上用锦帛做的衣服，结束了以树叶兽皮为衣的时代。后世为了纪念嫘祖对人类的贡献，尊称她为"先蚕娘娘"。在西阴村南曾建有"先蚕娘娘庙"，庙内塑有"先蚕娘娘像"。

4. 百里奚

百里奚，姜姓，亦称百里子或百里，名奚，号五羖大夫。春秋时虞国(今运城平陆北)人。生卒年不详，秦穆公时贤臣，著名的政治家。百里奚早年贫穷困乏，流落不仕，在被晋国俘虏前，曾游历齐、周、虞、虢等国，这使得他对于各国的民俗风情、地理形势、山川险阻知之甚悉，为他后来给秦穆公筹划东进准备了必要条件。百里奚早年颠沛流离的生活和坎坷的经历，使他尝尽了艰苦生活的滋味，也亲眼看见了下层人民的悲惨处境，对他后来任秦国大夫时为官清正、树立以民为贵的思想都有着积极的影响。

百里奚作为杰出的政治家，在晚年创造了辉煌的业绩。他依靠出众的才智和超群的谋略，使僻处一隅的秦国逐渐强大起来，为秦国取得霸主地位起到了不可低估的作用。

正像《史记》所载孔子的评论："秦，国虽小，其志大；处虽辟，行中正。身举五羖（即百里奚），爵之大夫……以此取之，虽王可也，其霸小矣。"百里奚相秦期间，内外安缉，充实了秦的国力，奠定了其称霸以及统一的基础，在春秋时期已很明显，为有识者所称道。秦霸西戎，与晋国抗衡，成为诸侯争霸中举足轻重的一方势力，都是秦穆公时期完成的，这固然是穆公雄才大略，善于用人的结果，但与百里奚的相业也是分不开的。故论者称许秦穆公的功业，总以任用百里奚为其大端。

5. 关羽

关羽（约161—220），字云长，河东解良（今山西运城）人，东汉末年蜀国名将。早期跟随刘备辗转各地，曾被曹操生擒，于白马坡斩杀袁绍大将颜良，与张飞一同被称为万人敌。赤壁之战后，刘备助东吴周瑜攻打南郡曹仁，别遣关羽绝北道，阻挡曹操援军，曹仁退走后，关羽被封为襄阳太守。刘备入益州，关羽留守荆州。建安二十四年（219），关羽围襄樊，曹操派于禁前来增援，关羽擒获于禁，斩杀庞德，威震华夏，曹操曾想迁都以避其锐。后曹操派徐晃前来增援，东吴吕蒙又偷袭荆州，关羽腹背受敌，兵败被杀。

关羽去世后，逐渐被神化，被民间尊为"关公"，又称美髯公。历代朝廷多有褒封，清代奉为"忠义神武灵佑仁勇威显关圣大帝"，崇为"武圣"，与"文圣"孔子齐名。

6. 王勃

王勃（约650—676），字子安，汉族，唐代诗人。古绛州龙门（今山西河津）人，出身儒学世家，与杨炯、卢照邻、骆宾王并称为"初唐四杰"，王勃为四杰之首。

王勃自幼聪敏好学，据《旧唐书》记载，他六岁即能写文章，文笔流畅，被赞为"神童"。九岁时，读颜师古注《汉书》，作《指瑕》十卷以纠正其错。十六岁时，应幽素科试及第，授职朝散郎。因作《斗鸡檄》被赶出沛王府。之后，王勃历时三年游览巴蜀山川景物，创作了大量诗文。返回长安后，求补得虢州参军。在参军任上，因私杀官奴二次被贬。上元三年（676）八月，自交趾探望父亲返回时，不幸渡海溺水，惊悸而死。王勃在诗歌体裁上擅长五律和五绝，代表作品有《送杜少府之任蜀州》；其主要文学成就是骈文，代表作品有《滕王阁序》等。

7. 柳宗元

柳宗元（773—819），字子厚，汉族，河东（今山西运城永济一带）人，唐宋八大家之一，唐代文学家、哲学家、散文家和思想家，世称"柳河东""河东先生"，因官终柳州刺史，又称"柳柳州"。柳宗元与韩愈并称"韩柳"，与刘禹锡并称"刘柳"，与王维、孟浩然、韦应物并称"王孟韦柳"。

柳宗元一生留诗文作品达 600 余篇，其文的成就大于诗。骈文有近百篇，散文论说性强，笔锋犀利，讽刺辛辣。游记写景状物，多所寄托。有《河东先生集》，代表作有《溪居》《江雪》《渔翁》。柳宗元遗族所建柳氏民居，现位于山西晋城市沁水县文兴村，为国家 4A 级景区。

8. 司马光

司马光（1019—1086），字君实，号迂叟，陕州夏县涑水乡（今山西省夏县）人，世称涑水先生。北宋政治家、史学家、文学家，自称西晋安平献王司马孚之后代。

宋仁宗宝元元年（1038），进士及第，累迁龙图阁直学士。宋神宗时，反对王安石变法，离开朝廷十五年，主持编纂了编年体通史《资治通鉴》。历仕仁宗、英宗、神宗、哲宗四朝，官至尚书左仆射兼门下侍郎。元祐元年（1086）去世，追赠太师、温国公，谥号文正。名列"元祐党人"，配享宋哲宗庙廷，为昭勋阁二十四功臣之一。

其为人温良谦恭、刚正不阿，做事用功，刻苦勤奋，以"日力不足，继之以夜"自诩，堪称儒学教化下的典范。生平著作甚多，主要《温国文正司马公文集》《稽古录》《涑水记闻》《潜虚》等。

9. 关汉卿

关汉卿（约 1234—约 1301），元代戏剧作家，元代杂剧奠基人。晚号已斋（一说名一斋）、已斋叟。汉族，解州人（今山西运城），与白朴、马致远、郑光祖并称为"元曲四大家"，为其首。

其作品以杂剧的成就最大，今知有 67 部，现存 18 部，个别作品是否为他所作，尚无定论。其最著名的杂剧是《窦娥冤》。关汉卿也写了不少历史剧，如《单刀会》《单鞭夺槊》《西蜀梦》等；散曲今在小令 40 多首、套数 10 多首。他的散曲，内容丰富多彩，格调清新刚劲，具有很高的艺术价值。关汉卿塑造的"我是个蒸不烂、煮不熟、捶不匾、炒不爆、响珰珰一粒铜豌豆"（《南吕·一枝花·不伏老》）的形象广为人称。

（三）风物特产

1. 新绛羊杂烂

"太原头脑西安泡，新绛羊汤也蛮好。"新绛县羊杂烂与运城地区其他地方的羊汤、羊杂割不同，虽然同样是用羊杂做成，但不杂放豆腐、粉条（图 12-3）。目前，县城尤以邱家杂烂有名。每天早晨顾客盈门，一抢而空。羊肉、羊油、羊血、羊汤，含有较高脂肪、铁质和蛋白质，属于热性食物，所以冬天人们特别喜欢吃。其特点是油而不腻，清香爽口。

2. 盐湖区北相羊肉胡卜

北相羊肉胡卜，是山西著名汉族小吃，距今有一百多年历史，久负盛名（图 12-4）。其味道清爽，油而不腻，滋补身体，为当地群众喜爱的名吃佳品。运城市北相镇人做的最好，故名。羊肉胡卜不是指羊肉和胡萝卜，这里的"胡卜"指的是一种死面饼子。

图 12-3 新绛羊杂烂

图 12-4 北相羊肉胡卜

北相羊肉胡卜的诞生，与著名的戏剧《二进宫》有关。《二进宫》是一部反映明代宫廷斗争的历史剧。明穆宗朱载厚死后，李良企图篡位，皇后密召徐延昭、杨波二人进宫，欲把太子交与二人带出宫。杨派人去蒲州搬兵却走漏风声，李良派兵追到泓芝驿。北相镇的路老汉在泓芝驿卖炊饼，一位后生冲进他的席棚喊救命。后生一路上饱受风寒病倒了，高烧不退。路老汉心急无招，把炊饼用刀切碎，抓起一块羊油放进锅中，趁热放进大料，再投入一把潞盐加水烧开，把炊饼加入烹好倒进碗中，趁热喂下。半个时辰后，后生高烧渐退，赶往蒲州搬兵救驾。事后，这位后生找到路老汉，见面就拜，唱道："你让我吃的真是护国良肴啊！"路老汉听不清后生的南方话，把"护国"听为"胡卜"了。

3. 河津石子馍

河津石子馍是一种制作奇特、风味别致的古老食品，也叫干馍。由于它历史悠久，加工方法原始，因而被称为食品中的"活化石"。石子馍是用烧热的石子作为炊具烙烫而制成的馍。它油酥咸香，经久耐放，因此很受人们的喜爱。

4. 万荣苹果宴

运城万荣县是果业大县。万荣苹果宴秉承当代美食新概念、打造大众消费新观念、引领餐饮发展新潮流，把苹果和肉类、蔬菜等多种食材巧妙糅合，通过大师们独特的刀工和烹制工艺，采用蒸、煮、煎、炸等多种烹饪方法，制作出了多种色香味俱全的万荣苹果菜，有苹果咕噜肉、苹果八宝饭、红酒苹果等，让万荣苹果成了亮丽的名片（图 12-5）。

图 12-5　万荣苹果宴

运城市其他特色美食见表 12-2。

表 12-2　　　　　　　　　　　　　　运城市其他特色美食介绍

稷山麻花	稷山是麻花的发源地，作为传统面点制作技艺，稷山麻花已列入国家级非物质文化遗产名录。稷山麻花始创于隋朝开皇年间，已有数千年的历史，为油炸食品，硬面和就，配料考究，口味独特，纯手工制作。乾隆皇帝江南出巡，纪晓岚向皇上介绍地方名吃稷山麻花，乾隆皇帝亲口品尝，称道："形如绳头，香酥可口，出类拔萃，别具风味。"由此，稷山麻花被列为朝廷御餐食品，地方年年进贡。稷山麻花随之名声大振，传名后世
万荣凉粉	万荣凉粉用红薯粉制成，白晶透亮，调上鲜红的辣椒油，拌上生蒜泥、芥末等调味品，麻辣酸香，清凉爽口，是一道适合夏季食用的小吃。有热、凉两种，浇羊肉臊子的为热凉粉，调以油辣子、芥末、食盐、蒜泥、酱油、醋的为凉凉粉。凉粉筋道，调和麻辣适度，醋香诱人，入嘴即咽。据传始于清代，由陕西韩城传入，是一道万荣美味与文化兼容的食品
闻喜煮饼	闻喜煮饼有着山西"饼点之王"的美誉，又有"国式糕点绝产"之美称。煮饼在明末就已有名气。鲁迅先生在小说《孤独者》中有"我提着两包闻喜产的煮饼去看友人"的字句。煮饼是一种油炸的点心，在晋南民间把"炸"就叫"煮"。闻喜煮饼形似圆月，由于外皮粘满白芝麻，所以外观是月白色。其内有栗色、绛白二色分明的饼馅，可拉出几厘米长的细丝，酥沙香甜，不皮不粘不腻，久不变质。主要原料为面粉、蜂蜜、小磨香油、糖稀及上等红白糖等

5. 新绛县黄河云雕

新绛县黄河云雕工艺厂已有近 30 年的历史，是国家级非物质文化遗产"绛州剔犀"（俗称"云雕"）的保护单位，厂长、省级工艺美术大师何俊明是该项目的唯一国家级代表性传承人。此工艺文化内涵深、品位高，充满浓郁的地方风格和鲜明的东方工艺特色，其制成的工艺品既是华贵的艺术陈列品，又是高档的实用品，集实用性、艺术性和保值性为一体（图 12-6）。

图 12-6　新绛县黄河云雕

此种工艺是用两种以上天然大漆，在一定的胎体上有规律、有层次地髹涂累积到一定厚度，再用刀加以剔刻，因刀口断面清晰，层层漆纹大多以回旋生动、流转自如的云纹回钩组成，故称"云雕"，日本称为"屈伦"。这种工艺源于唐代，又历经宋、元、明、清四代的磨炼，成为中国漆器文化遗产中颇为珍贵的一个种类，工序复杂，制作艰难，生产周期长。因其繁杂、独特的手工技艺难以掌握，现从事此项技术的人员屈指可数，面临失传之危。

6. 积文斋笔墨庄

山西运城新绛县，古称绛州，是一座历史悠久的文化古城，有着1400余年的历史。新绛县以手工业发达著称于世，特别是文房四宝笔、墨、纸、砚的制作，更是闻名遐迩。在新绛县城老街中巷的石板路上行走，仿佛穿越到了明清时期，这里曾经是当年盛极一时的"古绛笔墨一条街"，在这条街的中端，挂着"积文斋笔墨庄"的招牌，这里有两项山西省非物质文化遗产——绛笔、绛墨以及代表性传承人王壮升、张喜婷夫妇(图12-7)。

图 12-7　积文斋笔墨庄

如今的积文斋笔墨庄，取得了多项成绩。2015年"积文斋毛笔系列"被运城市文化局非遗展馆收藏；2016年在运城市非物质文化遗产传统技艺大展示中荣获优秀技艺奖；2017年其特制七紫三羊荣获运城市第二届河东杯传统工艺精品银奖；2018年积文斋毛笔参加洛阳第二届非物质文化遗产博览会，荣获金奖。积文斋笔墨庄的制墨技艺也在不断创新。王刚自从被父亲王壮升劝说学习制作墨锭技艺之后，多年来潜心钻研，不仅认真学习家传的技艺，还经常外出学习相关技术以及外出展演，逐步摸索出一套自己的制墨技艺，他制作的作品《龙门》《朱子家训》已成为工艺美术知名品牌，受到书法家与社会人士的一致好评。